UN CHEMIN POUR CHACUN

Editorial UR SO MAROO
LES CARNETS DE L'U.R.
LA TRIBUNE DU PARTAGE

UN CHEMIN POUR CHACUN
la Loi d'Evolution
Révélation des étapes de mutation
Les Carnets de l'UR

U.R. So Maroo. – 1re ed. – San José,
Costa Rica : U.R. So Maroo, 2006

ISBN: 9968-9622-0-1
Dépôt légal : 2° trimestre 2006
Bibliothèque nationale du Costa Rica
Bibliothèque nationale de France
Bibliothèque nationale du Québec
Bibliothèque nationale de Belgique
Bibliothèque nationale de Suisse

Diffusion :
Colibri Veloz distribuciones
Courriel : colibri.veloz@yahoo.com

U.R. SO MAROO
Collectif d'auteurs

UN CHEMIN POUR CHACUN...

LA LOI D'EVOLUTION

REVELATION DES ETAPES DE MUTATION

Préface de Gabriel YVES

Directeur d'édition
Eric SEMEILLON

LES CARNETS DE L'U.R.
N° 1
Version française

LE COLLECTIF D'AUTEURS
sous la direction de Gabriel YVES

Julie BASCHET
Jérôme BORE
Michel CARDONNE
Gwénaëlle DANO
Mathilde DE LA ROCHE
Nathalie JOUAULT
Marie-Thérèse LE HOUEDEC
Patrick LIEBENS
Marie-France MALIEN
Claudine MARCHAND
Christiane MARCOUT
Yohann MICHAUD
Eric SEMEILLON

Correction, révision
Danièle LAURES

Editorial U.R. SO MAROO
Finca Huetares - Los Angeles
ATENAS (Alajuela)
COSTA RICA

ur.somaroo@yahoo.com

Aux jeunes dont la nouvelle conscience permettra
l'émergence de la Planète de la joie...
Aux parents responsables et conscients des enjeux
d'une meilleure éducation...
Aux aînés soucieux d'apporter aux jeunes les fruits
de leur expérience terrestre...
A tous ceux qui veulent comprendre
ce que Vivre veut dire...

Avertissement

Certaines idées développées dans cet ouvrage peuvent paraître troublantes, voire choquantes, pour certains lecteurs dont les conceptions sur la vie seraient restées aux formatages des "principes pédagogiques" des états politiques. Nous leur conseillons d'accueillir ces idées nouvelles comme des postulats, des hypothèses en attendant d'en faire des certitudes après vérification.
D'autres idées peuvent paraître simplistes pour les lecteurs ouverts aux autres dimensions. Ils voudront bien comprendre les nécessités d'aborder ainsi ces sujets difficiles par des bases élémentaires...

Les significations des mots données dans le texte peuvent également surprendre. La valeur d'un mot a souvent été altérée par usage ou par déformation volontaire en vue de manipulation... Les mots expliqués leur redonnent leur véritable sens, lié à la valeur vibratoire des lettres. Voir en cela l'ouvrage en préparation sur "L'alphabet retrouvé"...

Bien des idées nouvelles traitées dans ce premier Carnet de l'U.R. font l'objet d'ouvrages en cours de préparation, notifiés au fil des pages.

AU FIL DES PAGES...

Quand la science se penchera sur les phénomènes non physiques, elle effectuera plus de progrès en une seule décennie que pendant les siècles passés.
Nikola Tesla

Les grandes problématiques des sociétés humaines
Préface de Gabriel YVES ....pages 9

L'évolution comme objectif de vie
Préface du collectif d'auteurs 17

I - Mondes d'aujourd'hui et... d'hier 25
Constat du manque 27
Historique de la loi d'évolution 45

II - La nature de l'humain 53
Les lois physiques 55
Les lois énergétiques 69
La bipolarité 81
Le psychisme 101
L'Esprit 117

III- Le chemin de chacun 137
L'humain au naturel 139
La fonction 155
Et si... il y avait une loi 165

IV - La Loi d'évolution 171
L'Espace et le Temps 173
L'état des mutations 183
La Loi d'évolution appliquée 199

L'Espace de l'abstraction
1 -Celui qui se fait. 0-7 ans 199
2 -Les yeux, la parole du père. 7-14 ans ... 219
3 -Chaos naturel et réactivité. 14-21 ans .. 231
4 -Je suis ce que je fais. 21-28 ans 241

L'Espace de l'objectivation
5 -Remerciement au père. 28-35 ans 249
6 -Pater-Maternité. 35-42 ans 257
7 -Les portes du Temps. 42-49 ans 267
8 -L'objectivation, la mission. 49-56 ans .. 275

Le Temps de la réalisation
9 -L'intégration Conscience. 56-63 ans 283
10 -De l'Om à l'Homme. 63-70 ans 289
11 -L'apogée. 70-84 ans 297
12 -Le Ciel sur la Terre. 84 ans et après 301

Le Réel manifesté 305

Des mots pour le dire - *Lexique* 313

Comparée au Réel, toute notre science
demeure primitive et enfantine.
Albert Einstein

Préface de Gabriel YVES

La société, à force de n'être qu'humaine
devient de plus en plus INHUMAINE...

car sous couvert de connaissances
UNIQUEMENT intellectuelles,
l'être humain cultive l'IGNORANCE
des lois de la Vie...

LES GRANDES PROBLEMATIQUES DES SOCIETES HUMAINES

Qu'est-ce qu'une société ?
Qu'est-ce que notre société occidentale ?

Comment peut-on considérer le monde que nous vivons,
que nous subissons, comme un modèle de société ?

Comme un "progrès indéniable" ?...
comme on veut bien nous le faire croire,
alors que nous pataugeons
dans le chaos le plus immonde...

Réfléchissons ensemble en tentant de se poser les questions justes... et pour cela, voyons une analogie.

Imaginons le jeu de Monopoly, bien connu pour engendrer la compétition et générer des envies effrénées de possession... réplique évidente de notre belle société.

Les joueurs, *au départ*, ont les mêmes moyens financiers pour "posséder la Paix" (l'avenue de la Paix) et construire autant d'édifices qu'ils le désirent... Chacun doit lancer "les dés de la chance" pour évoluer (avancer) suivant un "circuit carré", piégé par des règles établies par avance... Très vite certains joueurs "monopolisent" les meilleures places alors que d'autres subissent les contraintes des règles du jeu, jusqu'à moisir en prison...

Le monopole devient alors "le système valorisant" pour certains, accepté par les autres, puisque chaque joueur s'identifie à "son sort"...
C'est ainsi que la Paix ruine chaque passant et que "les règles du jeu de société" (règles sociales) enferment par contrainte d'entrer dans le jeu, tout d'abord, et par obéissance ensuite, l'obligeant à subir...

Nous sommes là dans la duplication presque à l'identique de la société occidentale...
Presque à l'identique, pourquoi ? Parce que dans la société réelle existent des facettes occultées par les créateurs du jeu, qui font que les monopoles sont inaccessibles à la majorité des gens car déjà distribués...

Au départ, devant le jeu de Monopoly, on voudrait nous faire croire à "l'égalité des chances", comme si la vie se jouait grâce à un seul facteur : *l'argent*, et un seul dynamiseur : *la chance*. C'est là, réduire les véritables racines de vie, pour ne pas dire les occulter totalement... Mais la possession fait rêver et l'appât du gain est fort, ne serait-ce que par l'identification dans ce jeu.

Ensuite chaque joueur lance les dès. Cela veut dire que c'est lui-même qui est responsable de son sort puisqu'il le tient dans la main... C'est ce qui se passe dans la réalité de la vie, toutefois, dans le jeu on évite d'impliquer la personne, on préfère incriminer "la chance"... personnage mythique qui a bon dos...

Bien entendu, face à ce jeu infantile mais non anodin, pour façonner et conditionner les esprits, on a la possibilité de

dire non ! pour une paix matérielle et illusoire...
Non, parce que je refuse les règles du jeu qui inclinent à imposer aux autres des contraintes financières et à subir pour moi-même des "lois" que je n'ai jamais été invité à entériner...
Oui ! Pour le jeu... on peut toujours refuser au départ, mais quand on est né dans cette société occidentale qui a ses règles déjà établies, que l'on ne donne pas à la naissance un pactole d'argent pour "avoir toutes nos chances"... comment peut-on dire non à cette société inhumaine ? à cette société aux fausses valeurs de vie ?

Bien des gens se plaignent d'injustice et d'illusion de vie. Certaines personnes vont même jusqu'à proposer d'autres règles du jeu... sans rien changer en réalité.
Vouloir repeindre un champ de ruines ne change rien au monde ruiné et sans vie. L'édifice entier de cette société est à reconstruire d'une manière vivante, où, seules les couleurs de la Vie doivent servir de bannières aux Nations humaines, sans plus jamais d'égémonie d'argent factice ni de despotisme d'une poignée de mégalomanes... Mais pour cela il est nécessaire de bannir l'ignorance, le conditionnement et les conditionneurs.

Le "Grand jeu du monopole"(Monopoly) survit du fait de sa puissance militaire. Cet édifice, la société, échafaudé sur des bases de tromperies, de mensonges, de trahison sur fond de génocides et d'agressions en tous genres, ne peut perdurer sans le verrouillage d'une armée sans conscience au service des tyrans.

Demain, dans un lendemain certainement très proche, le naturel de la vie reprendra le dessus offrant les "multipoles" au service des différences humaines...

Comment, ce que l'on NE peut qualifier *d'Humanité*, en est arrivé là ? Comment, ce cloaque de sang, de poison et de venin, peut encore *être honoré* par les médias, *glorifié* par les groupes financiers et les multinationales, sinon parce qu'ils y nourrissent leurs privilèges ?...

Le conditionnement à l'aveuglement...

C'est le mot d'ordre de la mafia du monde, pour beaucoup inconnue... Tout est bon pour aveugler dans un sens et faire croire à l'autre... et cela dure depuis des millénaires, depuis Babylone...

Je ne vais pas entrer dans *l'histoire de la manipulation*, ce n'est pas le thème de l'ouvrage, par contre, deux questions se posent :

Qu'a-t-on voulu nous cacher ?
Que veut-on nous faire croire ?

Nous cacher ?... les lois de vie, le réel de l'Univers, du système solaire, de la Planète et de la vie de l'être humain...

Nous faire croire ?... que la Terre est le nombril de l'Univers, qu'il n'y a rien d'autre qu'une évolution physique, matérielle, et que l'humain doit obéissance aux princes de ce monde...

Mais la vérité est comme l'huile dans l'eau,
elle arrive toujours à remonter à la surface...

Le système solaire change tous les jours... Le soleil a perdu ses pôles... Ceux de notre Planète se déplacent rapidement depuis des années... Le temps s'accélère... la Planète change et on ne pourra plus le cacher bien longtemps...

Alors que faut-il comprendre dans tout cela ?
Partout dans divers lieux du monde, des révélations se font jour, et de plus en plus d'humains conscientisent cette période de changement.

Nous devons donc ouvrir les yeux sur
le réel du naturel de la vie,
qui en soi est fort simple, mais que l'on a volontairement altéré afin de conditionner l'humanité par desseins séparatistes....

Ce réel, **les Carnets de l'U.R.** en offriront certains aspects aux fils des mois, en ouvrant sur la simplicité naturelle de la vie.

Sait-on certaines réalités des lois de vie ? Par exemple que la Terre est peuplée d'êtres venant de diverses origines et possédant des complémentarités extraordinaires ?... Qu'est-ce qu'une famille d'argile ? C'est à dire des êtres nés de la Terre elle-même... et combien et où vivent-elles ?... Qu'elles sont les familles de la forme et celles de l'informe ?... Qu'elle est la place de la famille Sémite et son rôle dans le corps de l'humanité ?

Il semble que j'évoque là un film fantastique... Or le réel de la vie est plus merveilleux encore que les plus fantastiques mises en scène de fiction... et jusqu'alors, ce merveilleux de la vie, n'est point offert au monde. On lui substitue des réalités fictives qui sèment le doute et la terreur...

D'autres exemples...
Qu'est-ce que l'évolution de la Conscience ?... Qu'est-ce que la Conscience d'abord ? Où se situe-t-elle ? Comment peut-on la faire évoluer et pourquoi ?

Qu'est-ce que l'humain fait sur Terre ? Quelles sont ses lois de vie, ses outils, ses moyens, ses énergies ?... Qu'est-ce que l'Esprit ? Comment se manifeste-t-il ?

Les Princes dirigeants savent ces lois, mais aussi pourquoi elles ont été occultées au plus grand nombre. Quand celles-ci seront divulguées et comprises par une majeure partie de l'humanité, alors ils perdront leurs prérogatives...

Après cette longue présentation de l'état de la Planète, nécessaire à la compréhension de ce qui va suivre, nous allons rencontrer maintenant les bases naturelles des lois humaines de vie. Nous pouvons commencer par diverses lois, en sachant que l'ensemble forme une cohérence implacable. J'ai donc choisi d'ouvrir par un sujet qui pose réflexion, du fait de l'incohérence des projections, voulues par les conditionneurs : l'Esprit. Qu'est-ce que l'Esprit ? Existe-t-il ? Comment fonctionne-t-il ?

Comme pour tous les sujets traités par l'Université de la Relation, il n'est nullement recommandé de croire aveuglément à ces visions, mais bien de prendre le temps de vérifier la véracité de ces informations par des moyens aujourd'hui à la portée de tous.

On a voulu nous faire croire que nous pouvions maîtriser notre nature en la conditionnant par un intellect fort afin de penser par nous-mêmes. Nous savons depuis longtemps que la première école du conditionnement est... *l'éducation nationale* qui oblige à façonner notre manière de penser afin de faire de nous de bons citoyens...

Mais l'humain possède des qualités inestimables alors que la réduction éducative d'Etat et religieuse l'oblige à croire qu'il n'est rien et qu'il doit gagner son pain et son Ciel par obéissance...

Oui, l'Esprit existe bel et bien
et se compose de multiples forces dont sept sur cinquante-deux sont utilisées pour la survivance, l'état végétatif, l'état de non-évolution...

C'est dans ces sept forces que l'humain est maintenu,
***existant* mais non vivant,**
dans un état de santé précaire et ignorant de son réel...

De ce fait, son niveau de conscience ne peut évoluer, son physique et toutes ses facultés s'en trouvent tronqués, limités, castrés... C'est pour chacun, le vol d'une expérience de vie, une manipulation limitative ne permettant jamais l'épanouissement. Or, au centre de ces sept forces premières de l'Esprit, **LA LOI D'EVOLUTION** propose

une programmation de conduite de vie
vers des niveaux supérieurs de Conscience
et une réalisation physique et psychique
de la nature de l'individu.

Cette loi principale fait donc l'objet de ce premier carnet. C'est une colonne vertébrale sur laquelle d'autres thèmes viendront étayer tout ce qui est exposé ici.

Tous les membres du collectif de recherche souhaitent que ce thème soit étudié, vérifié par observations et références, expérimenté et assimilé.
Il permettra ainsi de comprendre que l'humanité, comme on veut bien nous la décrire dans sa folie illusoire des plaisirs et des peurs (les deux facettes d'un même conditionnement), n'a pas dépassé l'âge de quatre années vibratoires... bloquée dans une immaturité et une désespérance...

Que ceux qui conscientisent l'importance de ce sujet propagent l'information et aident à la diffusion du Réel de la Vie, en gardant en mémoire que l'Université de la Relation n'a aucune revendication de pouvoir et n'appartient à aucune obédience politique ou religieuse.

Une courte pensée universelle et de tous temps, à méditer afin de comprendre comment il a été facile pour les maîtres de la manipulation, de déformer le réel en lui substituant des réalités presque similaires...

Toute réalité dépend d'une réalité plus grande...
Quand la réalité supérieure est erronée,

elle engendre des réalités de même coloration.
Le Réel est alors masqué
par de multiples réalités n'y appartenant point...
Ainsi...
les conceptions humaines naissent et croissent
en distorsion du Réel
et sont pourtant des réalités palpables...

Que les yeux du cœur vous permettent le discernement !

Gabriel YVES
Concepteur de l'application de la Loi d'Evolution
fruit de quarante années de recherche
comme anthropologue et psychologue.

Préface du collectif d'auteurs

L'EVOLUTION COMME OBJECTIF DE VIE

**Chaque époque recèle des trésors particuliers,
chaque découverte ôte un voile et fait apparaître
ce que le Temps de cette époque nous donne à chercher.**

**Chaque Temps apporte au suivant ce qui s'est vécu...
La Terre est la mémoire de ce Temps...
Des hommes ont soulevé les voiles de la Connaissance,
à des moments précis, en des lieux précis.
Sous l'apparent éclectisme éclaté, un ordre se déploie.
La Terre est la mémoire de tous les êtres qui la peuplent
et l'ont peuplée. Elle évolue avec nous.**

Comme nous le verrons dans l'ouvrage, l'évolution d'un être vivant suit des lois inéluctables et universelles. Il y a un âge dans la vie d'un humain, où il expérimente toutes sortes de situations, sans sentir, savoir ni comprendre où cela le mène...

Cela fait partie d'un jeu nécessaire à l'expérimentation. En fait, l'individu se lance dans la vie sans savoir ce qu'elle est ni où il va. Une partie pourtant en lui-même, sait. La Terre est à l'image de l'individu. L'individu la traite comme il se traite, à son niveau... Or, la Terre nous donne, dans sa générosité, la possibilité de prendre conscience qu'il n'y a pas de différence entre elle et nous. Si nous sommes capables de la polluer, c'est que nous nous polluons nous-mêmes, nous nous maltraitons ; c'est que nous n'avons nulle conscience de notre corps, de ce qu'induisent chaque geste et chaque acte…

Ceux qui ont ouvert des chemins de Conscience, dans l'Histoire, sont comme nos petites voix intérieures, notre part en nous, qui sait, mais que nous n'écoutons pas toujours...

Le temps des expériences tous azimuts a été largement déployé. Il est voué à être dépassé. Il est un âge où il est possible de faire des choses contre nature, le corps le permet, il en a besoin. Mais cela ne peut se faire indéfiniment, le fait de perdurer mène à l'autodestruction. Nous le constatons tous aujourd'hui, nous sommes en train de tuer la Terre et nous-mêmes avec...

La fatalité et l'impuissance sont souvent ressenties face à ce constat. Chacun se sent pris dans une masse inerte, et ne s'imagine pas pouvoir faire quelque chose. L'arbre, la cellule dans le corps, savent ce qu'ils ont à faire.

Le corps fonctionne parce que chaque cellule est centrée sur elle-même, sur sa mission, et continue son chemin sans se décourager.

Si, à la moindre perturbation, les cellules oubliaient ce pourquoi elles sont là, se mettaient à changer de rôle, à revoir leur programme, à copier ou envier la cellule voisine, ou s'arrêtait de fonctionner pour prendre des vacances, il n'y aurait plus beaucoup d'humains sur Terre. Il y en a encore, mais dans quelles conditions ?... Il ne sont pas tous morts, mais beaucoup sont malades... sinon comment expliquer la puissance pharmaceutique et l'importance de notre système médical ? Aujourd'hui, qui s'imagine pouvoir vivre sans la "rassurance" de cette quasi sacro-sainte sécurité sociale ?

Quand un organisme est en danger, les cellules qui le composent ne s'apitoient pas sur elles-mêmes, ne se perdent pas dans la nostalgie, le dégoût, les larmes ou la colère, elles suivent plus que jamais le programme qu'elles se sont données à faire, par amour pour l'organisme qu'elles servent.

Elles donnent tout ce qu'elles sont pour lui,
elles ne se donnent pas le choix ... et se battront
jusqu'au bout pour la Vie.

Les cellules et la nature connaissent les Lois de la Vie, c'est pour cela qu'elles sont vivantes, qu'elles sont courageuses... qu'elle sont.

Si nous voulons retrouver cette vie véritable, cette source d'énergie qui nous pousse, nous guide et nous relie à toutes les autres formes de vie, il est nécessaire de recouvrer la connaissance de ces Lois. Aujourd'hui, nous sommes obligés de les retrouver par la Conscience. Notre intuition nous donne des pistes, mais notre interprétation est limitée... C'est le jeu, afin de retrouver ce savoir, par la connaissance, en conscience, et ainsi redécouvrir la joie et la puissance de l'arbre ou des cellules qui suivent leur chemin pleinement.

Cette époque, qui peut être perçue comme difficile, en apparence désastreuse (par exemple écologiquement), au point que nous pourrions croire que cela est irrémédiable, peut s'avérer être l'époque la plus extraordinaire, la plus fantastique qui puisse être. Car, aujourd'hui, il est possible, au-delà de l'aspect chaotique du monde, de rassembler ce qui s'est semé autour de la Terre depuis des millénaires.

Est aujourd'hui accessible, ce qui sous-tend toutes les formes de vie, toutes nos différences humaines, tant physiques, culturelles que spirituelles.

Les humains ont cultivé ces "graines de différence" qui devaient être cultivées, ne comprenant cependant pas pourquoi ce qu'ils "élevaient" et qu'ils pensaient juste, était pourtant différent, de ce que pensaient les autres humains...

Dans l'incompréhension, beaucoup se sont fait prendre par l'intolérance. Notre histoire planétaire en témoigne. Certains acceptent ce qui ne leur ressemble pas, mais ce n'est pas pour cela que leur sont données les clefs du pourquoi de ces différences...

**Pourquoi et en quoi Bouddha est différent du Christ ?
Pourquoi chaque continent a des particularités uniques ?
Pourquoi existe-t-il plusieurs calendriers,
plusieurs civilisations, plusieurs races ? ...**

Nous pressentons que cela a une utilité. Certains répondent qu'ainsi *c'est moins ennuyeux,* d'autres constatent que *c'est comme cela et qu'il faut bien l'accepter,* sans pouvoir expliquer le sens de cette diversité. Et c'est ainsi que nous pensons vivre dans la tolérance, comme une attitude du moindre mal, une morale, une hygiène qui nous permettent de nous maintenir dans une société qui, au fond, nous laisse tous insatisfaits...

Aujourd'hui, chaque humain, peut prendre entre ses mains la clef qui ouvre les portes, qui, jusqu'ici, séparaient les différentes réalités entre elles.

Le monde nous propose une multitude de produits que nous confondons avec nos réels besoins. Dans cette apparence de choix, nous pensons être libre, mais au fond, nous sommes un peu perdus... Comment savoir, dans tout ce qui est proposé, ce qui nous convient profondément ? Le choix, comme il est entendu couramment, est une illusion de liberté. S'il est un choix à faire aujourd'hui, c'est celui de la Conscience...

Comment pourrions-nous goûter à la liberté sans se connaître, sans être la Vie même ?

Nous rêvons tous de cette liberté, nous rêvons d'être libre comme l'oiseau qui vole, comme la fleur qui rayonne, et revenant à notre réalité, nous nous heurtons à notre propre dureté, à nos envies sans réponses...

**Et si ce qui nous faisait envie, c'était la Vie ?
Et si cette Vie s'apprenait... Se prenait par des mots qui deviennent des actes qui nous rendent alors plus vivants...**

Cet ouvrage est né de cette vie expérimentée...
De nombreuses mains l'ont façonné...
Il est né de cette quête de la Vie
et de la volonté de la partager.

La Vie est toujours un ensemble, l'union de plusieurs éléments qui, alors, créent le mouvement. Pas de vie possible sans relation... Tout est relié, à tous les niveaux...

La solitude est une illusion. Elle est là pour nous montrer où nous en sommes dans cette conscience de la Vie. Elle indique à celui qui veut bien l'écouter, comment se sentir à nouveau relié… comment se relier à la vie, à toutes les autres vies qui forment un tout, une grande Vie, dans laquelle Tout communique, Tout guide et aide… où Tout s'harmonise.

Ce livre est l'émanation d'une recherche
à l'image de cette vie : dans la relation.

Aujourd'hui, la Terre et le Ciel s'ouvrent à nous, et ce qui était jusqu'alors codifié, accessible au bout de longues années ou de siècles de travail, nous est donné en direct. Le Temps a réuni tous les chemins de Conscience ouverts par les anciens. Il nous est possible d'embrasser toute notre histoire par un autre regard, au-delà des séparations, des chapelles, des civilisations apparemment sans rapport, bien au-delà de ce qu'on pense être le progrès…

Nous ne cherchons pas à faire école,
le temps des "guerres de raison" est révolu.

La plupart des humains cherchent à dépasser les frontières qui nous divisent les uns des autres et à connaître ce qui fait battre le cœur de tous. Nous sommes comme vous, mal à l'aise dans ce monde plein de contradictions et d'injustices, désorientés et insatisfaits face aux solutions proposées pour améliorer notre monde. Il y a pourtant un chemin qui amène à la globalité, à l'unité de tous, où toutes nos petites voix intérieures peuvent devenir une seule...

Ce chemin est celui de nous-mêmes. Vouloir changer les choses, sans que cela passe par soi, est illusoire. Reprenons notre puissance en agissant sur l'être que nous sommes. Là est notre pouvoir. Expérimentons en nous-mêmes, pour nous-même ce qu'est la Vie. Là est le secret du changement.

Ce livre ne serait pas né si nous en étions restés à un niveau théorique. Comment une quinzaine de personnes, n'ayant jamais écrit pour la plupart, venant d'horizons différents, d'âges différents, avec chacun ses limitations, sa culture, ses idéaux, ses propres conditionnements, auraient pu faire cet ouvrage dans lequel tous nous nous retrouvons ? Nous le faisons parce que la Vie n'appartient à personne, et que chacun y a droit. Nous le faisons, conscients que celui qui enseigne est celui qui apprend.

***C'est dans cette humilité et dans cette fierté
que nous découvrons avec vous
la beauté de l'évolution,
de l'épanouissement que donne la Connaissance.***

**Quand chaque individu,
comme chaque cellule sait le faire,
se recentre sur la vie qui est en lui
et dont il est le gardien,
il découvre comment tout est relié
et quelle est sa place
dans le grand Corps de l'Humanité...**

Le collectif d'auteurs

I

MONDES

D'AUJOURD'HUI ET... D'HIER

IGNORANCE ET INDOLENCE...

CONSTAT DU MANQUE....

REGARD SUR UN PASSE...

HISTORIQUE DE LA LOI D'EVOLUTION

Le Présent porte en lui les ressources et les fruits du Passé
qu'ils soient lumineux ou putrides...
Le Présent prépare le terrain du Futur par la richesse
des erreurs et la volonté de le générer...

Certains humains, en baissant les bras
sur les conséquences des failles passées
et en refusant d'en endosser les responsabilités,
se déchargent de leur implication pour le Futur...
Ils préfèrent laisser cela aux structures étatiques...

IGNORANCE ET INDOLENCE...

LE CONSTAT DU MANQUE

Il est nécessaire, avant d'entamer un ouvrage sur **"le chemin de chacun"** de poser les cartes du jeu ouvertement. Le constat exprimé, l'observation de ce qu'offre la société occidentale actuelle, qui sert de modèle à bien des peuples en voie de développement, est pour le moins décevant...

De tous temps, *les Etats ont été gouvernés...* Cela procède d'une nécessité vitale d'ordre et d'organisation générale, afin que l'ensemble des personnes qui vivent sous cette autorité répondent des mêmes règles préétablies pour tous.

Tous les peuples de la Terre vivent dans un cadre défini dans lequel ils évoluent depuis leur origine. Peut-être est-ce la nature elle-même qui oblige à certaines adaptations des conditions de vie ou une structure qui passe par la reconnaissance des anciens, ou un roi, un chef de clan, de village reconnu pour sa sagesse ?... Ce dernier transmet ensuite sa charge à l'être qui lui semble le mieux correspondre à son éthique personnelle mais également à ce qu'il pense être le meilleur pour une vie équilibrée des familles qui en dépendent. Ainsi, le calme est assuré et l'harmonie règne entre les humains. Si une querelle se fait jour, le chef réunit les belligérants et justice est rendue. Les peuples de la Terre ont toujours procédé de cette manière. Ces traditions perdurent de nos jours dans les peuples Amérindiens, Africains, Australiens ou autres.

En Europe, les territoires ont grandi. Les chefs reconnus pour leur bravoure ou leurs vertus, se sont proclamés rois, et parfois reines. Riches et puissants, ils ont offert leur protection aux nécessiteux et ont assis leur pouvoir grâce à l'asservissement des plus faibles. Ils ont dirigé des territoires, qu'ils ont organisés en états, instaurant des frontières clairement délimitées. Leur puissance s'est accrue grâce à des taxations imposées et successives auprès des êtres qui leur étaient assujettis. Ils sont ainsi, en quelque sorte, devenus *propriétaires de leurs sujets*...

Dans les débuts, ces royautés, les royaumes–mot dont la signification exprime : *qui vient du Ciel* - étaient dirigés par des êtres éveillés, ayant une vision globale, dont la Conscience guidait les choix. Ces êtres étaient reconnus comme "de droit divin", ce qui évitait toute contestation. La loi du sang s'appliquait ensuite, assurant la pérennité, grâce à des descendances masculines, capables de reprendre le trône. Bien des conflits, bien des guerres ont vu le jour du fait des confrontations entre ces puissants, qui, peu à peu, ont perdu leur lien avec le Divin.

La Révolution est passée par là, entraînant dans son sillage exactions, révoltes et pillages. Le peuple a voulu reprendre ses droits à l'existence. En réaction, et jusqu'à notre époque, les tyrans ont émergé dans de nombreux pays. L'oppression recommence et s'alimente d'elle-même, inlassablement, comme si cette seule règle devait prévaloir à l'organisation de la société moderne, en se répandant sans relâche du monde occidental au reste du monde, telle une gangrène, dont l'effet de noria finira par empoisonner la Planète.

Les royaumes, avec leurs fastes, ont laissé, par endroits, la place aux républiques, aux fastes tout aussi somptueux. Le peuple est toujours dominé, avec des moyens d'expression limités et la mise en place d'un assistanat organisé, opprimant toute velléité libertaire individuelle.

Le peuple, appelé aux urnes, mandate un seul homme pour diriger un pays, pour donner la direction, le sens de la marche à ce pays. Secondé par de nombreux ministres (mot dont la signification vient de "minus": "petit être", celui qui est au service de la "majesté ", du plus grand), il impulse des idées pour que le pays puisse vivre dans une organisation et une paix relatives, en étant respecté par les autres pays. Puis cet homme se trouve relayé pour l'application de son programme d'action par d'autres, qui seront chargés d'appliquer sa politique...

Mais qu'est-ce qu'une "politique" ? C'est "ce qui exprime un seul pôle, une seule idée directrice, qui exclut les autres possibilités". L'unité (deux ou plusieurs pôles) est ainsi écartée, et la division s'instaure, qui résulte d'un seul mode de vision des choses.

Ce qui en découle s'applique au « politique », c'est-à-dire à la femme ou à l'homme qui fait sienne cette vision des choses... Une personne partiale qui voit seulement un côté des réalités, met en place *un manque d'équilibre*. Une vision erronée s'installe dans l'application, rendant de plus en plus difficile la réunification des pôles. Lorsque cette vision globale sera restaurée, la politique, de même que ceux qui la pratiquent, disparaîtront pour laisser la place à un autre fonctionnement, respectueux de tous les individus. Des dirigeants intègres et justes deviendront alors promoteurs des vraies valeurs de société.

En attendant, les politiques se donnent en spectacle permanent, affichent au grand jour leur personnalité et démontrent leur insignifiance au plus grand nombre. Les individus qui les ont élus peuvent ensuite maugréer, l'impunité est manifeste. Ces hommes et ces femmes sont intouchables, et dans les hautes sphères de l'Etat, les passe-droits, les délits d'initiés, les immunités injustifiées en témoignent. La perte de confiance générée dans les rangs des électeurs est proportionnelle à la masse des déceptions, et engendre un désintérêt croissant de l'ensemble de la population à l'égard de ses dirigeants.

Les individus qui composent la nation, ressentant instinctivement la trahison, s'éloignent et se résignent, car l'émergence d'une solution leur semble improbable ; c'est la raison pour laquelle certaines personnes de bonne volonté militent individuellement, en attendant l'arrivée d'un avenir meilleur. A quand la reconnaissance des nombreuses alternatives, viables mais isolées, qui n'attendent plus que le moment de se rassembler pour donner de la force et de l'envergure à leur démarche ?

Un autre espace dans lequel les citoyens ordinaires ont du mal à retrouver les bases saines, concerne la justice. Ce mot, dans son sens premier, signifie "bon usage". Le juste est celui qui fait bon usage de tout, qui harmonise, qui rétablit l'équilibre. Cela tranche sensiblement avec l'image actuelle de la justice !

De nos jours, pour la majorité des personnes, ce mot dénaturé, privé de son sens véritable, dans l'étymologie et dans l'action résultante, recouvre des réalités discordantes.

Actuellement ensevelie sous une lourdeur bureaucratique croissante et tentaculaire, dénuée de sentiments et d'humanité, elle agit avec une froideur implacable, brise des vies, entache des réputations et emprisonne sans vergogne. Comment les êtres qui sont à la tête de cette institution se vivent-ils en leur Ame et Conscience ? L'acharnement, le harcèlement, l'emprisonnement, ont-ils pour vertu d'améliorer les relations de l'homme à l'homme en instaurant la discrimination ? Certes, il est nécessaire de préserver le plus grand nombre de la folie de quelques-uns. Quand la justice accomplira ce pour quoi elle est là, en parfaite connaissance de cause, non seulement des règles terrestres organisées sous forme de codes : civil, de la famille, du commerce, pénal et autres, mais également des lois spirituelles alors l'appréciation des situations se fera différemment, et il sera aisé d'observer que l'équilibre ainsi posé, sera facile à respecter.

La société, alors rétablie dans son rôle premier *"d'ensemble de personnes qui se réunissent pour accomplir une action"*, découvrira sa véritable mission, car chaque individu se sentant respecté dans et pour ce qu'il est, laissera vivre sa créativité, au travers d'une action commune.

La société, terme générique, qui abrite en son sein des millions d'individus, a dévoyé les vraies valeurs des personnes, au profit d'évolutions technologiques, scienti- fiques, matérialistes. Les conséquences en sont, frustration, racisme, assistanat et perte de dignité. Le monde occidental prône le productivisme effréné, la surconsommation, le profit, en ayant perdu de vue les valeurs réelles. Une poignée de riches s'enrichit toujours davantage, resserrant l'étau qui étrangle la grande majorité, entraînant ainsi la paupérisation de l'ensemble de la Planète.

Les classes moyennes dont l'existence est basée sur la recherche de confort, de réussite financière et sociale, ainsi que sur les apparences extérieures, conduisent à la facilité, la dégénérescence. Elles servent d'éxutoire au modèle des riches et provoquent l'envie des plus défavorisés. Endormis dans leur confort, les êtres traversent leur vie sans la voir et sans conscience de ce qui se passe en réalité. Cette dégénérescence atteint son paroxysme dans une société aux mœurs perverties et déviées de leur sens initial.

La solution imposée par les mouvements féministes américains en arrive à une dévalorisation extrême du masculin. Dans la société occidentale, le rôle du père n'est plus en accord avec son essence...

Comment dans ces conditions est-il possible de retrouver la véritable place du féminin, du masculin et de l'enfant ?

La valeur de l'individu est non seulement occultée, mais en plus niée dans son essence profonde. Le sens des valeurs a disparu des systèmes de pensée ou du moins est fortement ébranlé, car certaines idées philosophiques s'introduisent de façon insidieuse et pervertissent la jeunesse dès son plus jeune âge. L'être, étant ainsi soumis, il est aisé par la suite de le manipuler, de lui imposer une reconnaissance sociale éphémère et de l'écraser virtuellement par l'attribution d'une base de salaire insuffisante, maintenue par une hiérarchie souvent irrespectueuse.

La déstabilisation individuelle constante, savamment orchestrée, génère des peurs de pertes d'emploi, de salaire, de maladies, d'épidémies, ce qui a pour effet de créer une stabilisation artificielle de la population et la pollution du territoire familial.

La famille, élément social par excellence se concrétise dans l'espace environnemental immédiat de l'individu. Depuis toujours la famille représente dans l'absolu, l'espace sécuritaire de l'être. Elle est confortée par la notion de clan qui élargit la famille et induit une notion de soumission, de protection mais aussi de toute puissance. Un être qui vit un succès est fêté par la famille proche et souvent par le clan ; inversement, lorsqu'une personne rencontre de très grandes difficultés, l'information passe par la famille, le clan et tout se referme sur celui-ci avec la notion de secret de famille. Ceux-ci, jalousement gardés dans la mémoire du clan peuvent rester cachés pendant de nombreuses années...

Mais qu'en est-il du fonctionnement actuel de la famille ?

Les couples se font et se défont. Les femmes, les hommes, ont perdu leurs repères personnels, leurs repères de genre et de nature. Les individus se cherchent, se trouvent et se quittent avec la rapidité de l'éclair, sans qu'un véritable échange durable puisse s'installer. Il semble que la seule relation sexuelle soit le lien entre ces personnes.

Dans bien des cas, des enfants naissent, sans avoir été vraiment désirés. Dès leur naissance des difficultés relationnelles s'expriment entre les parents, allant souvent jusqu'à la séparation. *Comment ces enfants peuvent-ils se construire, et envisager l'avenir avec la sécurité qui leur est nécessaire ?*

Les quelques rares exemples parentaux qui présentent encore une stabilité et une sécurité, deviennent presque l'exception dans la société actuelle. En effet les familles monoparentales sont presque devenues la norme, et les enfants qui doivent se mouvoir dans ces espaces ont un grand besoin de souplesse et d'adaptation pour tenir, face à tous ces phénomènes.

Que penser de leur "conformisation" scolaire, alors que leur milieu parental et social est souvent inexistant et laissé aux hasards des rencontres, alors que les parents se démobilisent et abandonnent leurs prérogatives et responsabilités aux milieux dits "éducatif", sportif ou associatif ?

L'avenir des femmes, des hommes, des enfants des années futures est-il si noir qu'il faille envisager une transformation radicale des relations ?

La société actuelle malade d'elle-même, avec ses familles éclatées, monoparentales, recomposées et ses personnes âgées écartées de leur milieu, provoque la disparition de la notion de famille, ce qui entrave ou entraîne la perte de la transmission orale du savoir aux jeunes générations, devenues inattentives.

Celles-ci complètement envahies par des musiques destructrices se tournent vers des solutions encore plus déstructurantes, sans jamais trouver de réponses satisfaisantes à leur quête intérieure, car les limites parentales sont totalement explosées ou inexistantes.

Ceci explique-t-il

les difficultés rencontrées dans l'éducation ?

"Eduquer, c'est conduire"... "Instruire, c'est tirer vers"... *Que penser, à la lecture de ces définitions, des résultats obtenus par le système éducatif occidental ?...*

Partout, la préférence est accordée au développement outrancier de l'intellect au détriment des activités d'éveil, épanouissant la créativité personnelle. La surintellectualisation et la mise en place effective et systématique, du phénomène de compétition, entraîne l'émergence d'une société déshumanisée, individualiste et sans pitié, sans considération ni respect pour autrui, quel que soit son âge. Le stress, installé dès l'enfance, conduit à une course effrénée au diplôme, particulièrement en France. Puis s'en suit une course à l'emploi et une lutte implacable pour la conservation de cet emploi. Les disparités éclatent au grand jour, la concurrence s'instaure, féroce, entre les individus, et les plus faibles, relativement à ce système, sont écartés sans scrupules.

Les plus faibles, sont-ils réellement les plus faibles ? La plupart d'entre eux, enfermés dans leur souffrance ou leur incompréhension du monde dans lequel ils vivent, sont extraordinairement doués et réactifs. Seulement, ils ont du mal à s'insérer dans ce monde sociétal insensible et sclérosant. Leur créativité est vite étouffée et ils entrent dans le fatalisme ambiant.

Tout être possède en lui des qualités d'initiative, d'imagination et d'idées. Il suffit de lui donner la possibilité d'expression correspondante, par une création, soit artistique, soit manuelle, qui permettra le développement de tous ses dons et talents, actuellement enfouis et non révélés. L'épanouissement de tous devient ainsi possible dans une plus grande liberté intérieure. Cette dimension se développe dans des espaces éducatifs qui appliquent des pédagogies alternatives où chacun trouve sa facilité d'expression et son épanouissement dans le respect de tous, enseignants, parents et enfants.

Ces derniers, reconnus dans leur nature et leur authenticité, se sentent respectés, aimés, et par voie de conséquence sont en paix avec eux-mêmes et leur environnement. Actuellement, seules quelques écoles laïques privées, d'obédiences confessionnelles ou spirituelles osent encore mettre en place des systèmes alternatifs. *Pourquoi ont-elles tant de succès, malgré les difficultés qu'elles rencontrent pour survivre, au point de devoir refuser des inscriptions ? Quelles valeurs ont-elles développé qui génèrent tant d'engouement ?* Il est d'ailleurs curieux que ces établissements "spécieux" aient pour fondateurs soit des enseignants aux pédagogies alternatives innovantes, soit des enseignants dépendants des hiérarchies confessionnelles. *L'apport de la religion serait-il si conséquent ?*

Partout dans le monde, des religieux ont apporté l'alphabétisation et une certaine instruction. *Le prosélytisme en est-il le prix ?* Le mot "religion" exprime "ce qui relie".

La déviance en a installé plusieurs en mouvements de vénération et non d'implication personnelle. A l'origine, la religion est instaurée par des humains agissant dans une dimension de pouvoir, d'appropriation personnelle d'un savoir, d'un lien entre l'humain et une puissance supérieure, appelée plus généralement Dieu, Allah, Jéhovah, ou autre ! (le soleil par exemple). Le lien originel a ainsi été détourné de sa direction première, de sa fonction. L'homme a été de cette manière séparé de son dieu par des institutions poursuivant des buts uniquement terrestres. Il suffit pour s'en convaincre d'observer le fonctionnement de tous les systèmes religieux, qui deviennent, avec le temps, "ecclésiastiques", c'est-à-dire encore plus réducteurs puisque appartenant seulement à une église qui s'approprie la foi, la confiance de ses fidèles et se positionne comme intermédiaire.

La puissance de cet intermédiaire se veut considérable, puisqu'il suffit de quelques offrandes bien redistribuées à sa hiérarchie, pour obtenir quelques grâces du ciel !

Il est de notoriété publique que le catholicisme (et surtout ses dirigeants) a occulté volontairement une grande partie de la vérité, inculquant au fil des siècles des idées de bien et de mal, d'indignité et de culpabilité qui demeurent actuellement. La sexualité, désacralisée, salie et réduite à la procréation, de même que l'obligation de célibat des prêtres, toutes ces obligations contre nature ont contribué à l'induction de déviances sexuelles, dont les conséquences se font sentir de nos jours.

Chaque être possède au plus profond de lui, une dimension spirituelle, *une aspiration au sacré*. Tous les peuples de la Terre partagent cette aspiration, seule la manifestation et la nature de la croyance diffèrent. Selon leur origine première ils tendent vers le divin... Les coutumes locales ont dévié cette résonance et l'ont adaptée, déformée, détournée...

En observant les peuples animistes, la réflexion est immédiate, et en écoutant les ecclésiastiques de toutes les obédiences qui se réclament de la chrétienté (catholiques, protestants, orthodoxes), avec toutes leurs églises différentes, ou les juifs ou les islamistes, ou les bouddhistes, il est aisé de constater que toutes font référence aux mêmes puissances célestes qui portent des noms adaptés au lieu de la révélation.

Ces révélations, qu'il s'agisse de l'Evangile, du Coran, du Tao, de la Baghavadgita et de bien d'autres, ont été transmises oralement à des époques dépourvues de technologies modernes. De ce fait, des déformations inconscientes, le plus souvent involontaires des transcripteurs, sont communément admises.
Il en va tout autrement des informations capitales, relatives entre

autres à la réincarnation, au rôle de la femme, à la sexualité, sciemment occultées par les hiérarchies terrestres, au fil des siècles, quelle que soit la croyance concernée.

Les révélations représentaient la délivrance d'un message d'un Envoyé du Ciel ou d'un être très évolué, adapté à la période, au lieu, au peuple considéré, pour un ensemble de personnes, en tenant compte de leur évolution du moment.

Ces messages ont traversé les siècles, car ils contiennent sous une forme ou une autre la Vérité Universelle, qui est encore présente, tel un fil conducteur dans tous les ouvrages. C'est après le départ de ces Envoyés de Lumière que leur action a été reprise, déformée, adaptée, pour servir des représentants temporels qui se sont appropriés les écrits pour assouvir leur soif de pouvoir. Et c'est ainsi que les messages transformés ont donné lieu à de multiples interprétations. Ils ont généré les religions cloisonnées ou porteuses de schismes, selon que l'obédience aux hiérarchies cléricales semblait possible ou non, et recréé à côté sous une autre forme, une autre église, mieux adaptée aux conceptions dissidentes.

Bien avant l'époque du colonialisme, les Jésuites ont exporté leurs missionnaires. D'autres ont suivi. Tous ont extirpé avec force et violence les croyances des peuples premiers, les détournant de leurs savoirs ancestraux, et remplaçant ceux-ci par une autre croyance, provoquant une adhésion de circonstance. La preuve en est, malgré des siècles d'interventions auprès de ces peuples, ils continuent à pratiquer des rituels ancestraux en parallèle ou à intégrer les symboles propres à leur spiritualité dans les nouveaux cultes. C'est un mélange souvent étonnant. La véritable nature d'un peuple, d'une ethnie, est inscrite cellulairement, à l'intérieur des êtres qui les composent et répond aux lois universelles, aux Lois divines.

Les Indiens d'Amérique sont différents des Inuits, des Portugais ou des Indonésiens. *Comment les humains, au prétexte d'une religion peuvent-ils vouloir modifier l'Ordre du naturel ?* Il suffit de constater à quel point ces peuples ont été conduits à une perte d'identité et de repères, provoquant frustrations et rebellions.

L'identité d'un peuple a été définie dès l'origine, apportant la diversité ; le nivellement imposé, les cloisonnements, l'irrespect, provoquant une soumission de bon aloi, extérieure à l'humain et passagère... La réalité quotidienne apporte la confirmation que tous les peuples sont libres par essence et, qu'un jour ou l'autre, cette pulsion intérieure se révèle. Le plus souvent, elle est de nouveau jugulée, écrasée par des oppresseurs divers, mais elle finira par émerger, même si les fanatiques religieux de toutes obédiences tirent encore parti de toutes les situations de détresse à leur profit ou à des fins plus ou moins avouables.

Il est dans la nature des choses que les vérités oubliées resurgissent, brillant de tout leur éclat, extraites de leur gangue d'obscurantisme...

De nos jours, les guerres de religions sévissent encore, provoquant troubles, exactions, meurtres... D'autres guerres tout aussi "fratricides" déciment peuples et familles. *Pourquoi "fratricides" ? Tous les humains seraient-ils frères ? Et égaux entre eux ? Dans ce cas, pourquoi certains prétendent-ils dépouiller les autres, que ce soit en exploitant à outrance pour le profit financier, les ressources naturelles d'un pays, ou en laissant perdurer les découpages territoriaux indûment imposés, et utilisant ainsi des positions stratégiques qui génèrent des révoltes et finalement des guerres ?*

Les "agressions-guerres" sont aussi organisées par des puissants, au détriment des êtres humains d'une contrée qui entrent en réaction et cherchent à se défendre. Le mot "guerre" signifie "système de défense" et non "d'agression" qui lui signifie "casser le gré" (casser ce qui est déjà là), "gêner ce qui existe".

Autrement dit, les guerres existent par nécessité parce que des êtres défendent ce qui leur est cher : que ce soit leur vie, leur patrie, leur territoire, leur famille, du fait d'une agression provoquée par des assoiffés de pouvoir...

Que penser de ce qui existe de nos jours, où les Etats, les systèmes économiques, relayés par leurs services secrets, organisent l'espionnage industriel, génèrent des armes bactériologiques ou électromagnétiques et des mines antipersonnelles ou autres, de plus en plus sophistiquées, outils insidieux et privilégiant des guerres sournoises et exterminatrices, d'autant plus perverses qu'elles se déroulent sous nos yeux, dans l'inconscience et l'incrédulité de beaucoup...

Comment comprendre ces guerres ethniques, ces guérillas entretenues par les pays industrialisés pour justifier la vente d'armes, la libéralisation de la drogue et la prostitution ? Les résultats nous sont présentés tous les jours par les informations et les images télévisées, de ces peuples réduits à la misère, de ces enfants embrigadés ou handicapés, de populations locales sur lesquelles toutes les violences possibles semblent avoir été perpétrées, parfois conduites à l'exode...

A propos de médias, aujourd'hui un regroupement mondial à travers quelques multinationales redonne-t-il une information objective ? Pourquoi les journalistes se battent-ils pour la liberté de l'information ?...

Les enjeux économiques et politiques sous-jacents sont rarement exprimés au grand jour. La finance a pris le pas sur toute la planète, contrôlant tout, conduisant à la ruine les plus démunis ou tributaires des décisions extérieures, générant d'énormes profits pour d'autres dont l'acharne- ment, l'appât du gain sont sans limites.

Le monopole de l'argent par les groupes américains cotés en bourse, conduit aux restructurations d'entreprises rachetées partout dans le monde, et aboutit à la faillite de nombreuses autres entreprises sous-traitantes ou dépendantes de marchés organisés.

Les conséquences en cascade s'en suivent provoquant bien des drames, principalement en bout de chaîne, là où toute décision est imposée, subie et vécue dans l'impuissance complète, même si des réactions brèves et épidermiques surgissent ça et là, la détresse apparaît alors de manière inéluctable mais dans l'indifférence générale, car seul compte le résultat individuel de survie.

La dégradation sociale qui découle des délocalisations et fermetures d'entreprises, entraîne chômage et désespoir. Pour survivre à la chute progressive par la baisse de revenus, beaucoup d'individus s'enfoncent dans la maladie. Les médications outrancières, en les enfermant dans un autre monde, leur donnent l'impression de surmonter leurs problèmes ou augmentent leur sentiment d'impuissance. Ces situations extrêmes conduisent certains au suicide.

Le mot "finance" signifie "fin du mouvement". C'est effectivement ce qui se passe... Toute structure qui se trouve reprise par des financiers est condamnée à plus ou moins long terme...

Tout simplement parce que leur action est exclusivement tournée vers l'argent, le matérialisme, et que la place de l'humain dans ces rouages, qui agit mécaniquement, est totalement niée. Aucune place pour les sentiments *dans ces machines* que sont ces autres humains qui décident et qui broient ceux qui leur résistent. Seuls comptent les résultats, la compétition, l'arrivisme et les profits multipliés.

A tel point que des groupes pharmaceutiques et chimiques, organisés en lobbies, volent une grande partie du patrimoine naturel des pays en voie de développement, en brevetant le vivant, en s'appropriant l'exploitation exclusive, la commercialisation de certaines plantes dont l'efficacité est séculairement reconnue. Les populations locales qui cultivent ces plantes, se trouvent exclues du circuit des profits, et sont uniquement utilisées comme main-d'œuvre bon marché mais incontournable, car elles en connaissent la cueillette de manière ancestrale.

C'est le cas par exemple de la spiruline, plante africaine aux nombreuses vertus, dont se sont emparés les lobbies pharmaceutiques.

La finance entraîne la fin du mouvement, la fin de la vie. Cela amène à réfléchir sur le devenir de l'humanité, entraînée dans cette course folle à toujours plus de productivité, de profits, de dégradation de l'être humain. Comme pour une eau courante, rivière, cascade, dont la stagnation (flaques) génère la mort par asphyxie de tous les êtres vivants, la finance entraîne l'asphyxie de la société, par manque de liberté individuelle et étouffement de la créativité personnelle. Les maux qui en découlent sont nombreux, de même que leurs conséquences...

Dans un autre registre, les nombreuses controverses qui apparaissent à propos des O.G.M., organismes génétique- ment modifiés, restent sans réponse... La principale raison de leur fabrication sont les semences stériles... Petit à petit, des décisions officielles émergent timidement.

A ce jour, les conséquences écologiques et sur la santé sont-elles méconnues ou simplement cachées au grand public ? Les dégradations environnementales qui s'en suivent sont encore difficilement mesurables...
Il y a d'autres pollutions, tout aussi importantes, qui perdurent impunément : les destructions massives des forêts amazoniennes, birmanes, canadiennes qui entraînent des modifications de la biomasse, du climat et provoquent des zones endémiques, des proliférations bactériennes et des pertes de la protection naturelle des populations locales ; le détournement des fleuves, des rivières, pour favoriser la construction de barrages d'alimentation électrique, en noyant des vallées ; les abattages massifs d'animaux élevés en batteries et les pollutions des nappes phréatiques. La désertification programmée, au prétexte de découvertes de réserves minières ou pétrolifères importantes, comme l'exploitation éhontée des ressources de pays "pauvres" par des sociétés capitalistes, sont autant de sonnettes d'alarme qui concernent notre planète.

D'autres encore : la destruction massive des dauphins et des grands cétacés, la pollution des mers du globe, la construction immobilière à outrance pour favoriser un tourisme de masse, et plus encore…
La lecture de journaux spécialisés en écologie, ou les émissions télévisuelles bien construites sont là pour informer. *Combien de personnes se sentent mobilisées ?...*
Et comment apprécier cette médication indirecte et massive par l'absorption de substances médicamenteuses indésirables au travers de l'eau, qu'elle soit utilisée pour les arrosages ou la consommation alimentaire ? En effet, les eaux chimiquement polluées que sont les eaux usées, sont retraitées pour les rendre assimilables : *Où sont donc passées les particules chimiques provenant parfois de rejets*

des industries et celles des personnes gravement malades hospitalisées ou non, qui absorbent chaque jour pléthore de substances médicamenteuses ? Le silence, ou la dissimulation des informations de la part des instances officielles en dit long sur le sujet...

L'important, est que *l'image de la "santé"* soit préservée. Au même titre que l'Etat dispose d'un ministère "de l'économie" au lieu d'un ministère "de l'abondance", qui aurait pour mérite la redistribution immédiate de tous les profits, il dispose d'un ministère de la santé qui s'occupe uniquement… de maladie.

Chaque jour qui passe nous rappelle des "trous financiers" (voir ci-dessus) de tel ou tel "organisme financier". Les termes sont acceptés, sans plus ; et les individus remboursent, solidaires qu'ils sont de l'Etat dépensier !
C'est toujours la condition moutonnière qui prévaut.

Or les médecines ancestrales ont fait leurs preuves, les thérapies alternatives existent, qui donnent d'excellents résultats, même si actuellement certains inventeurs se retrouvent sous les verrous ou poursuivis avec acharnement par des instances administratives, au point de provoquer le décès par désespoir, par choc psychologique de leurs proches ou d'eux-mêmes.

La médecine officielle souvent très efficace, mais docile servante du pouvoir, des lobbies, des groupes financiers, s'oppose à tout changement, à tout progrès vers le naturel. *Jusqu'à quand les privilèges, les honoraires en dessous de table, les opérations injustifiées, au détriment du patient, là aussi soumis au pouvoir du savoir médical et de ses protocoles, et impuissant à réagir car maintenu dans une ignorance infranchissable pour le commun des mortels ?*
Le mot « santé » vient du mot « shanti » qui signifie « paix » en sanscrit...
La déduction est que l'être se trouve en bonne santé lorsqu'il est véritablement en paix avec lui-même, les autres et tout son environnement. Il est nécessaire pour cela qu'il absorbe une nourriture saine, par exemple des aliments exempts de traitements chimiques et de radiations, qu'il dispose d'un psychisme équilibré, positif, et qu'il bénéficie d'une bonne qualité environnementale.

Ce bref constat de l'état actuel de notre monde est bien sûr incomplet. Il y a beaucoup d'autres sujets à développer pour aller au bout de la réflexion. Mais ce qui frappe dans ce qui se passe de nos jours sur la Planète, c'est une image forte, décevante :

Où se trouve la place de l'humain ?
Quel rôle peut-il ou doit-il encore jouer ?
Vers quel état intérieur évolue-t-il ?
Comment se manifeste son état de conscience ?
Où en est-il de son évolution ?

A la limite, y a-t-il encore une place pour l'humain dans cet univers mécanisé, utilisant à outrance les technologies "avancées" ?

L'adaptation est-elle conduite dans le bon sens ou non ?
Est-il respecté dans son intégrité ?
Connaît-il sa vérité intérieure,
son lien avec la spiritualité ?
Comment tout cela s'exprime-t-il ?

Cette réflexion est proposée à chacun dans la suite de cet ouvrage...

REGARD SUR UN PASSE...

HISTORIQUE DE LA LOI D'EVOLUTION

L'humain se trouve en stagnation par rapport à son évolution. Il vit un individualisme excessif dans le déséquilibre de sa nature d'humain.

Jusqu'à aujourd'hui, l'être humain a énormément évolué dans la technologie et en surdéveloppant son intellect, mais est resté stationnaire dans la prise de conscience de son chemin de vie.

L'humain actuel, ignorant les appels de son être véritable, a adopté les réponses de la société : la consommation et toutes les frustrations qui en découlent.

De par cette intellectualisation, l'humain s'est enfermé dans une surproduction extérieure : la science.

Or, la véritable science
est celle qui étudie les lois immuables de la vie
dont l'humain fait partie intégrante
LA SCIENCE HUMAINE.

Mais où trouver les notions d'évolution humaine ?

Chacun évoque, tout aussitôt le nom de Darwin. Il nous présente une compréhension très structurée de l'évolution depuis le minéral jusqu'à l'humain...

Ce schéma est exact, véridique, mais uniquement pour les peuples de la Terre, nommés aussi Peuples d'Argile.*

Chez les Dogons, nous trouvons des représentations, des symboles et une forte tradition orale de leurs reliances avec les mondes célestes. Ils se disent des êtres venus des étoiles...

Quant aux Aborigènes d'Australie, ils perçoivent leur réalité comme appartenant à la dimension des rêves...

Loin d'être des Terriens voulant gagner le Ciel
comme le font entendre les religions,
il est nécessaire d'observer le postulat contraire :
l'humain n'est-il pas une entité
venue d'autres dimensions
pour montrer les possibilités
d'évolution de l'humain ?

Cette entité s'est donnée comme objectif d'explorer, de vivre, d'expérimenter tous les aspects de la densité et de la matière, dans l'amnésie de ses savoirs d'autres mondes, pour faire grandir la Conscience universelle par ses états de conscience propre.
Cette amnésie est indispensable pour faire émerger sa nature authentique, contacter les possibilités illimitées de l'humain et changer les dimensions individuelles et collectives.

La construction et l'évolution de l'homme passent par un apprentissage accru de ses potentiels et une compréhension des paliers à franchir, afin de donner naissance à une créativité illimitée et abondante, dans la relation à soi et aux autres.

Cette notion de conscientisation des expériences se retrouve chez divers peuples asiatiques. Dans ces cultures, de nombreux textes de sagesse millénaire, comme le Yi Kin, le Tao Te Kin, etc., montrent l'évolution de la Conscience.

Dans le monde Maya précolombien de Méso-Amérique, la notion d'évolution et de conscientisation a été exprimée dans le Popol-vuh, la bible des Mayas.

* Voir Carnet de l'UR correspondant

Cette bible fut édifiée avec la connotation de faire de l'humain un être qui retourne à sa base, venant des étoiles pour retourner grandi vers ses étoiles...

Dans le monde sémite, juif et musulman, des écrits initiatiques (Kabbale, Echelle de Jacob, Sephiroth…..) à lectures multiples, étaient proposés à chacun.

Dans la Kabbale, sont précisées les phases d'évolution, allant d'Adam à Noé. D'une durée de sept ans, chacune d'elles représente le règne d'un personnage. Celui d'Adam commence dans la vie intra-utérine puis il y a les règnes d´Enosh, de Quénan, de Mahalalel, de Yéred, d´Enoch, de Mathusalem, de Lémec et pour finir de Noé, de 56 à 63 ans.

L'homme qui atteint la phase Noé, porte en lui toutes les entités spirituelles.
A soixante-trois ans, les émotions d'une vie entière cessent de bouleverser l'ordre de la nature.
A quatre-vingt-quatre ans, c'est la fin kabbalistique de la vie humaine.
Puis, l'homme aura vingt et un ans, c'est-à-dire jusqu'à cent-cinq ans, pour arriver au trône Kéther. Cette période est divisée en trois cycles de sept ans représentés par le règne des trois fils de Noé : Sem, Sham et Japhet.

Ces codages permettent une compréhension et l'intégration de l'Esprit. Ce monde sémite porte encore cette notion d'expérience de la Terre et la conscientisation de l'évolution humaine.

La bible nous lègue dans la Genèse (24 - cité dans Philon), une vision de l'évolution de l'humain.

*"**Sept** : l'enfant perd ses dents et d'autres les remplacent.*
Et son esprit s'accroît.
***Sept** ans encore se passent…*
Et son corps florissant se prépare aux amours.
***Trois fois sept :** sa vigueur va grandissant toujours…*
Et sur sa fraîche joue, un blond duvet se lève.
***Sept encore :** Il est mûr pour les travaux du glaive…*
Son esprit et son corps sont tous deux accomplis.

Cinq fois sept : *Il est temps que vers de justes lits… il tourne sa pensée et choisisse une femme...*
Six fois sept : *Il a su, enrichissant son âme : vivre, penser, combattre, obtenir, s'efforcer... S'il le fallait, sans deuil, il pourrait renoncer aux biens trop éloignés, au but peu accessible, content dorénavant de jouir du possible...*
Sept fois sept, huit fois sept : *son aisance est suprême…*
Il s'impose à autrui, il se connaît lui-même.
Neuf fois sept : *tout en lui a gardé sa fierté,*
mais sa voix au conseil est désormais moins sûre...
Il sent diminuer sa vielle autorité.
Dix fois sept *: de la vie, il a pris la mesure…*
Il va pouvoir dormir avec sérénité."

Mais comment tous ces peuples ont-ils manifesté les outils de Conscience ?

L'outil de Conscience a toujours été *l'initiation,* qui signifie "commencer le début de quelque chose mais sans finalité."

Les Celtes, pour faire grandir un homme,
avaient une initiation tous les trois ans,
de la naissance aux vingt et un ans.

A l'âge de trois ans, cette première initiation ouvre la porte des quatre ans. A six ans, elle ouvre la porte des sept ans, puis, à neuf ans celle des dix ans, jusqu'à vingt et un ans où la base de l'individu et sa nature sont construites.
Ces initiations étaient ouvertes à tous, princes ou forgerons avaient la même chance... Les femmes également vivaient des initiations mais avec des cycles différents.

En Afrique noire, des rites de passage se retrouvent aux âges précis de mutations.

En Égypte ancienne, l'initiation était l'obligation de la vie, sans distinction de condition sociale. Deux types d'initiations étaient proposées pour ces passages :

par la fête...

La fête, dont l'origine étymologique "feste" signifie : les deux voies de l'être. Elle permettait une rupture de la vie quotidienne et une confrontation de l'individu à son émotionnel, en relation à la dimension de sa nature.

Le mot fête représente avant tout un partage, un échange et une communion. C'est une force de groupe dans un bain émotionnel avec un désir d'apprendre, de changer, de muter pour rencontrer les énergies subtiles. C'est aussi se mettre dans une disposition pour recevoir les forces célestes qui nous guident.

par le Temple...

Quarante-deux temples étaient le lieu de rites initiatiques individuels, ayant chacun leurs spécificités énergétiques et une fonction particulière, et chaque Égyptien avait la possibilité de les suivre.

La première étape était de rentrer dans la cour du Temple pour lâcher prise à ses attachements et ses possessions.

L´individu décidait lui-même de rester dans cette auto-confrontation. Ce rite pouvait durer plusieurs années tout en s'incluant dans son quotidien...

L'initiation suivante se faisait dans la salle hypostyle, une salle immense aux grandes colonnes où il allait rencontrer les notions de l'Espace.

Puis il se dirigeait vers des chapelles, espaces de plus en plus restreints pour vivre certains passages. Dans ces lieux très enfermés, un travail intérieur se réalisait pour arriver au Naos, où là, il contactait le Temps, l'Esprit.

Le quêteur de Conscience prenait le temps qu'il voulait pour arriver au Naos. Puis, il allait vivre d'autres forces du Temps dans les Temples suivants...

Au regard de ses initiations ancestrales,
la loi d'évolution permet de faire grandir
les consciences personnelles et universelles.

Sans conscience, l'humain utilise dix pour cent de ses capacités cérébrales...

De même, alors qu'il se trouve en relation avec l'Esprit, il n'utilise qu'une infime partie de ses forces...

En se trompant de chemin,
les hommes se ferment les portes de l'évolution.

L'erreur serait de croire que le chemin est l'Amour.
Le chemin de l'humain est celui de la Conscience
et l'Amour en est son horizon...

II

LA NATURE DE L'HUMAIN

NOURRIR LA VIE...

LES LOIS PHYSIQUES

HABITER SON CORPS...

LES LOIS ENERGETIQUES

ACCEPTER SON VEHICULE...

LA BIPOLARITE

DISCERNER LE MAITRE DU VEHICULE...

LE PSYCHISME

CONSCIENTISER LE REEL...

L'ESPRIT

Les facettes de la Terre recèlent de trésors
par leurs différences, pareilles à un kaléïdoscope géant
qui fait danser les couleurs de la Vie...

L'immensité de l'océan du Ciel distille les mouvances
visibles et invisibles, offrant aux sens de l'humain
des nourritures subtiles...

La Nature s'invente au quotidien.

NOURRIR LA VIE...

LES LOIS PHYSIQUES

Parmi les lois physiques qui régissent la vie dans la densité et l'humain en particulier, il y a celles qui concernent plus précisément notre corps physique.
Ces lois, au sein du corps, s'organisent en plusieurs systèmes.
- *le système respiratoire* pour l'oxygénation des cellules, permet la comburation des aliments au niveau cellulaire, amenant la libération d'énergie et la production de déchets.
- *Le système nerveux*, système actif et réactif dont le rôle est de transmettre les informations à travers la mœlle épinière, les nerfs, les neurones et de réagir à toute stimulation.
- *Le système sanguin*... A savoir que la cellule sanguine est porteuse de notre mémoire existentielle que le flux sanguin véhicule en permanence. Le sang se renouvelle tous les sept ans.
- *Le système lymphatique* est un des systèmes de défense de notre organisme, le corps étant agressé des millions de fois par jour. Cette sollicitation est grande consommatrice d'énergie.
- *Le système digestif* dont le rôle est de séparer les molécules des aliments afin que l'organisme puisse capter leur énergie et les éléments dont il a besoin. Les aliments sont digérés en différents endroits suivant leur catégorie : la bouche, comme nous le savons, pré-digère les glucides transitant uniquement dans l'estomac, pour une digestion dans l'intestin. Alors que les protéines sont digérées dans l'estomac.

Parmi les lois physiques, le système qui maintient les autres en équilibre, permettant la cohésion et l'évolution du tout, est le système nutritif. Il apporte le principal de l'énergie qui soutiendra le fonctionnement de l'ensemble.
Nous allons aborder ce système par un des aspects de la nutrition : l'alimentation.

L'alimentation consiste en l'absorption d'aliments afin de les transformer en **énergie nutritive**. C'est un processus d'assimilation, de transmission, d'échange et de production.

Mais plus précisément que nourrissons-nous lorsque nous mangeons ? Que se passe-t-il pour qu'une salade participe à notre évolution, au mouvement de notre vie ?

La nature nous montre comment la vie se fait et s'organise. L'arbre a besoin de terre pour grandir, pour y plonger ses racines qui sont la garantie de sa croissance. Il s'enracine d'abord, puis il se développe. Chaque terrain fait son arbre, chaque arbre parle de la terre d'où il vient. La terre nutritive pour l'arbre est l'humus, ce nid de richesses subtiles et organiques...

L'homme, comme l'arbre a besoin de faire ses racines, comme l'arbre il est en résonance avec la terre où il est né, comme l'arbre il a besoin d'humus, de cette base organique pour se nourrir et s'enraciner. L'absorption d'éléments physiques est pour l'homme sa manière de faire son humus.
L'engrais de l'homme est cette substance que les différents sucs digestifs auront mis en fermentation. Cet état de fermentation permet à l'homme de créer le terrain dont il a besoin. Il mange pour constituer une base, qui, grâce au système digestif, en fait une substance dynamisée, redistribuée ensuite par l'intestin.
L'engrais nécessite, pour être bénéfique, certaines conditions. Afin que celui-ci s'enrichisse, il est nécessaire que la fermentation soit assimilable par le corps. Pour cela, elle se doit d'être une décomposition régénérante. Quand cette transformation dégénère en putréfaction, elle produit, l'effet contraire en polluant le corps.
L'humus en particulier et le processus de régénérescence plus globalement se font aux dépens de certaines associations, selon certains rythmes, en respect des phases d'activités et de repos de ses différents systèmes régis par des lois, qui les font s'articuler les uns avec les autres.

Comme l'arbre, l'homme dépend des saisons, non celles de la Terre, mais des siennes qui lui sont propres ... c'est-à-dire d'horloges biologiques. Son jour et son heure de naissance les déterminent. En prenant connaissance et en respectant ces horloges, il évite de perdre beaucoup d'énergie... et ainsi se donne de nombreuses années de vie supplémentaires.

La société actuelle favorise peu cette écoute respectueuse de chaque être.

Comment se fait-il que dans une société se prévalant d'être démocratique et fraternelle, un des principes importants de la nutrition ne soit pas pris en compte ? Où est le respect de la différence de chacun dans un monde où tout le monde est amené à manger les mêmes choses au même moment ? Mais où se cache le respect de ces rythmes dans la société ?

L'imposition d'un repas à heure fixe est souvent considéré comme une obligation mais c'est une habitude en contra- diction avec la vie.

Comment pourrait-il y avoir une rencontre et une évolution dans l'habitude ? Comment d'ailleurs peut-on banaliser cet instant si important, dont la santé dépend ?

Le sang, par exemple, donne la composition du terrain. Il a pour fonction de porter les informations et de transmettre les phénomènes enregistrés à tout le reste du corps. En cela le sang porte la mémoire existentielle, le vécu de l'individu depuis sa conception. Il contient aussi les globules blancs qui prennent en charge la défense du corps. Le sang est en quelque sorte la carte d'identité de celui qui le fabrique. Chaque groupe sanguin correspond à un métabolisme particulier, à un système de protection qui lui est propre.
Certains produits sont bénéfiques à certains individus et toxiques pour d'autres. Si le système de défense est trop sollicité, il va finir par s'épuiser à éliminer ce qui lui est néfaste. Ceci aura pour conséquence d'accélérer le processus de vieillissement...

Un terrain trop acide, source de la majorité des maladies, entraîne entre autres, de l'hypertension...
Les artères transportant du sang empoisonné se contractent naturellement pour se défendre et protéger le corps.
Imaginons ce que provoque une intervention médicale dilatant artificiellement les vaisseaux sanguins sans chercher la cause

première de cet empoisonnement, sans retrouver les besoins essentiels de la nature de ce terrain fragilisé. En agissant sur la conséquence et non sur la cause, cet acte amplifie le processus de dégénérescence. Cette illusion de guérison masque le signal que le corps a émis afin de trouver l'origine du dérèglement.

L'homme mange pour s'ancrer, c'est-à-dire pour activer sa pulsion de vie, en intégrant des éléments extérieurs, étrangers. Cet échange, à l'image de la respiration, participe à son incarnation. Dans ce processus relationnel, les éléments métabolisés le transforment, ce qui nourrit sa nature et la réalise.

Aujourd'hui nous connaissons mieux la fonction de chaque organe, sur un plan physique ou symbolique. Nous savons que l'énergie circule dans le corps dans un sens précis et nous pouvons pratiquer des exercices pour l'entretenir, *mais comment nourrit-on cette énergie ?*

La nutrition est une des portes qui nous mène à cette source. Elle agit directement sur l'énergie vitale, elle participe à son déploiement. Nous savons entretenir l'énergie, par des mouvements. Mais comment la créer, sinon en l'alimentant directement par l'absorption choisie d'éléments que notre corps transformera pour son bien-être.
Dans cette conscience que chaque chose absorbée n'est pas anodine, influence et agit sur tous les autres systèmes, l'harmonisant ou le polluant, il n'est plus possible de rester dans un monde où santé et alimentation sont dissociées, où il est besoin de médicaments pour compenser l'anémie dont souffre notre pulsion de vie…

Prendre son corps physique pour une machine, une mécanique sans reliance aux autres plans, c'est nier l'importance de ce corps et la finesse de communication qu'il entretient avec les autres niveaux de l'être et notamment le mental. Aussi l'alimentation et les pensées sont intimement liées.

L'alimentation vivante permet à la fois de se nourrir et de se purifier...
Elle entretient autant qu'elle favorise le développement.

Si par exemple, l'intestin n'a pas la possibilité d'une bonne communication avec les autres organes, c'est tout le corps qui s'asphyxie. L'intestin est autant un système digestif que respiratoire, aussi, son fonctionnement a une incidence sur le mental, qui profite directement de la redistribution d'oxygène.

L'homme est d'une richesse insoupçonnée. A l'ingestion d'un aliment, il absorbe tout ce qu'est ce dernier, il intègre toutes les informations que cet aliment porte, que cela concerne sa qualité physique, sa composition générique (l'espèce à laquelle il appartient) autant que son mode de culture et son contexte environnemental...
Il fait siennes toutes ces informations qu'il ingère. *Comment le corps pourrait-il gérer des informations contradictoires ?*
L'humain se doit d'être en cohérence avec ses choix et sa nature. Car si son intellect arrive à séparer les choses et à croire cela possible et réel, son être "tout entier", "de tous ses corps" est en vie grâce à cette unité.

L'éducation nous a limités au goût, dans l'acte de manger. *Mais qu'est-ce que le goût sans conscience ? Et pourquoi ne s'en tenir qu'à un seul sens ? Que transmet le goût comme information, sans qu'il soit aiguisé ?*
Comme pour l'ouïe, il est nécessaire de distinguer chaque instrument constituant un ensemble orchestral, sinon qu'entend-on ? Jusqu'à quel point peut-on profiter et se nourrir de cette musique ?

Sans préparation, il est possible que l'individu n'en saisisse pas la finesse...

Dans une forêt percevrais-je tous les sons qui en émanent ?

Je peux ainsi manger des aliments non favorables à ma nature, sans tenir compte des associations possibles, contenant des insecticides ou autres polluants, que j'avale à une heure non propice, sans que je ressente vraiment la difficulté de digestion que cela va représenter. Je peux aussi interpréter comme de la faim ou comme bons pour moi, des plats qui induisent des phénomènes d'excitation, alors qu'au fond je n'en ai pas besoin.

Dès le début de la vie, la nutrition joue un rôle fondamental pour

le développement d'un être humain.
Le fœtus, dans le ventre de sa mère, nous montre combien le laboratoire du corps est perfectionné. Il se nourrit de ce que sa mère et lui produisent, et qui se fabrique selon ses stricts besoins. Ils s'échangent en permanence des informations et programment, avec une haute précision, des processus de transformation du milieu afin de subvenir aux nécessités de l'être en gestation.

Nous savons que le fœtus, en plus de ce qu'il reçoit par le cordon ombilical, absorbe par la bouche le liquide amniotique. Il assimile diverses substances de ce liquide, qui passant par son corps se transforment. Il rejette cette substance modifiée. Cette substance se trouve être régénérée ainsi et permet au fœtus qui la réabsorbera d'y trouver les nouvelles subtilités dont il a besoin.

La mère à l'écoute de l'être se développant dans son ventre, ayant appris à dialoguer avec lui, saura chaque jour ses besoins en type d'aliments. Elle sera guidée par l'enfant à venir, tout au long de sa grossesse, pour ajuster au quotidien cette nourriture vitale.

Pour le bébé, le lait maternel étant spécialement conçu pour lui, ce sera sa seule nourriture jusqu'à l'âge de neuf mois minimum. Le lait des premiers jours appelé colostrum, revêt une importance particulière en raison de sa composition. Il va permettre au bébé de construire son immunité naturelle, et sa richesse exceptionnelle va impulser la mise en route de toutes les fonctions de ce nouvel être humain. Les caractéristiques du lait de la mère vont évoluer en fonction des besoins de l'enfant. Cela se fait naturellement puisque l'inconscient de l'enfant est directement relié à celui de la mère.

Il se produit un phénomène particulier lors de la tétée, jusqu'à l'âge de trois mois. Lorsque le bébé s'endort, repus, il garde le sein en bouche pendant en moyenne vingt minutes. En fait, ce faux sommeil est une sorte de transe, d'ailleurs mesurable au niveau du cerveau, qui vibre à un rythme particulier à ce moment-là. Cette phase va ancrer chez lui, sa sensation de sécurité et activer son immunité entre autres choses.

C'est l'enfant "celui qui se fait", qui décide du moment du sevrage en refusant le sein quand, *et seulement quand,* il est attiré par la nourriture extérieure. On voit que l'âge de sevrage est très variable, pouvant aller de neuf mois à trois ou quatre ans.

Il est important que l'enfant ait accès à une plage alimentaire très diversifiée pour qu'il puisse découvrir différentes saveurs et commencer à orienter ses propres goûts.

Les besoins du bébé et de l'enfant ne s'arrêtent pas à son tube digestif. Il faut aussi nourrir ses sens physiques. Cette stimulation est fondamentale, car elle développe son système immunitaire.

Au sujet de la gestation,* nous parlons de

neuf mois SOUS la peau, neuf mois SUR la peau.

Le bébé doit rester en contact permanent avec la mère jusqu'à cet âge-là, c'est ce qui constitue sa sécurité. De même, massages et contacts fréquents développent son sens du toucher et son système immunitaire. Les autres sens, vue, ouïe, odorat sont éveillés par des jeux adaptés qui les stimulent.
Les sens physiques développés aident à une meilleure perception et prédisposent son terrain au discernement quand il aura treize ans. Mais d'ici-là, c'est grâce à eux que l'enfant peut mieux s'orienter et ressentir ce qui lui convient.

L'alimentation, pendant les premières années de la vie, est un jeu d'expérimentation et de stimulation, plus qu'un principe de survie, puisque le thymus très actif à cet âge, le nourrit de prâna. Il est important de lui proposer des possibilités diverses afin de l'amener à choisir et ainsi à le rendre toujours plus autonome. Cela lui permet aussi d'affiner l'écoute et la conscience de lui-même. Dans une gamme d'aliments adaptés à sa nature, il est bienvenu de temps en temps, d'y ajouter quelques produits "contradictoires", cela favorisera également son discernement, et agira de même sur ses organes. La réaction produite stimule les organes et plus particulièrement l'intestin qui assure le système immunitaire...

* Voir Carnet de l'UR correspondant

A partir de sept ans, le système hormonal continuant sa mise en place, de nouveaux besoins vont se révéler, différents pour le fils et la fille.

Leur genre induit des façons de s'alimenter spécifiques.

La fille, pour révéler sa nature Terre, aura une nourriture avec une prédominance de glucides plus particulièrement légumes, racines, céréales. Elle est appelée à manger des glucides pour conforter sa densité. Elle a besoin de la lenteur de ceux-ci qui se digèrent dans l'intestin, lieu de la Terre par excellence puisque c'est l'endroit où se fait notre humus.

Ce processus est nécessaire pour le féminin afin qu'il se fortifie. C'est dans ce mouvement de digestion lent et par la fermentation qu'elle affirme sa nature. Elle n'a pour l'instant pas besoin de beaucoup de sucres rapides (comme les fruits), qui comme leur nom l'indique, ont tendance à surdynamiser le corps, favorisant peu le développement de sa base féminine.

Le fils a davantage besoin de protéines, notamment légumineuses, pour construire son ancrage dans la Terre, ce dont il est dépourvu au départ. Venant de l'éther il a des difficultés à vivre la matière. Son sens du goût va l'y aider, en particulier en variant les saveurs de son alimentation. La subtilité des épices entrant en résonance avec sa nature éthérée aiguise sa faim et son envie de matière. Dans son processus de construction, il va créer le mouvement de son enracinement. Il a besoin d'aliments qui créent cette dynamique, en absorbant des protéines végétales qui se digèrent dans l'estomac et demandent un réactif d'énergie plus important que les glucides. C'est sa manière de rencontrer la matière et de se structurer.
Dans la culture marocaine, les mères mettent en pratique cette connaissance en présentant à leurs enfants différentes préparations à l'aide de leurs épices variées.

Les protéines animales de manière générale sont à éviter puisque *l'humain n'est pas carnivore*, notamment en raison de la longueur de son intestin...

La forme de notre corps et des organes qui le composent a une signification précise. Par exemple, notre dentition, est différente de celle des carnivores. Pour les espèces qui, par nature, mangent de la viande, les canines sont des dents beaucoup plus longues que les autres qui servent à déchirer, et les molaires se chevauchent de manière à cisailler la chair. Pour les humains, ces dernières servent à écraser les aliments et à mastiquer.

En ce qui concerne la longueur de nos intestins, elle est beaucoup plus grande que celle des carnivores, et par conséquent ne permet pas l'élimination des toxines provenant de la viande (l'urée). L'empoisonnement ainsi produit atteint directement le système nerveux central et le détruit peu à peu... Le syndrome de la "vache folle" alimentée par des protéines animales alors qu'elle est herbivore, illustre ce phénomène...

Un passage important vers dix ans et demi, annonçant la puberté, phase de mutation, amène de nouveaux besoins et de nouveaux comportements alimentaires.

A partir de treize ans, l'intellect du jeune se développe, pour atteindre sa pleine capacité à vingt et un ans. Durant cette période, il se met en quête d'expériences variées. Dans sa recherche du contraire à lui-même, il est attiré vers l'extérieur par tout ce qui se différencie de lui. Cela l'amène à découvrir des complémentarités insoupçonnables. Dans son avidité d'expériences, il vit une certaine attirance de la « chair » . Par son attraction pour l'inconnu, la montée des pulsions sexuelles dues au développement hormonal s'avère importante.
Cela se traduit dans son alimentation par des comportements extrêmes : boulimie, anorexie, besoin de goûter à tout ce qui est nouveau, sans discernement.
Son besoin de vivre son corps le pousse à des activités physiques, notamment par le sport, amenant dans l'alimentation des besoins en sucres lents.

Le développement des dents suit une progression ordonnée et préétablie correspondant aux étapes de la construction physique.
Chez le fœtus, leur nidification est déjà en place. Par la suite, la sortie des dents de lait prépare le sevrage et l'absorption des premiers aliments solides. Leur remplacement par les dents définitives, autour de l'âge de sept ans, correspond à une autre

phase de passage où l'enfant quitte ses parents et sort de l'enfance.

Les dernières dents, dites de sagesse, apparaissent vers quatorze ans, une autre mutation essentielle.

Nous voyons que tous les domaines d'évolution sont inter- reliés avec la plus grande cohérence.

A vingt et un ans, le corps physique est apte à donner tout son potentiel. A partir de cet âge, l'individu commence à prendre ses repères. Il rentre dans la conscientisation de l'Espace. Son horizon s'élargit au fil de ses expériences.
Il s'interroge sur des perspectives plus larges et plus lointaines, parfois dans une recherche d'exotisme. Il affine ce qui se traduit ensuite par une alimentation plus personnalisée, correspondant de plus près à sa nature. Chacun à son rythme, expérimente de nouveaux modes alimentaires : végétarisme, crudivorisme, macrobiotique, alimentation dissociée, jeûne… Ces pratiques peuvent être associées à une recherche intérieure sur le plan de la vie. L'idée de détachement et d'allégement de la matière commence à se faire sentir.
La conscientisation du corps, au-delà du physique, lui fait découvrir d'autres fonctions : énergétiques, psychiques, spirituelles.
Cette phase, avec un passage clef à trente cinq ans, prépare la mutation qui se réalise à quarante-deux ans...
Les lois physiques permettent une expérimentation de la densité qui demande de nous enraciner. Comme l'arbre, pour nous élever, nous devons d'abord profondément nous ancrer. C'est en conscientisant et en acceptant le jeux de ces lois, en se guidant des besoins de notre nature, que les transformations les plus fines et les métamorphoses les plus importantes peuvent s'effectuer.

L'humain cherche l'or, au-delà de lui-même. L'alchimiste sait que l'or se découvre dans son propre corps par chaque substance qu'il lui apporte. Chaque produit actif ingéré, nuance, affine notre laboratoire intérieur et le perfectionne tous les jours un peu plus, lui donnant l'occasion d'une épuration où... d'une pollution.

Chaque information intégrée par le corps reste active pendant trois ans. Chaque état présent a une portée, une incidence bien plus grande que l'acte lui-même, et prépare ou déteint sur l'étape de vie suivante. Il est difficile, dans cette conscience-là, de continuer à penser à court-terme, comme on nous pousse à le faire dans les sociétés de consommation.

Nous le savons, le fœtus réabsorbe ce qu'il rejette dans le liquide qui l'environne. Son corps produit ce dont il a besoin, en le réabsorbant il améliore ce qu'il a reçu. Il a la capacité d'agir sur chaque élément, de les modifier chimiquement afin de créer exactement ce qu'il lui faut.

Comme l'arbre perd ses feuilles, enrichissant ainsi la terre, l'urine par exemple, contient des éléments vitaux parfaitement adaptés en qualité et quantité à l'organisme qui l'a produit. Ce liquide réabsorbé par l'individu lui apporte ce que peu d'autres aliments peuvent lui apporter. Au cours de la digestion se fait l'intégration d'éléments nutritifs et la production d'autres. Ces produits créés par le corps se sont élaborés sans qu'ils puissent directement se réincorporer. Cette réabsorption par voie orale met en jeu un processus de conscientisation...
S'il est possible d'ingérer des choses sans se poser de question, sans prendre conscience de la portée de cet acte, il est difficile de continuer à le faire en buvant son urine. L'urine contient des quantités de sels minéraux non absorbés et des hormones comme la mélatonine produite la nuit... et qui se perdent au matin, c'est bien dommage !

Quand l'humain respecte sa nature intérieure, il respecte la nature qui l'entoure. Il retrouve sa place sacrée au cœur des autres règnes. Il participe à l'enrichissement de la terre. L'homme naturel ne produit plus de déchets, mais des rejets organiques, de l'engrais bénéfique, dynamisant pour la terre...
L'homme dont la nutrition est vivante,* en équilibre avec son environnement, par ce qu'il ingère, par ce qu'il produit, participe directement à sa régénérescence.

Nous sommes habitués à une telle dysharmonie, qu'il nous semble maintenant normal de manger des aliments qui engendrent la putréfaction et désaccordent l'harmonie.

* Voir Carnet de l'UR correspondant

L'humain s'accommode du peu de connaissance qu'il a de la vie, et ceci engendre la méfiance, voire le dégoût vis-à-vis de lui-même. *Quand recouvrerons-nous la sagesse de la nature nous montrant que rien ne se perd et que tout se transforme ?*

On peut se demander, de quoi vivent les individus qui mangent depuis leur plus jeune âge des produits très peu vivants. Si leur milieu ne leur a pas permis d'oser goûter la grande aventure de la vie, aujourd'hui ils nourrissent, faute de se nourrir, entre autre, l'industrie pharmaceutique et par voie de conséquence le système peu égalitaire du capitalisme ultra-libéral... Ceux-ci dévorant sans mesure ni limite l'énergie que nous leur donnons sous forme d'argent. Nous pensons en échange nous soigner et en fait, nous empêchons notre corps d'être son propre médecin. **La réalisation de l'homme passe par l'expression de sa créativité**, c'est là sa raison de vivre. Toute vie fonctionne ainsi. Les maladies nous montrent que nous ne sommes pas pleinement dans notre créativité. Chaque maladie par la manière dont elle se manifeste, porte un message précis et indique ainsi comment reprendre la voie de l'épanouissement. Les médicaments en inhibant le signal corporel qu'est la douleur, camouflent le message et bloquent le processus de conscientisation. La société nous conditionne au point que nous prenons les apparences du vivant pour la vie elle-même. *Combien de nous dorment sans le savoir ?* La médication nous anesthésie, faisant oublier la puissance que chaque individu recèle et qui ne demande qu'à se déployer...

La vie, si nous avons envie de nous réveiller, n'est jamais loin. Elle nous attend au bout de la branche d'un arbre, elle nous demande de la cueillir... et nous permet de ne plus confondre végéter et végétation... En savourant ce qu'elle nous offre par le biais de l'alimentation, nous honorons notre santé, et amplifions notre paix intérieure.

Au cours des âges, les besoins nutritifs changent. A quarante-deux ans, l'homme est prêt à retrouver la nourriture qu'il absorbait à sa naissance et de laquelle il s'est coupé à sept ans pour faire l'apprentissage de la matière.
L'homme après son besoin de densité, de la nature physique des choses, absorbe directement l'énergie vitale et primordiale qui

l'entoure appelée prâna. Le prâna est une énergie subtile contenue à la fois dans l'alimentation vivante et dans l'air. C'est le thymus, appelé aussi le troisième poumon, qui en permet l'absorption, quand il est dans son plein potentiel. Cette glande qui est là pour donner l'impulsion à la croissance, s'atrophie vers sept ans. Dès lors, seule une infime partie de prâna peut-être assimilée.
Une fois les expériences de la matière conscientisées, l'individu, après quarante-deux ans, retrouvera cette fonction alimentaire. Pour cela, il se doit de réactiver le fonctionnement du thymus, utiliser de plus en plus de prâna afin de supprimer toute alimentation solide. Quand il mange une banane, il prend son prâna et rejette le reste qui est seulement un support. Lorsqu'il peut prendre directement le prâna, il peut alors supprimer le support. Le prâna va nourrir directement la cellule, en intervenant sur l'ADN. L'ADN comme on le sait, est constitué d'une chaîne de deux brins d'acides aminés, mais ce que l'on sait moins, c'est qu'il existe dix autres brins électromagnétiques désactivés que l'absorption du prâna va remettre en fonction. Ces dix brins, une fois en action, vont intervenir sur les deux premiers pour une meilleure fabrication d'acides aminés et ainsi, une nourriture affinée pour les cellules.

Ce changement radical va amener également une mutation dans le domaine de la sexualité. A partir de cette période, l'homme s'achemine vers la réalisation de l'androgynat. L'idée d'allégement et de détachement petit à petit se confirme.
Le laboratoire qu'est notre corps atteint une nouvelle étape et produit tout ce dont il a besoin, à sa mesure, sans support matériel, sans réactif. Le degré de Conscience de l'homme a muté pour atteindre un autre niveau, l'altaconscience.*

* Voir Carnet de l'UR correspondant

LES LOIS ENERGETIQUES

L'Energie est partout. Il est possible de la sentir dans chaque chose. Elle se trouve dans toute forme de vie, de la cellule au corps entier, de la plante à l'animal, dans l'eau, dans la terre. Elle lie aussi, dans l'invisible, l'air, la lumière etc... De même, des éléments qui paraissent figés comme la pierre, fourmillent réellement de vie, les atomes qui la composent tournent dans un perpétuel mouvement.

L'humain vit continuellement entouré de particules chargées énergétiquement. Ses sens physiques (ouïe, odorat, toucher…) sont limités pour capter toutes ces agitations. Mais, la nature faisant bien les choses, l'a doté d'un système de captation très élaboré afin d'être en résonance parfaite avec son milieu. En effet, même s'ils sont pour beaucoup invisibles, des corps énergétiques, non palpables, qui se superposent à la manière de poupées russes, entourent chaque être humain. Le corps physique est donc chevauché, dans l'ordre, du corps étherique, puis du corps émotionnel, du corps mental et pour finir, du corps astral ou bouddhique. Ces corps sont un moyen de captation spatio-temporel de l'environnement et reliés au corps physique par des vortex d'énergie intérieurs, appelés communément chakras.

Le corps est une véritable antenne, avec une partie intérieure et une autre extérieure. Celle-ci capte et réagit avec les vibrations du milieu, qu'elle soit active ou passive.

Actuellement, la société sous-estime les perturbations émises dans notre quotidien. Les appareils électriques, les ondes, produites par nos systèmes de communication, créent des champs électro magnétiques que nous subissons continuellement.
Le corps humain, dans son intégrité, bien conscientisé et compris, permet d'ailleurs une perception différente des réalités, un ressenti infiniment plus subtil, au-delà du visible.

L'Esprit ne demande, à l'individu, rien d'autre que d'être pleinement dans sa propre nature. Les seules marches à gravir sont celles de son temple intérieur. Il se doit d'ouvrir une à une les portes de son Moi afin que l'Energie puisse circuler librement.
Le chemin de chaque être, dans son unicité, traverse les mêmes étapes, une porte ne pouvant être ouverte avant l'autre. L'homme passe ainsi par des états de conscience, vers une ouverture, une perception de lui-même et des autres beaucoup plus fine, une compréhension exaltée de sa propre existence.

Toutes les grandes civilisations (Inde, Chine, Mexique…) parlent de chakras ou de plexus, elles en dénombrent sept, mais leur fonctionnement, malgré leur efficacité reconnue, a été tronqué.
La nature de toute chose est bipolaire, Ciel-Terre, Homme-Femme, etc.… Nous proposerons ici, une ouverture des chakras qui obéit à cette Loi universelle de bipolarité.

En plus des sept chakras connus :

- Le chakra racine situé tout en bas de la colonne
- Le chakra sexuel ou "hara", trois doigts sous l'ombilic
- Le chakra solaire, juste en dessous des côtes
- Le chakra cardiaque à côté du cœur, entre les seins
- Le chakra de la gorge
- Le chakra frontal ou "troisième œil"
- Le chakra coronal situé au sommet de la tête

... il existe un **huitième chakra**,* celui des genoux, cité dans la tradition hébraïque et figurant sur de nombreuses représentations énergétiques du corps.

* Voir Carnet de l'UR correspondant

Certaines écoles de pensée offrent un point de vue simpliste sur l'ouverture des chakras en proposant une conception d'ouverture linéaire, partant du chakra racine pour arriver au chakra coronal. En réalité, les chakras fonctionnent par couples.

La relation bipolaire, entre deux chakras, va créer une gestation et une maturation, pour permettre une ouverture à un autre chakra.
L'Energie, pour prendre de l'ampleur, se concentre dans un point du corps. Elle se fortifie, devient de plus en plus puissante, s'intensifie jusqu'à son maximum pour ensuite réveiller un autre point.

L'ouverture des chakras a pour corollaire un chemin de Conscience sans lequel il sera avorté…

La première spirale d'énergie, située entre le chakra racine et le hara, représente les miasmes psychiques dans lesquels l'humain se perd. Il pense avec son bas-ventre, son surmoi confronté en permanence avec sa sexualité possessive. Même son discours est sexualisé. A ce stade de gestation de l'individu, les chakras racine et sexuel s'avèrent être le moteur de ses pensées. Ses désirs le poussent à vouloir tout posséder, tout dominer, et l'aveuglent quant à sa dimension réelle. Lorsqu'une épreuve lui est présentée par son milieu, il "éprouve" des difficultés, puisqu'il a tendance à se croire dans la capacité de l'acte… Par la suite, il s'obstinera dans les mêmes attitudes ou fuira l'échec de l'expérience, suivant sa nature.
Toutes les rencontres avec le sexe opposé se vivent dans la séduction et l'envie de plaire, sans échanges véritables. Quand l'autre rejette son fonctionnement, il en déduit qu'il est dans l'erreur et culpabilise, ou bien que l'autre ne le mérite point... De même, pour les relations amicales ou familiales, il voudra posséder l'autre ou du moins infléchir ses réactions, à cause de sa difficulté à le voir et à le comprendre dans sa différence.

Pour les idées, il adopte tout ce qui résonne, ce qu'il capte comme vrai. Les concepts contraires à sa personnalité seront jugés comme faux...

L'individu parle par son surmoi car, dans ce cas, il croit être ce qu'il n'est pas. Il existe, sans se poser de questions sur lui-même, sur ses désirs, sur ses peurs, sur ses réactions. Il est dans l'impossibilité de les dépasser, méconnaissant même cette notion qui lui est totalement inconnue. Sa fausse compréhension de lui-même lui brouille la vue.
Il lui semble évoluer, mais il stagne. Il se perd car son blocage du chakra sexuel l'empêche de voir en conscience.

A quelques moments, des questions se posent, mais les raisonnements se perdent dans les illusions, enfermés dans les attachements, les possessions et le besoin de tout contrôler...
Chaque humain passe par ce premier stade. La sortie de ce marais psychique est l'étape la plus difficile. Cette gestation nécessaire, a été choisie, de par son incarnation, afin de créer le blocage, outil nécessaire pour son évolution future.

En effet, cette maturation d'illusions, de faux raisonnements a malgré tout un sens. Elle permet à l'individu de s'enfoncer dans l'erreur afin de la comprendre pleinement.
L'incarnation sur Terre a un but bien précis. La mission de tous est de trouver la résolution de sa problématique de vie, choisie avant même sa naissance. Tout a été mis en place, avec la complicité des âmes des futurs parents, pour se trouver en face de ce mur, de ce blocage évolutif…

Mais comment avoir envie de grandir quand l'environnement n'offre pas de contraintes ? Quels réactifs peuvent venir secouer la nonchalance de l'être qui "se laisse vivre"?

Le blocage obligatoire de la pulsion de vie, le mur évolutif, est la barrière nécessaire à franchir, instaurée par la nature. Ainsi, les événements vont se présenter afin d'offrir l'opportunité du dépassement…

Comment trouver l'envie de dépasser un événement, si l'être ignore l'échec qui y est lié ?

Pour exemple, les anciens toxicomanes sont, en fait, les plus efficaces dans la prévention anti drogues, ils en ont compris tous les mécanismes et, par leur vécu, disposent des clés de résolution de ce problème.

Le Divin fait bien les choses. Il laisse l'être s'étouffer dans ses blocages afin qu'il les connaisse sur le bout des doigts, dans "le fond de ses tripes". Il a ainsi tous les outils pour les dépasser.
Etrangement, la perte de contrôle, la noyade dans les problèmes et dans les questionnements sans réponses, vont activer une montée en pression qui se veut être le déclencheur du mouvement, à l'image d'une cocotte-minute qui menace d'exploser. Cela oblige à trouver une solution, une ouverture et à se sortir de ses enfermements et de ses miasmes psychiques.

Quand l'être comprend que ses principes le bloquent, l'empêchent de grandir, c'est la chute. L'image de son monde bien cloisonné, où tout était réglé comme du papier à musique, s'écroule. Et lui avec. Il pensait être libre. La vérité lui apparaît tout autre. Ses possessions, ses façons d'appréhender les choses, se révèlent être ses chaînes. Ses habitudes et prévisions le coupent de la réalité de la vie qui n'est autre qu'un éternel changement.
Pour repartir, l'être doit briser ses attachements et faire table rase du passé. Cela lui permet de se voir sous un nouveau jour, dans le regard du moment présent. Peu à peu, il comprend cet inconnu qu'il est, et l'apprivoise...

Ce retour sur soi est indispensable. L'élévation spirituelle demande, en premier lieu, de bien se connaître. Il est nécessaire, tout d'abord, de se débarrasser de ce qui est impropre à soi, le caractère s'étant forgé par l'éducation parentale et les rapports sociaux.

Des masques, comme moyens de défense, ont été créés pour évoluer, chargés des peurs qui l'encombrent et qui n'ont rien à voir avec son être véritable. Il lui faut réinventer son terrain fertile afin que les racines de sa graine puissent grandir dans un milieu approprié qui lui corresponde.

La dépressurisation se déclenche en ouvrant le chakra sexuel, en regardant sa sexualité possessive en face, en lâchant prise. Le mouvement énergétique va s'initier et descendre du couple de chakras racine-sexuel ...

*Je renais alors par les genoux, le chakra de l'humilité. Pour pouvoir grandir, je dois redescendre à la terre. L'humilité, c'est la clairvoyance de soi, la compréhension de ce que je suis dans mes qualités comme dans mes manques et de ce que je sais et ce que je dois encore apprendre.**
Le Monde se résume-t-il à ce que l'on veut bien me montrer ?
N'y a-t-il pas d'autres voies possibles ?
Ce que j'ai fait jusqu'à maintenant est-il juste ?

Le pas le plus difficile est franchi. La graine protégée par sa coque est quasiment incassable, rien ne l'atteint. La petite plante fragile qui en sort est, au début, très vulnérable. Cependant, le grand Jardinier a du respect pour les plantes qui se donnent la peine de pousser et prend soin d'elles.
Il est nécessaire de prendre conscience de sa nature divine et du potentiel à développer qui en découle.
Se considérer comme rien est la pire des choses, car c'est renier ses racines divines.
Se considérer comme supérieur, c'est oublier combien les chemins sont différents, que chacun a le sien.
C'est dans la relation que se trouvent les clés de l'évolution et des guides nous apprendront à décrypter le Réel.

Ayant ainsi conscientisé sa personnalité, l'individu ressent le besoin de comprendre l'autre. L'énergie des genoux va remonter vers le couple de chakras cœur et solaire.

* Voir le schéma couleur en fin d'ouvrage

Une nouvelle gestation énergétique s'enclenche pour conscientiser les rapports aux autres…

Sorti de ses attachements et de ses principes, l'être voit apparaître alors ses soumissions. Il avait l'impression de dominer toutes les situations, d'être libre. Il se rend compte que ses relations l'empêchent d'évoluer, l'attachent, le brident. Soumis à ses désirs de plaire, de garder la face, d'être reconnu socialement, l'image qu'il veut donner est un carcan. Quand il évolue, il se doit de se détacher, accepter de redevenir élève pour apprendre des autres.

A ce niveau, c'est le chakra solaire qui est bloqué. Cela empêche de lier la sexualité au cœur. Ce chakra est le point d'ouverture aux autres. Il se développe quand l'être s'affirme dans sa véritable nature. Les idées, les principes sont alors en pleine mutation, l'individu voit plus clairement ce qui lui correspond et ce qu'il doit rejeter. Son être véritable lui apparaît enfin. Il constate que la vie n'est pas un rapport de force, mais plutôt un jardin dans lequel chacun pousse pour devenir une plante, forte et différente des autres...

Cette deuxième gestation permet de s'affirmer, de se retrouver. En s'ouvrant aux autres, l'être libère son chakra solaire. L'énergie peut alors descendre au hara.
Après avoir conscientisé le complexe d'adoption de sa propre vie, de ses attachements liés à ses désirs de possession et avoir appris l'humilité, ayant ensuite compris à quel point il était contraint par les autres, ses chakras sont désormais ouverts. L'être fragile, né par les genoux, va renaître par le hara.
Sa sexualité, terme qui doit être entendu comme pulsion de vie est maintenant reliée au cœur. C'est le Pouvoir Sacré, la sexualité transcendée, la naissance de sa créativité réelle. Dorénavant, l'individu crée suivant sa propre nature, son véritable Moi, il EST pleinement. Il construit, en accord avec sa nature et ses forces célestes. Il partage avec les autres, en pleine confiance de lui-même.

Par ses activités, il a mûri ses relations aux autres et à l'Espace pendant de longues années : cela correspond à la Conscience intégrée. Maintenant que le cœur vibre à l'unisson avec le sexe, une force de vie jaillit, liée à l'expérience de l'Espace et au rapport au Souffle divin. C'est pour cela que *le Pouvoir Sacré est rarement offert avant quarante ans,* l'expérience manquant pour disposer efficacement d'une telle force.

Chacun a une nature différente résultant de sa physiologie, de son milieu parental, de sa vie actuelle et de ses vies passées. La manifestation du Pouvoir Sacré va dépendre de la mise en place de la nature de l'être, de ses spécificités, et bien entendu, de la fonction qui en découle.
Comme nous l'avons déjà vu, l'être choisit son milieu parental afin de façonner le blocage qu'il s'est donné de dépasser. Il est donc prédéterminé pour faire ce dépassement par sa créativité personnelle. L'ampleur de cette force dynamique vient notamment de la reliance qu'il va développer avec son être supérieur, c'est-à-dire lui-même dans ses dimensions invisibles. La relation avec les autres s'étend de façon considérable par ce rapport à son Moi divin, le Soi.

La plante a bien grandi depuis qu'elle est sortie de terre et donne maintenant des graines. Elle est en pleine connaissance du jardin et est animée par une énergie féconde. Ses pétales se sont ouverts et elle reçoit beaucoup d'informations du Ciel. Sa sexualité transcendée féconde le milieu…

Le Pouvoir Sacré lie l'être à sa divinité. Quand il y accède, l'énergie remonte vers le couple des chakras frontal et couronne pour dynamiser ce lien divin.
Cette liaison avec les forces divines se fait par le chakra couronne et le troisième œil. Le Pouvoir Sacré n'en est que le déclencheur, l'ouverture à l'être supérieur. En pleine conscience de lui-même et de sa nature authentique, les phénomènes inconscients qui brouillaient parfois sa vision, se dissipent pour laisser place à la Lumière.

Il se met en place une troisième gestation, entre ces deux chakras qui va apporter la vision globale de la vie et la conscience de l'entourage par le troisième œil. Il découvre les autres dans leur intégralité divine. Le chakra couronne ouvre sur les plans supérieurs, les forces qui aident sur le chemin de chacun. L'être devient "Celui qui voit"...*

Durant la période précédente, l'Espace s'avérait être le milieu avec le Temps pour Guide. Désormais, le Temps devient le milieu et l'Espace est réduit à un simple support. Les relations terrestres paraissent réduites. Les faits se valorisent sur un autre niveau... supérieur. Les lois sont d'ordres cosmiques.
L'être communique ouvertement avec le Ciel qui lui livre les choix offerts par la synchronicité. Il en reçoit les conséquences pour mesurer les voies à prendre. Il est totalement au service du Divin qui ordonne, et collabore par son appartenance et son expérience de la matière, adaptant les directives en fonction du milieu, des contraintes, au cas par cas.

Pour la troisième fois, au terme de cette gestation du couple de chakras couronne et frontal, l'énergie descend pour renaître au Divin, au chakra de la gorge.

Quand l'individu a activé les relations avec les plans supérieurs, sa reliance devient de plus en plus parfaite. Les forces qui l'animent ont dépassé la dimension terrestre pour la dimension cosmique. Il a largement fait preuve de son engagement et de sa foi, il est digne de confiance...

Le Verbe lui est alors offert. Il renaît au Divin par ce chakra. Sa sexualité est totalement transcendée, il n'a nul besoin de sexe physique. Il ouvre "la porte des dieux" et contacte directement les Sphères Célestes. Dieu s'exprime par son être. Beaucoup plus que la parole, le Verbe est une réalité, un état d'être, qui permet à l'individu de se vivre comme l'émanation du Divin.

* Voir Carnet de l'UR correspondant

La Vie est une respiration, un mouvement cyclique.
Comme nous l'avons dit, les chakras s'ouvrent un à un, de haut en bas ou de bas en haut, mais la Vie est tout, sauf linéaire. Elle est le fruit de multiples interactions, elle est régie par des Lois, des étapes, qui doivent être expérimentées dans un ordre précis.

Toute création d'énergie est bipolaire, cela se retrouve dans toutes les réactions énergétiques de l'Univers jusqu'aux plus petits mouvements de matière.
Comme le bébé a besoin de dix-huit mois de gestation pour être prêt à se confronter au monde extérieur, l'énergie ne peut se créer dans l'instant, il y a un temps de maturation nécessaire, avant chaque naissance à un autre niveau.

De même, la circulation de l'énergie dans le corps naît d'une interaction entre deux pôles, et il doit y avoir un temps de gestation pour que le corps l'intègre et qu'elle prenne sa pleine puissance.

Le Divin donne par étapes… mais c'est à chacun de faire le premier pas.

Tout d'abord, il est nécessaire de se sortir de ces miasmes psychiques qui s'agitent entre les chakras sexuel et racine... de se voir vraiment, de se comprendre…
Pour se faire : couper les attachements, prendre de la hauteur...
C'est la première gestation qui permet l'ouverture à l'évolution...
C'est là l'étape du chemin la plus difficile. L'être est remercié de ses efforts en renaissant par les genoux. Cela lui ouvre les portes de l'humilité et débloque sa sexualité possessive. Il apparaît alors sous son véritable jour… Avoir le courage de se regarder en face propulse à d'autres niveaux...

Ensuite, il accueille la confrontation avec les rapports aux autres. Une deuxième gestation se met en place, pour conscientiser à quel point la conscience collective influence les comportements. Il est nécessaire de recouvrer sa liberté, qui a pour sens de se "lier à la Lumière".

Au moment où l'individu marche la tête haute, avec son cœur dans la main, il naît à son Pouvoir sacré. Il peut alors affirmer sa nature authentique, son Moi divin, sa Mission.

Le Pouvoir Sacré est l'ouverture aux forces supérieures.
La troisième gestation est indispensable
afin de remesurer l'Espace,
côtoyé depuis tant d'années déjà,
et de comprendre à quel point il est réductible,
à quel point il existe des intérêts supérieurs.

A ce moment est ouverte
la porte des dieux, le Verbe.
L'humain est une parcelle de Dieu sur Terre
qu'il révèle par son état d'être.

A ce stade, il dépasse sa condition humaine…

LA BIPOLARITE

Quand il est exprimé les mots "féminin et masculin", il est évoqué la notion de bipolarité, autrement dit, *considérer un phénomène à deux pôles.*

Le mot Dieu, qui porte au niveau vibratoire l'idée de *"Lumière divisée"* en Ombre et Lumière, montre à quel point, au plus haut niveau, est présente cette notion de deux forces en déploiement, en action complémentaire.

Un pôle isolé ne peut être générateur d'un mouvement. Obligatoirement, il est en relation avec un autre pôle afin qu'une interaction se mette en œuvre.

Afin qu'un résultat se manifeste, il est nécessaire qu'il y ait des complémentarités qui s'attirent, qu'elles puissent s'associer pour engendrer un troisième élément qui devient créateur de mouvement formant une triade.

Cette bipolarité se retrouve partout dans l'Univers, elle est le moteur de la Vie car la Vie se veut avant tout mouvement.

Certains éléments paraissent parfois isolés et donnent l'impression qu'ils ne possèdent pas de correspondance avec laquelle ils pourraient entrer en résonance...
En fait, il peut exister des possibilités de rencontres de complémentarités, bien au-delà de ce que nos sens et notre intellect arrivent à capter, en liaison même avec d'autres dimensions.

Nos capacités d'exploration et de compréhension montrent leurs limites en ce domaine.

Cependant, sur Terre, il existe des exemples de structures en équilibre, sans qu'elles manifestent un mouvement. En observant une roche, il peut être ressenti l'énergie qui émane d'elle, son rayonnement. Elle est donc porteuse de vie. Son état de stagnation, de non évolution, montre un caractère statique. Cette stagnation est provisoire, car toute forme de vie a une possibilité d'évolution. Pour le minéral, ce sera par exemple, l'action du feu qui le fera passer à un autre stade.

Ainsi, ce qui est considéré comme figé, l'est relativement à notre perception limitée de l'Espace-Temps.

Pourrait-il y avoir des applications de ce phénomène sur le comportement humain ?
Dans notre société, on entend souvent parler de recherche d'un équilibre, parfois de manière obsessionnelle, comme s'il pouvait être un résultat suprême. A la lumière de ce qui vient d'être énoncé, cela peut paraître paradoxal, puisque l'équilibre est porteur de stagnation.

Le bien-être apparent et superficiel d'une situation confortable, peut-il être facteur d'illusion ?

En effet, au fil des expériences,
au fond de chaque individu, une sorte de vide,
de manque se fait ressentir,
une chose difficilement définissable la plupart du temps.

Quand ce quelque chose peut être écouté et identifié, alors la situation bloquée, stagnante, de nouveau se met en mouvement dès qu'il y a une recherche de nourriture pour ce manque. Ainsi, une possibilité d'évolution se fait jour, même si cela oblige à sortir d'un certain confort, car celle-ci est souvent accompagnée de son cortège d'appréhensions liées à la peur de l'inconnu.
Il se révèle là un des principaux freins à la dynamique de vie : **sortir du connu pour faire un saut dans le vide**.

A l'évidence, cette notion de manque vient compléter l'idée de complémentarité déjà évoquée. L'acceptation du manque est une condition essentielle pour autoriser l'expression des différences et l'exaltation des qualités de chacun.

Dans la nature, chaque élément se développe dans sa spécificité. Un pommier produira des pommes toute son existence et il produira uniquement cela.
Pourrait-il se dire un jour : *"Tiens, pour changer, cette année, je vais faire des poires !"* ? Cela serait pour le moins surprenant.

A tous les échelons de la création, chaque fragment de vie respecte sa fonction et honore sa vocation.
La Terre et le Soleil, par exemple, sont en relation. Notre Planète bleue, de même que bien d'autres, envoie de l'hydrogène à l'astre solaire. Lui de son coté, émet de la lumière qui, par excitation des atomes, sera transformée au contact de la Terre en chaleur indispensable au développement de la vie. La Terre occupe sa place sans vouloir être un Soleil, ni vouloir s'approprier ses prérogatives et vice-versa...

Au niveau de l'infiniment petit, l'observation de l'atome nous amène au même constat. La vie résulte de l'interaction entre deux polarités : le noyau et les électrons qui gravitent autour de lui, avec leurs particularités physiques et énergétiques spécifiques.

En physique, le courant électrique est généré par le contact entre le pôle positif et négatif ; cela donne de l'énergie pouvant se transformer en lumière.

Sur un plan plus global, le Temps et l'Espace, le visible et l'invisible, l'Ombre et la Lumière, la densité et l'éther représentent des binômes au service de la Création.
La manifestation de la vie est le résultat de l'interaction de deux polarités. La bipolarité est une Loi universelle, une Loi de vie, une Loi divine au service de la Vie.

Comment cette Loi va-t-elle s'appliquer à l'humain ?

Pourquoi prend-on un véhicule particulier, un corps féminin ou masculin ?
En fait, dans le processus d'incarnation, nous choisissons un genre qui correspondra aux spécificités à développer dans notre chemin de vie. Il constitue le terrain d'apprentissage, au même titre que le milieu familial et environnemental pour expérimenter ce qui doit être développé.

Le genre est une composante de la nature de l'individu, de ce qui lui est propre. Chacun des deux genres sera vécu en adéquation avec les qualités et le programme d'incarnation individuel.

Les femmes et les hommes partagent des caractéristiques communes, aussi bien dans l'anatomie, dans le psychisme, que dans les fonctions sociales. Cependant, il existe autant de colorations subtiles que d'individus dans chaque genre.
Cette diversité est trop souvent oubliée dans les conversations habituelles où des généralisations abusives amènent des jugements et des distorsions créant des tensions et des situations conflictuelles qui pourraient être facilement évitées.

"Les hommes sont comme ceci et les femmes comme cela... c'est bien connu !"

La reconnaissance de l'unicité de l'individu constitue le socle du respect et de la tolérance, ainsi que la base de l'acceptation d'un manque et la manifestation de capacités particulières.

Dans la société occidentale, particulièrement depuis ces dernières années, un sujet sensible anime les réflexions et conversations dans toutes les strates de la population…

L'homosexualité est-elle naturelle ou pas ?

En dehors de toutes considérations philosophiques, religieuses ou morales, il s'agit ici de regarder si cela correspond à une Loi universelle de vie, telle que cela a été évoqué précédemment.

A la lumière de ce qui a été vu sur la bipolarité, l'expression du mouvement de la vie nécessite la présence d'éléments opposés voire contraires, non pour s'affronter mais pour se compléter.

L´union de deux semblables, d'après ces critères, exclut la possibilité d'avènement d´un troisième élément, né de cette rencontre générant une triade.
La triade est le signe d´une fructification, d'une manifestation du vivant, d'un jaillissement nouveau : la création, système que l´on trouve partout dans l´Univers, avec la bipolarité comme moteur.

Voici un premier constat en ce qui concerne l'homosexualité, mais est-

ce un élément d'appréciation suffisant ? En effet, celle-ci vient parfois du terrain parental, élément à prendre en compte...
Son origine peut provenir également d'un choix délibéré de l'âme avant l'incarnation pour vivre un chemin particulier. Chaque apprentissage, chaque construction d'outils d'évolution demande des conditions déterminées et adaptées à cet objectif.

Dans cette optique, vivre l'homosexualité est aussi respectable que de vivre l'hétérosexualité et peut être porteur d'autant d'enseignements essentiels.
Cela dépendra principalement de l'état de conscience de l'individu par rapport à la compréhension des enjeux. Ceci est la fonction afférente au chemin de vie choisi.

Encore une fois, chaque cas est un cas particulier, avec toutes ses nuances et ses spécificités, qu'il convient de replacer dans un ordre naturel.

C'est le fait de considérer l'homosexualité comme une loi naturelle qui pourrait en fausser la compréhension, donc la validité en tant que conscientisation de l'expérience.

L'expérience conscientisée a pour objectif de faire grandir l'individu et de contribuer a expanser la vie, c'est bien le fil conducteur de l'incarnation !

Aujourd'hui, bien des bouleversements sont intervenus dans le domaine des relations hommes/femmes, influant sur les comportements des uns et des autres.
Toutefois une constante reste : beaucoup de conflits, de souffrances, de déchirements...

La révolution du féminisme, la libération sexuelle de 1968, une reconsidération des rôles sociaux et familiaux, ont permis de secouer quelques lourdes chaînes, de révéler divers conditionnements ou autres enfermements.
Mais de là à instaurer les conditions d'un fonctionnement harmonieux et d'un épanouissement pour tous, nous en sommes encore bien loin.

Qu'est ce qui manque donc pour arriver à ce résultat ?

Par où commencer ?
L'envergure de cette entreprise paraît considérable.
Et si l'on commençait… par le commencement ?

Nous apprend-on à l'école, dès le plus jeune âge,
ce qu'est un homme, ce qu'est une femme ?

Respecter l'autre sans savoir qui il est réellement, s'avère un défi quasiment insurmontable.

Peut-on espérer une paix durable sans passer par cette étape ?
Le fonctionnement du Corps de l'Humanité
est-il connu de tous ses occupants ?
Et les règles qui s'appliquent aux relations humaines,
qu'en est il ?

Ose-t-on seulement poser ces questions ?

Le statut de la femme a considérablement évolué ces dernières années.

A-t-elle pour autant trouvé sa véritable place ?

La polarité féminine est viscéralement reliée à la Terre, élément de densité.

Le corps de la femme est avant tout densité.

Elle possède la Conscience, non seulement de la Terre, mais aussi de la Vie, et pour cause : elle porte la vie par sa capacité d'enfantement.

Son domaine est le foyer, la famille où ses qualités de gestionnaire, d'organisatrice, d'endurance, de résistance peuvent se manifester au quotidien, de même que sa capacité de mise en forme avec sa rigueur et son sens de l'ordre.

Elle a pour vocation globale la gestion de la Terre, cela fait partie de sa Nature…

Il est à constater à ce sujet une inversion des rôles, amenée par de nombreux et très anciens bouleversements historiques ou sociaux.

En effet, actuellement, ce sont encore les hommes qui occupent les postes de responsabilité dans ce secteur, les femmes en étant quasiment absentes.

La polarité masculine est connectée au Ciel. L´homme avec sa nature Ciel a les caractéristiques de l'éther.

Il est attiré par l´extérieur, le mouvement, les voyages et aussi par tout ce qui est abstrait. Il a un imaginaire fertile et un besoin de fantaisie, c´est un grand rêveur... Il est créatif par le verbe, a le sens de l´analyse et son énergie s´exprime par impulsion, par alternance.

Après cette première esquisse, on peut s´interroger. *Comment deux êtres aussi différents dans leur essence et dans leurs besoins, peuvent-ils se rencontrer pour former un couple qui sera générateur d´une triade ?*
Et les complémentarités, comment peuvent-elles s´articuler pour que chacun puisse grandir dans et par le couple ?

Imaginons cette scène d´une possible rencontre.

L'homme, grand voyageur devant l'Eternel, venant du fin fond de l'Univers, après avoir vogué par vents et marées, traversé de nombreuses couches de nuages ou de brumes, se met en quête d´une éventuelle aire d´atterrissage.
Harnaché dans son parachute, jumelles en mains, il scrute l´apparition d´une terre d´accueil où se poser, si possible en douceur. Oui, parce que les atterrissages forcés ou en catastrophe, l´homme, qui a bourlingué, désormais, préfère les éviter.
Alors, il cherche, il cherche encore, un indice, un signal... Et tout en bas, sur Terre que se passe-t-il ? Oh, c´est plutôt calme.
La femme abeille méthodique et organisée, a fait son ménage quotidien dans la maison, où elle fredonne et virevolte, dans une attention joyeuse et méticuleuse à tout son environnement. Bien sûr, elle chante, mais au fond d´elle, elle aspire à quelque chose d´autre, peut-être se sent-elle un peu seule... Et dans ses yeux, qu'elle vient de tourner vers le ciel, c´est comme s´il manquait…

Ah ! Mais tient, justement dans le ciel, elle vient d´apercevoir une chose inhabituelle.
Son cœur se met à battre plus vite, ses yeux s´éclairent et se tendent...

Un ovni ? Non, un parachutiste ! Bizarre, il porte deux valises. Alors elle se met à bouger, à s´agiter, à danser de plus belle, autant par excitation que pour attirer son attention. Après tout, cet homme venant de nulle part, cherche peut-être une escale où prendre quelque repos et sa maison pimpante et accueillante n´attend que cela...

Déjà, son intuition et son sens de l´anticipation se sont mis en route et lui ont suggéré que ces deux valises encore suspendues dans les airs ne contenaient pas que du linge de rechange. Quant à ce voyageur du bout du monde, il entre drôlement en résonance avec cette espèce de vide que la femme éprouve dans son cœur et dans son ventre. Son corps ondule encore et encore, s´enroulant dans la mélopée envoûtante qu'elle envoie vers les cieux.

Là-haut, notre parachutiste, observateur attentif, a repéré le manège...
Il commence à manœuvrer son parachute dans cette direction. Il a même jeté ses jumelles, parce que son sens de la vue, activé par tout ce mouvement, le guide et l´entraîne bien au-delà des images qu'il voit. Quelque chose s´est réveillé en lui, comme un lointain souvenir, oui, très lointain, mais venant d´où ? Ça, mystère. En tout cas, cela anime son imagination, il se sent charmeur comme jamais, capable même d´inventer des milliers de mots nouveaux pour composer l´aubade la plus inattendue et la plus surprenante.

D´ailleurs, il en est lui-même tout attendri... et aussi tout heureux de pouvoir enfin se poser, avec ses valises.
D´autant plus qu'il est ennuyé, avec ses fameuses valises parce qu'il en a perdu les clefs. Il a même oublié ce qu il y avait dedans, étourdi qu'il est…
C´est vrai que le rangement et l´organisation, ce n´est pas son point fort, au parachutiste... Enfin, l´essentiel, c´est de pouvoir atterrir…
Voilà notre rencontre bien engagée, dirait-on. L´alchimie a fait son œuvre. Mais est-ce vraiment de l´alchimie ?

Si les phénomènes d´attraction se produisent à un niveau vibratoire du plus subtil, les ingrédients de départ sont tout de même présents : le jeu des complémentarités avec la présence de manques qui vont permettre de grandir. Plus les oppositions sont importantes et plus les manques sont grands, plus le mécanisme évolutif sera puissant, même si c´est toujours inconfortable à vivre. Cela peut-être très déstabilisant au quotidien.

De nombreux courants de pensée abordent le sujet en affirmant qu'il est *souhaitable voire nécessaire de développer simultanément les deux polarités en soi*, pour être en harmonie.

Le simple constat de l'état des relations actuelles entre hommes et femmes, dans le couple ou en dehors, qu'ils suivent les anciens modes de comportement ou qu'ils adoptent ces nouvelles tendances, indique clairement que tout cela mérite d´être reconsidéré dès les fondements. *Manquerait-il quelques pièces au puzzle des relations humaines ?*

En fait, l'individu a un corps physique sexué, masculin ou féminin, mais pas de véhicule androgyne. Par conséquent,

le chemin d´évolution se fait à partir de son genre.

C'est seulement lorsqu'il en a expérimenté toutes les facettes, toujours en corrélation avec son chemin de vie personnel et non en comparaison de ce que fait son voisin, qu'il peut considérer avoir réalisé sa nature, vécu sa polarité. Cela demande de nombreuses étapes, avec ses tâtonnements et ses phases de mutation. A partir de ce moment, sa polarité complémentaire, qu'il possède sous forme intrinsèque comme référence, peut être développée à son tour et grandir en lui. Elle peut être désinhibée et se révéler pleinement.

On peut dire qu'il créé alors un véhicule avec des caractéristiques nouvelles pouvant être qualifiées d'androgyne. Très peu d'individus sont concernés par ce niveau d'évolution, la route est longue...

Certains prétendent avoir atteint l'état d'androgynat... En fait, ils ont développé des compensations par rapport à des blocages douloureux sans avoir pu être conscientisés ni dépassés. Leur état d´être, tout autant que leur état de santé physique ou leur relation aux autres, sont souvent la signature du fait qu´ils n´ont pas réellement grandi...

mais qu'*ils sont dans l'illusion d´une transcendance.*

Quant à notre "parachutiste" et sa terre d´accueil, ils n'en sont pas encore là eux non plus, de nombreuses étapes les attendent, tant dans la connaissance d'eux-mêmes que sur le chemin du couple. Il s'agit de la construction d'un vrai couple et non d'un assemblage provisoire de deux individus qui se découvrent des intérêts convergents ou ponctuels.

"L'Homme tire la force de la Femme dans la Lumière,
la Femme tire les rêves de l'Homme dans la matière
et ils marchent ensemble.
S'il ne crée pas, il la perd,
si elle ne monte pas, elle le détruit."

Satprem

Ce texte qui peut paraître énigmatique, pose magistrale- ment les enjeux de la relation...

L'homme apporte une part de rêve. C'est avant tout un messager, un porteur de semences. Il lui tient à cœur d'acheminer ce message particulier du Ciel pour le délivrer à la destinataire qui lui correspond parfaitement. C'est un facteur très soucieux de remettre en bon état le courrier qu'il transporte à la personne à qui il est destiné spécialement. Seulement, ses rêves lui venant de l'éther, il ne peut leur donner une concrétisation dans la matière. A quoi bon avoir un bon message si l'on ne peut l'inscrire dans la forme...

Ainsi, c'est la femme qui va lui permettre cela par sa conscience de la Terre, par son sens des réalités, sa gestion de l'Espace, sa capacité d'organisation.
Elle qui porte la vie, qui en prend soin, cela correspond bien à sa nature. A ce titre, on peut même dire qu'elle est le siège du Divin sur Terre, sa base, qu'elle en est sa partie la plus visible. Elle est aussi séparation. Elle a pour vocation d'incarner cette Essence divine dans la densité, cela suppose qu'elle accepte la dissociation d'avec la globalité. C'est ce qui permet de créer le terrain d'expériences qui va enrichir l'Univers par de nouvelles créations.

L'homme, messager du Ciel, porte dans une de ses valises, l'Amour. Il va l'offrir en cadeau à celle qui va le lui révéler, parce qu'il ignore qu'il l'a en lui. Rappelons-nous le parachutiste a perdu ses clefs...

Et qui peut donc lui indiquer ce qu'il a dans ses bagages ? La femme, bien sûr, puisqu'elle est Conscience. Le processus d'incarnation suppose obligatoirement une coupure de la Source, lieu où tout est Amour et Harmonie.
Comment peut-il accepter de quitter cet état fusionnel pour faire l'expérience de la dualité, de la confrontation, sinon en oubliant provisoirement d'où il vient, en mettant un voile sur sa mémoire ?

Bien des religions veulent laisser croire que le chemin d'incarnation est l'Amour alors qu'il est effectivement *l'expérience de la densité* par la conscientisation de son programme de vie. Quand l'être grandit par la réalisation de ses objectifs, en concrétisant ses spécificités, alors l'Amour vient en cadeau souvent par surprise, et les voiles de l'oubli peuvent se dissiper…

Le jeu de la relation vient activer ce mécanisme.
La Conscience incarnée sur Terre attend d'être entraînée vers les Cieux d'où elle est issue, en s'allégeant de cette matière, le lieu de son empreinte indélébile.
Elle guette le rêveur un peu fou qui saura la faire vibrer au point de l'emporter vers son élan d'inspiration nouvelle, et les propulsera tous les deux dans un mouvement ascendant de vie.

Et comment l'Homme *tire -t-il la Femme vers la Lumière ?*

Il peut réaliser cela par une de ses forces : la Sexualité. La femme possède la fonction de reproduction. Il y a souvent confusion entre ces deux notions qui sont étroitement liées. Les organes sexuels servent aux deux. Mais l'énergie sexuelle en elle-même est tout autre chose, c'est la pulsion de vie.

Bien entendu, tout être humain possède une pulsion de vie, mais elle est plus ou moins activée. Cette force motrice se manifeste à des degrés très différents et peut se trouver chez beaucoup d'individus dans une sorte de dormance ou d'affaiblissement.

Et si, justement, la femme l'a partiellement inhibée, c'est pour

exalter cette capacité essentielle qu'est la perpétuation de l'espèce. La sexualité peut être vécue à plusieurs niveaux. Après de nombreux apprentissages, l'homme en découvre tout le potentiel…
Elle devient alors une force d'expansion et de propulsion très puissante qu'il va partager alors avec sa compagne, pour leur plus grand bonheur à tous deux.

Tout amant attentionné, rêve secrètement d'amener sa dulcinée *au septième ciel*, selon l'expression populaire…..
La femme va nourrir une admiration sans bornes, pour celui qui l'a entraînée dans ce voyage céleste, pour son prince charmant et charmeur.
La force élévatrice du rêve, de l'imagination, est une faculté créatrice énorme qu'il porte en lui.

Quand il néglige de la mettre en œuvre, *l'admiration disparaît* et la femme se désintéresse de lui, car il est vital pour elle de puiser à cette véritable source de transformation pour élever les vibrations de la densité et se détacher de la matière.

La notion d'admiration est parfois suspecte car elle peut être associée à de l'idolâtrie ou à un besoin compensatoire de l'égo. Ici, elle représente une force de propulsion, une véritable nourriture, autant pour l'homme que pour la femme.

De plus, lui, ignore qu'il possède quelque chose d'admirable, qu'il a cette capacité de transcendance. Et c'est elle qui va le lui révéler...

L'homme messager du cosmos, est perdu sur Terre. Il se vit comme un perpétuel inadapté aux conditions matérielles. C'est ainsi que l'on peut voir dans notre société, toutes sortes de déviations ou d'excès dans ses comportements qui sont autant d'artifices, de compensations pour tenter de s'immerger dans cette densité qui n'est pas son monde.

Mais en vain, c'est avec la femme et par la femme, qu'il peut atterrir définitivement : autrement dit, par la relation.

Sa difficulté à elle, est de s'abandonner, d'accepter d'être dérangée dans son ordre établi par ce trublion venu d'ailleurs. La femme a un besoin fondamental de sécurité, de continuité, de repères solides, c'est dans sa nature. Et cela correspond bien à sa capacité de maternité. Seulement pour qu'il y ait évolution, il y a nécessité de mouvement. Dans l'image de la ruche, toutes les alvéoles, bien rangées dans un ordre immuable et séparées les unes des autres, représentent l´ensemble des femmes. Sans élément extérieur pour venir troubler cette stabilité, on aboutit à une stagnation, la Terre se fige…

Et justement, le parachutiste arrive avec deux valises :

celle de l´Amour et celle de sa Mission.

Aussi, un élément de "dérangement" peut être l´enfant, né de l´union des deux polarités. Le premier ensemencement de sa terre, va donner ce troisième élément permettant de constituer la triade. Ce nouveau venu va mettre un sacré désordre dans l´équilibre qui s´était créé au sein du couple. Et en même temps, il crée le mouvement par ce magnifique désordre sacré...
Que ne feraient des parents dignes de ce nom pour leur descendance ? Ils sont disposés à retourner Ciel et Terre !!!
Le dernier élément de bouleversement, c´est l´autre valise dans laquelle l´homme amène sa mission. La femme-conscience a tout de suite vu ou pressenti ce que cela pouvait être. Elle sait lire dans les yeux de l´homme, miroir de son âme...

Elle capte d´emblée ce qui émane de lui comme potentiel, intuitivement. Etant en osmose avec la réalité terrestre, elle peut l´aider à révéler la nature de son œuvre et l´aiguiller pour la mise en route concrète de sa réalisation car elle connaît bien les contraintes de la densité.

Le *comment faire,* le mode de créativité, est du ressort de l'homme, il en a toutes les capacités : imagination, sens de l´analyse, courage, clémence et lucidité… **Cet exercice de créativité est capital pour lui**. La concrétisation d'une œuvre représente *son principal outil d'incarnation,* de conscientisa- tion de son chemin dans la densité.

Quand la femme le lui confisque, par exemple, en lui disant comment faire, c'est une véritable castration : elle le détruit en supprimant sa quête pour "mettre les pieds par terre"...

Voilà donc une illustration explicite de cette loi des complémentarités ou par le respect de la nature de l´autre et l´acceptation de ses propres manques, il est possible de mettre en route un processus d´ascension.

L'aspiration mutuelle crée une dynamique. Les individus manifestent leur potentiel de créativité, la vie s'en trouve magnifiée et agrandie.
Pourtant, autour de nous, nous pouvons constater fréquemment quelques distorsions qui se glissent dans cette belle mécanique...

Comment se fait-il que cette aventure exaltante se transforme en scénario catastrophe, avec son cortège de déchirures ?

Nous avons déjà évoqué le fait que l'on ne nous instruit pas sur la nature de l'humain et sur les lois qui la régissent. L'ignorance de ses bases fondamentales entraîne obligatoirement des dysfonctionnements au niveau des comportements dans la communication et des relations en général, et, par voie de conséquences, l'incapacité à comprendre la Vie.

Dans ces conditions, est-il si surprenant de voir des personnes âgées au terme de leur parcours terrestre s'interrogeant sur le sens de leur vie, désemparées au point de s'accrocher désespérément à un corps fatigué, usé par tant d'agitations inutiles ?

Le nombre de morts sur les routes diminue, tant mieux, mais celui des personnes qui mettent fin à leurs jours volontairement, augmente constamment. Faut-il que la souffrance, le désarroi, la sensation de non-sens soit prégnante pour que même les enfants se suicident de plus en plus. *Quel monde avons-nous à leur offrir ?*

Les parents font généralement leur possible pour leur offrir des perspectives qu'ils croient optimales, en fonction des connaissances qu'ils possèdent de l'enfance et de leurs rôles de père ou de mère. *Comment distribuer une instruction que l'on n'a pas soi-même reçue ?*

A l'école, des enseignements sont dispensés sans que l'on ait appris aux enseignants à tenir compte du développement du cerveau de l'enfant...

Sait-on que son fonctionnement se différencie selon le genre de l'élève ? Les concepteurs des programmes tiennent-ils compte du fait que l'idéation ne se développe vraiment qu'après treize ans pour arriver à son plein potentiel à vingt et un ans ?

Pourtant, ces bases occultées revêtent une grande importance, et il convient de les appliquer dès l'enfance, tout particulièrement dans le développement des sens physiques.

Dans le cerveau gauche, siègent les sens physiques et à cet endroit se développe l'intellect. Il capte les perceptions extérieures à l'aide des cinq sens. Dans le cerveau droit, on perçoit tout ce qui se passe à l'intérieur à l'aide des sens psychiques, eux-mêmes reliés avec la Conscience.

L'enfant masculin, en mal d'incarnation, a besoin de passer par la confrontation à la matière en développant ses sens physiques. Par l'expérience, il conscientise son corps et la densité. Le milieu scolaire propose principalement des exercices de réflexion. Pour lui, déjà dans l'abstraction, cela va provoquer une sur-intellectualisation d'autant plus néfaste qu'elle est précoce. Rappelons-nous que la fonction de l'intellect ne se finalise qu'après treize ans. La jeune fille s'adapte mieux à ce système. Davantage en contact avec son corps, ses sens physiques s'en trouvent plus aiguisés. Dans ce contexte, où il s'agit surtout d'être attentive à une certaine écoute, naturelle chez elle, car elle recherche la vibration verbale. Il lui est plus facile de s'adapter à cette forme, même erronée, d'apprentissage.
Est-ce que cela favorise pour autant le développement de son féminin ?

En fait, le résultat obtenu ressemble étrangement à celui du jeune homme. L'indifférenciation des pratiques éducatives, associée à un esprit de compétition, produit une mémoire intellectuelle surdimensionnée et envahissante car elle est sollicitée à outrance, au détriment de la découverte de la nature propre à chaque individu et de l'expression de sa créativité.

Dès la petite enfance, où commence l'éveil des sens, la méconnaissance des particularités de chaque genre, provoque une accumulation de distorsions qui se perpétuent à chaque âge de la vie et se traduisent par des habitudes comportementales contre nature. Les conséquences devien- nent considérables quand les répercussions se manifestent dans les relations. Dans la relation, de réactivité en incompréhension, tout le monde se sent floué, frustré et c'est bien entendu *"la faute de l'autre"*...

Quand l'homme sait que la femme, Conscience et Espace, détient la rigueur, il comprend qu'elle recherche la douceur que lui possède dans sa nature...

Le sens premier du féminin étant le toucher, les caresses font vibrer sa peau et son corps jusqu'aux entrailles. Il parvient à la toucher au-delà de sa chair, à travers ses émotions, afin d'atteindre sa sensualité éthérée.

Quand la femme a compris l'importance pour son conjoint de mettre en œuvre ses projets dans le concret, elle lui laisse assumer leur réalisation et favorise même l'éclosion de son imagination par le regard qu'elle porte sur lui.

Le sens premier de l'homme étant la vue, il est fécondé dans son cerveau par ce qui pénètre ses yeux. Sa compagne, par son mouvement incessant et ondulatoire, par sa danse du corps ou de la parole, fournira les semences qui le mettront en action.
Alors, les rêves s'incarnent dans la réalité et l'Espace s'ouvre à la dimension de l'Amour sur Terre, par l'union du Prince du Temps et de la Femme Conscience.

Parmi les phénomènes dynamiques qui activent l'émergence du vivant sur notre Planète bleue, la Lune occupe une place privilégiée, en tant que réactif, pour mettre en mouvement les énergies. La nature féminine s'y relie directement, par ses cycles et son chemin de réalisation. Nous parlerons des treize Lunes de la Femme. Ces différentes phases marquent les étapes déterminantes dans la construction et l'évolution de la Féminité.

De la naissance à sept ans, dans la première Lune, la **petite fille** développe sa nature Conscience et Espace, ainsi que séparation. Elle acquiert ce savoir de l'intérieur. L'intuition et la connexion à son ressenti s'installent déjà. Elle est attirée par les genoux de son père, instinctivement. Dans la deuxième Lune, de sept à quatorze ans, le féminin s'affirme. La mise en route du système hormonal provoque des modifications corporelles et psychiques, se traduisant dans son comportement. La jeune fille vit là sa première mutation.

Les premières règles arrivent, le père doit la reconnaître dans son nouvel état de femme. Cet avènement alors se concrétise dans la joie et la fête. La Conscience de la Terre s'est enrichie d'une nouvelle force montante.

Entre quatorze et vingt et un ans, dans sa troisième Lune, la **jeune femme** entre en pleine possession de ses moyens. Elle est bien dans son corps, elle l'apprécie et aime le mettre en valeur, le montrer. Il la met pleinement en relation avec son monde émotionnel, avec ses ressentis. L'extérieur n'est encore qu'un miroir, un moyen de se situer et de s'étalonner. Son corps pétille autant que ses sens physiques ou ses états intérieurs. Cette phase contraste singulièrement avec ce qu'il se passe généralement dans la société. Elle est marquée très souvent par de grandes souffrances et des états d'être très difficiles à vivre. On peut voir à quel point la méconnaissance des Lois de la Vie produit rapidement des résultats désastreux. Occultées, certaines étapes amènent directement des conséquences sur le vécu quotidien et bien entendu sur le chemin évolutif.

Ensuite, de vingt et un à vingt-huit ans, la **femme** a envie de connaître plus intimement son corps et développer ainsi son Féminin. Elle le met en valeur pour rencontrer les autres et surtout l'autre polarité, le Masculin. L'expérience de la sexualité s'affine et elle aspire déjà à s'inscrire dans un cadre relationnel particulier. Mais la stabilité reste encore tâtonnante…

A la cinquième Lune, de vingt-huit à trente–cinq ans, arrive la découverte de l'**état de mère**. Cette possibilité entre en scène dès qu'une relation de couple solide s'installe, avec l'exaltation qui l'accompagne et aussi le besoin d'une préparation en Conscience de cet état.
La gestation enclenchera une mutation de son état de femme, par un bouleversement de son corps et de tout son être. L'expérience de la maternité démarre un processus qui la conduira vers d'autres niveaux de sa féminité.

L'expérimentation se poursuit entre trente-cinq et quarante-deux ans, la sixième Lune. Elle entre en relation plus consciente avec sa force de fécondité. Elle s'auto-féconde par la **transmutation de son féminin**. Elle entrevoit alors une toute autre envergure de sa nature de **Femme**. L'enfant qu'elle a porté se détache d'elle à sept ans. Elle abandonne son état de mère pour redevenir femme à un autre niveau. Dès lors, elle peut goûter à sa nouvelle dimension féminine.

Dans la septième Lune, entre quarante-deux et quarante-neuf ans, elle acquiert une conscientisation totale de la maternité. Elle devient initiatrice car elle a vécu dans son corps et dans son âme, la genèse, la création du Monde. Désormais, elle peut enseigner, transmettre. Sa sexualité s'est transformée et libérée des contraintes physiques. Son état de Conscience s'étant élevé, elle acquiert le Verbe, elle peut s'adresser autant aux hommes qu'aux femmes pour transmettre sa sagesse et sa guidance. Cet état se prolongera, s'amplifiera dans les lunes suivantes pour aboutir au plein **rayonnement de sa Féminité** qui ensemen- cera la Terre entière de sa Lumière.

La Vie recèle des capacités de déploiement illimité. Une marche gravie apparaît parfois comme un aboutissement. Elle devient rapidement un Espace de découverte... de l'étape suivante. Actuellement, de plus en plus d'humains aspirent à une nouvelle Terre. Ils clament à corps et à cris : "*Un autre Monde est possible*". Oui, mais "*Quel autre monde , quels moyens sommes-nous prêts à nous donner ?*"

Il revêt une importance capitale que la femme retrouve sa vraie place. L'avènement de cette nouvelle Terre passera obligatoirement par elle, qui en porte la Conscience. Les événements du passé peuvent servir à renforcer la détermination dans l'engagement d'un changement radical. **Bien des femmes portent en elles une lourde charge de culpabilité d'avoir déserté leur état de Déïté**.

De leur côté, de nombreux hommes traînent la honte de leur masculin, pour avoir failli à leur mission de messager du Divin.

Quand tous deux retrouvent leur véritable nature, alors ils peuvent remplir totalement leur mission, d'essence divine, au service de la Vie, s'entraidant mutuellement, grandissant ensemble.

L'Homme, en reconnaissant et en honorant la Femme l'aide à retrouver sa Conscience de déesse de la Terre. La Femme, en accueillant le message d'un nouveau possible porté dans l'Amour, permet à l'Homme de rencontrer sa fierté d'Envoyé céleste.

La danse de la Vie peut impulser une nouvelle farandole dans le Temps, en se déployant dans d'autres Espaces...

LE PSYCHISME

Beaucoup d'écrits, beaucoup de travaux ont déjà été réalisés par des chercheurs de renommée mondiale, depuis très longtemps sur ce sujet. Freud, Jung en ont été les initiateurs, d'autres tout aussi célèbres, ont suivi. De nombreux psychologues, psychiatres ou autres spécialistes de la science comportementale ont élaboré diverses théories, dont certaines appliquées au quotidien, ont généré d'excellents résultats. Nombre d'entre eux se sont appuyés pour étayer leurs démonstrations, sur l'idée que le psychisme était imputable uniquement au fonctionnement du cerveau.

Plus tard, des initiateurs de nouvelles études sur les phénomènes de psychisme ont créé les grandes écoles comme l'analyse comportementale de Palo Alto, l'analyse transactionnelle de Eric Bern, la bioénergie de Alexander Louen, puis, la programmation neurolinguistique, la psychobiologie et bien d'autres. Tous ont mis en lumière le bein qui s'établit entre le fonctionnement organique et la nature des pensées et les phénomènes émotionnels, dans ce qu'il est convenu d'appeler le psychisme.

Comment, dans ce fonctionnement, établir le lien entre le cerveau et le psychisme ?
En repositionnant le cerveau en relation avec les autres fonctions visibles ou invisibles des organes du corps, et en reliant entre eux tous les corps dont l'humain est doté.

Ce corps, élément visible de la matière, est enveloppé d'autres corps qui s'emboîtent les uns dans les autres, du plus petit situé à l'intérieur, jusqu'au plus grand à l'extérieur. Les différents corps s'articulent les uns dans les autres, répondant chacun à une fonction et à une reliance particulière.

C'est ainsi que l'Esprit, noyau fondateur et directeur de l'ensemble, est enveloppé de l'âme, elle-même dépendante du corps physique. Celui-ci, directement relié au corps énergétique reçoit des informations montantes et descendantes, de l'invisible au visible en permanence, puis, au fur et à mesure que ces corps se séparent de l'énergie matière, ils ont accès aux enveloppes de plus en plus subtiles. Chacun de ces éléments met en présence des informations différentes, selon la nature des émotions qui les atteignent. Celles-ci quand elles sont très fortes, sont mises en relation avec le Corps émotionnel, complètement immatériel.
A chaque moment de l'existence, l'humain est relié à tous ses corps. *Mais quels sont les filtres, quels sont les moyens qui lui permettent d'actualiser en permanence et dans l'instant, toutes les informations reçues, sans réflexion préalable ?*

Les moyens sont les pensées qui relient au mental et au corps mental, et les émotions au corps émotionnel. Pour que tous ces éléments puissent fonctionner en cohérence absolue, il est nécessaire qu'un régulateur se mette au travail. Ce régulateur, cet ordinateur central, dans lequel toutes les données sont stockées en vue d'une possible utilisation ultérieure, c'est le cerveau.

Le cerveau, utilisé seulement à dix pour cent de ses capacités, se trouve sous-exploité et son fonctionnement complet reste méconnu. Il est assimilé au centre directeur et perçu comme une machine extraordinaire, ayant une intelligence supérieure à toutes les autres parties du corps humain.

Toutes les informations émanant de l'ensemble des organes, systèmes et fonctions sont enregistrées dans le cerveau. Par exemple, pour une personne qui travaille en biologie totale (décodage biologique) et spécialement formée à cet effet, il sera aisé à la lecture d'un scanner d'identifier presque au jour près, la nature d'un choc émotionnel ancien et profond, en fonction de la tache produite sur le cerveau. Elle correspond à une pathologie particulière, qu'elle soit d'ordre organique ou psychique.

Tant que le conflit est actif, la tache est là ; ensuite, lorsque la solution apparaît et que la personne sort de son conflit psychologique, et souvent de sa maladie, la tache disparaît ; dans le même temps une cicatrice se forme dans le cerveau à l'endroit précis concerné par l'émotion évacuée.
Qu'aura-t-il fallu pour en arriver à cette rémission ? Le lâcher-prise instantané, la libération émotionnelle qui s'en suit et qui s'effectue dès la prise de conscience du lien existant entre la maladie, l'organe et l'émotion correspondante. Celle-ci ayant été vécue le plus souvent bien des années après la première émotion de même nature...

Quel événement a bien pu influer sur une personne au point de la rendre créatrice et dépendante de la maladie ? Quel est le lien à établir ?
Le lien est simple : événement – émotion – pensée – cerveau. Ce lien entre ces paramètres peut déjà donner un embryon de réponse quant à la réalité du psychisme. *Quelle est dans ce cas, l'utilité du reste du corps, mis à part le fait d'être subordonné au cerveau, comme si tout l'organisme était à son service ?*
Les scientifiques occidentaux ont saisi la fonction des différents organes sur le plan purement physique. D'autres scientifiques, spécialistes des sciences orientales, ont une autre approche. Ils considèrent l'être dans sa globalité physique, énergétique, émotionnelle et psychique, comme si l'une de ces dimensions interpénétrait toutes les autres, et réciproquement. Ils démontrent ainsi les influences mutuelles de l'un et de l'autre.

Comment fonctionne l'ensemble du corps ?

Objectivement, le cœur est-il seulement une pompe ? Le foie un filtre ? Etc... La pensée, autre composante du psychisme siège-t-elle uniquement dans le cerveau ? Que génère l'émission d'une pensée ?
Tout un phénomène sensoriel : la pensée procure des émotions, le cœur palpite quand l'être ressent de la joie, lors d'une appréhension, le ventre se serre… A l'inverse, une indigestion rend la pensée difficile…

Les organes jouent manifestement un rôle déterminant dans le système psychique. L'alchimie subtile entre des organes précis permet l'élaboration d'une pensée, traitée par la suite en tant qu'information par le cerveau, qui décide de garder ou non cette information et de la stocker selon la nature de l'émotion engendrée.

Lorsque la réalité est abordée d'un point de vue énergétique, autrement dit, par la prise en compte des effets de l'énergie circulant dans le corps et identifiable par les centres énergétiques du corps au travers de tous les organes, des informations vont apparaître. Situés à des endroits précis du corps, ces centres énergétiques ou vortex, sont des cavités du corps énergétique dans lesquelles tournent des roues, appelées chakras, qui dégagent de l'énergie. Ces chakras dynamisent l'ensemble du corps.

Des circuits énergétiques appelés méridiens, mis en lumière par la médecine chinoise, parcourent l'ensemble du corps, certains sont énergie yin et d'autres énergie yang. Ils sont ponctués de nombreux points appelés points d'acupuncture, correspondant à tous les organes, et les reliant entre eux par une circulation énergétique complexe et précise. Ils sont directement à l'origine de la mise en place de nos horloges internes dont il sera fait cas ultérieurement.

Le lien s'établit naturellement avec le Pouvoir Sacré. Celui-ci a sa source dans ces interactions énergétiques harmonieuses ou non. En exprimant l'humilité, l'être va grandir au niveau du chakra du cœur, entraînant la mise en place d'un système créateur dans le chakra sexuel. Il accentue cet état en changeant son système de pensées et en exaltant la mutation au niveau de sa vision de la vie...

La Conscience, inhérente à l'âme incarnée, représente le Pouvoir Sacré, ce que l'humain recherche toute sa vie...
Le Pouvoir Sacré s'avère la clef de tout le système avec, pour corollaire, la façon de voir le monde afin de retrouver la véritable liberté personnelle...

Une mutation s'opère alors naturellement dans tout le système, et il est possible de constater les effets de ce changement dans la vie. Cela provoque une modification tangible de l'état de Conscience. Toutefois, lorsqu'un blocage de l'inconscient intervient, cela provoque un blocage du flux de la vie, réduisant parfois l'action jusqu'à une annihilation totale.

L'Esprit, noyau spirituel présent en chacun, conduit l'être, bien au-delà de ce qui est perçu. Il est important de dissocier les idées de la mémoire intellectuelle. Pour reprendre la logique du développement du corps, le bas de l'abdomen, correspond au chakra sexuel ; c'est le centre de la Pulsion de Vie que les chinois appellent "le chaudron".

Un lien puissant et direct existe entre les organes et le cerveau. Les sens physiques, la vue, l'ouïe, l'odorat, le goût et le toucher, agissent comme capteurs et transmettent l'information au cerveau gauche, ce qui va permettre d'intellectualiser. Il est intéressant de souligner à ce stade comment l'éducation de l'enfant revêt toute son importance en éveillant ses sens physiques jusqu'à ses quatre ans, et permet le développement de son intelligence future.

Comment fonctionne notre système de pensées ?

L'énergie sexuelle, la pulsion de vie, dynamise la fonction énergétique de la rate.*

Celle-ci activée produit l'idéation qui est envoyée au cerveau pour codification de l'idée et formulation de la pensée, de la parole, de l'acte...

Avant d'arriver au cerveau, cette idéation transite soit par le foie, soit par le cœur, afin d'apprécier le niveau affectif d'*attraction/répulsion* qu'offre la situation.

Alors, la forme, dans le ton de la parole ou dans l'attitude à manifester va se déployer quand le cerveau aura codifié.

Ainsi, la pensée s'initie dans la rate, le centre splénique, le lieu qui dynamise les atomes, la joie, la vie. La rate sait tout, y compris l'avenir puisqu'elle est en relation avec le non-temps, c'est la conscience générale car elle met en route *l'idéation* qui sera codifiée par le cerveau gauche. Celui-ci sert à tester par les cinq sens physiques (odorat, goût, vue, ouïe, toucher) les informations du milieu extérieur et permet de les évaluer. Ce ressenti est transmis au cerveau droit où se trouve le psychisme, qui retransmet le message à la rate. Cette relation est

* Voir Carnet de l'UR correspondant

automatique. Selon sa nature, l'idée va passer par le cœur si les émotions sont amicales, et impulser la vie ; elle peut être filtrée par le foie s'il survient une contrariété : dévalorisation, stress, et engendrer la douleur, la tristesse, pouvant aller jusqu'à la nostalgie.

Notre esprit, force d'attraction/répulsion, se met en mouvement dans le corps par une pulsion entre foie et cœur. Ce mouvement est impulsé par les cinquante deux forces de l'Esprit, liées au myocarde. Il régit les contacts entre et avec le système glandulaire : les surrénales, le thymus et la glande pinéale. Cette interaction va permettre la relation avec la Conscience et l'Ame.

Ces phénomènes naturels n'utilisent pas l'intellect, ils sont directement liés aux organes et aux rythmes subtils du cerveau.

Existe-t-il un monde où l'intellect, relégué à sa juste place, servirait seulement de passerelle au lieu d'exercer une domination absolue ?

En résumé, en cas de non-fonctionnement de la rate, il est difficile de pouvoir agir ou penser juste. En dérogeant aux lois de vie, le chaos s'installe. Au contraire, la pensée juste induit des idées justes, des comportements justes, des actes justes, des conséquences justes…

La rate est l'organe de l'échange : avec tout le corps en premier lieu, ainsi qu'avec l'extérieur et les autres mondes. La rate donne les réponses, dynamise les atomes, les organes et tout le corps. Elle ignore les mémoires intellectuelles. Elle a besoin en retour d'être dynamisée. Pour la nourrir, l'entretenir et la dynamiser il s'avère nécessaire d'avoir une vie extérieure si possible remplie de joie et d'activités positives.

La rate est animée par la pulsion de vie, la sexualité. Cette énergie agit sur les phénomènes psychiques, soit entraînant une dynamique qui permet à l'être de grandir et de se développer, soit inversement, créant le marasme, le marais psychique qui empêche l'être de se réaliser harmonieusement.

La pensée résulte d'un mouvement intérieur permanent...

LE CORPS ENTIER PENSE

et toutes les attitudes, gestuelles, verbales ou émotionnelles, émanent du mental. Celui-ci regroupe la globalité du processus de pensée et ses répercussions.

Le cerveau, le mental, le psychisme...

Quelle réalité sous ces termes ?

Que représente le mental ?
Pourquoi et comment s'instaure-t-il ?

Le mental est jalonné d'étapes de construction bien précises.

Ses bases s'établissent en vingt et un ans...

La première période d'élaboration du mental se constitue durant les quatre premières années. A ce stade, l'enfant est dans l'impossibilité de dissocier, de séparer. Comme lorsqu'il était fœtus, la distinction entre lui, sa mère et le monde lui est inaccessible. Il est l'inconscient même et il ne peut pas comprendre la négation. Ensuite, à partir de quatre ans, le début de la conscientisation commence ; il apprend à concevoir les limites de son propre corps.

Le fonctionnement du cerveau va conduire à l'élaboration du mental. Mais poser cette idée comme une réalité nécessite d'accepter d'entrevoir une seconde réalité.
Parfaitement invisible, en dehors de ses manifestations de matière, le second élément qui fait partie intégrante de chacun est... la Conscience.

Qui peut, de nos jours, exprimer son Pouvoir Sacré, autrement dit, agir en Conscience ?

Le fonctionnement de l'Esprit est de créer,
par la Conscience,
une nécessité de mouvement.

L'Esprit, lorsqu'il concerne une personne, est une fraction d'une entité individuelle qui agit à part entière. La Conscience existe, bien sûr, avant la conception.

L'être, en état d'incarnation est Esprit et Conscience.

L'inconscient, outil d'évolution par nature, se met en place après la naissance. L'état vibratoire du cerveau de l'enfant, de la naissance à quatre ans, est de quatre cycles/seconde ; son inconscient se met, dès lors, en place progressivement car l'enfant est totalement dépendant de l'inconscient de sa mère, dont le cerveau vibre à vingt et un cycles/seconde.

Après quatre ans se forge le subconscient qui vibre à sept cycles/seconde. Jusqu'à l'âge de sept ans, toutes les mémoires émotionnelles, engrammées avant quatre ans par des blocages successifs, relatifs soit à la mère soit à d'autres causes multiples, vont constituer un "mur" inconscient qu'il devra franchir plus tard. Ces mémoires essentielles, enfermées au niveau du foie, ressortiront ultérieurement comme des outils de cet inconscient. Ceux-ci permettent l'évolution, mais certains établissent des blocages qui peuvent engendrer la maladie en cas de non-conscientisation rapide des liens programmés.

A sept ans émerge *le conscient intérieur*, sa manifestation interne est le rêve et sa manifestation externe l'image.

Le cerveau, fonctionnant en ondes alpha, réagit aux impulsions venant d'autres dimensions, car il a conservé les mémoires des vies antérieures. Jusqu'à quatre ans, l'enfant y est entièrement réceptif puisqu'il perçoit naturellement les autres dimensions sans pour autant les objectiver...

Selon sa nature, ces perceptions vont s'estomper plus ou moins entre quatre et sept ans. Chez certains enfants ces mémoires essentielles d'autres dimensions disparaîtront en totalité, chez d'autres au contraire, elles vont perdurer, voire s'accentuer tout au long de leur vie, induisant des phénomènes de voyance, de clairaudience, etc...
Souvent incomprises par l'entourage, ces perceptions extrasensorielles enferment l'être dans le silence.

Avant sept ans, la pensée de l'enfant est floue, informe. Il lui est difficile de se fixer. Après sept ans, la pensée commence à se structurer, elle se précise, elle prend forme en images. C'est la période de *la révélation du conscient intérieur*. L'enfant est capable d'une plus grande concentration.

A treize ans, la pensée mute. A ce stade débute *la structuration de l'intellect*. Son efficience arrivera à son terme à vingt et un ans. La pensée devient plus concrète. Le jeune dépasse l'abstraction, il observe, extériorise, objective. Il voit plus loin que l'image, c'est le début de l'analyse. Il apprend à hiérarchiser, à comparer, à déduire, à mesurer, en somme à réfléchir...
Parallèlement pendant cette période, le développement des sens psychiques est inhibé. Ces bases, outils de l'inconscient, inculquées en grande partie au jeune par l'éducation scolaire, vont générer d'autres blocages.

Le niveau vibratoire du cerveau passe alors de dix cycles et demi/seconde à quatorze cycles/seconde. L'être passe dans la dimension du *conscient intérieur* entre sept et quatorze ans, puis le cerveau commence à vibrer en onde bêta, manifestation du *conscient extérieur*.

Peu à peu, le niveau vibratoire monte jusqu'à atteindre vingt et un cycles/seconde. L'intellect se développe de plus en plus, une sorte de "*boîte noire*" s'installe dans le cerveau, provoquant le blocage et faisant office d'une mémoire existentielle et non essentielle.

Entre quatorze et vingt et un ans, l'intellect se développe, l'individu passe du subconscient au conscient. A vingt et un ans, le mental est parfaitement constitué ; c'est le début de la Conscience, qui se déploie tout au long de sa vie.

Il en résulte un mode de fonctionnement par cloisonnements successifs : interdits, lois, contrôles, analyses, qui provoquent nécessairement les enfermements et limitations correspondants, et empêchent le cerveau d'utiliser ses pleines capacités en activant seulement une infime partie de son potentiel.

Le système de pensées, intègre alors tout ce qui est lié à l'intellect et à l'émotionnel, et débouche sur une notion de psychisme en y adjoignant la capacité d'analyse, de synthèse, et les capacités spirituelles inhérentes à tout être humain. La Conscience et l'inconscient feront ensuite naturellement le tri et la différence entre les uns et les autres. Le développement de la Conscience est alors la conséquence de tous les freins, blocages, obstacles posés par l'inconscient pour permettre l'évolution, et qu'il est indispensable de dépasser pour grandir.

Comment, en considérant ces éléments, fonctionne le cerveau ?

Afin d'être "en conscience", il est nécessaire d'avoir quitté l'onde bêta. De même que tout le système intellectuel, le système de pensées sera traité par l'inconscient. La véritable nature de l'être conduit à vibrer dans l'état d'ondes bêta pour redescendre, par son évolution, en ondes alpha...

Le subconscient, le conscient intérieur,
porte des traces de l'inconscient.
L'intellect est ce qui va dominer l'être humain
puisque c'est l'outil préféré de l'inconscient...

La boite noire, garde la mémoire artificielle tout en générant la surintellectualisation. Cette mémoire consiste à apprendre par des mots, sans accéder à l'esprit du mot dans sa compréhension profonde. La mémoire naturelle, liée aux événements de la vie s'inscrit non dans le cerveau gauche, mais dans le subconscient, tant que l'événement reste illisible par le système émotionnel, seul capable de faire le lien avec la Conscience.

S'il se trouve une nécessité de mettre en lumière, autrement dit, de libérer des mémoires de vies passées mémorisées en dessous de quatre ans, la base de cette information se trouve dans le foie, dans ses atomes. En conséquence, en présence de pathologies du foie ou en correspondance avec, celles-ci indiquent simplement la direction à suivre...
Lorsqu'il s'agit d'une mémoire existentielle, celle-ci se trouve mémorisée entre quatre et sept ans, en conséquence la réponse apparaît dans le sang et dans des pathologies liées au sang, puisqu'il est le siège de l'identité actuelle. Ces informations, plus développées, devraient permettre une approche différente des symptômes et des maladies, dont ceci représente un exemple très succinct.

L'inconscient de l'enfant va le couper naturellement de celui de sa mère à partir de quatre ans, cependant il entre en relation plus étroite avec son père, car c'est grâce à cette présence du père que l'enfant discerne les différences, d'abord entre ses deux parents ce qui lui permet d'effectuer une séparation entre lui et le monde extérieur. De nos jours, la société est inconsciente des cycles de la formation de la pensée. Elle demande à l'individu de développer des savoir-faire contre nature. Proposer à l'enfant des activités intellectuelles avant l'heure, crée des blocages et des phénomènes compensatoires très lourds.

Avant la mise en place de toutes les fonctions, cette stimulation exacerbée de l'intellect à une période inopportune, inhibe d'autres capacités et entraîne des déséquilibres futurs.

Les sens psychiques ont leur connexion dans le cerveau droit. Les informations, comme nous le savons, sont transmises par les sens qui ont leur correspondance dans le cerveau...

Elles sont vérifiées par le cerveau droit qui passe l'information à la rate, qui l'analyse, puis au foie dans lequel se trouvent inscrites les graines d'événements mémorisées.

Celui-ci les retransmet via l'esprit, au cerveau droit, puis au cerveau gauche et à l'intellect. Lorsque la réponse est *"j'ai peur"*, la rate interroge la partie attractive, mais ce sont les sens physiques qui vont mettre en émoi le système de pensée dont le siège se trouve dans le périnée. Selon l'information transmise à la rate, le ressenti s'exprimera par de la joie ou de la nostalgie. Ainsi est identifiée la grande cause de ces macérations psychiques d'où naîtront le spleen, le blues, la tristesse. En recherchant les causes de ces états, et en les identifiant pour en faire disparaître les effets, il suffira de redynamiser la rate pour retrouver une bonne gestion de l'ensemble du corps. Quand les sens ne sont pas suffisamment développés, les perceptions sont atrophiées et cela induit, de fait, le blocage du système de pensées.

L'infarctus est lié au système de l'esprit spécifiquement masculin. Pour les femmes, l'information passe plus par le foie (maladies de foie). Lorsqu'elles débranchent leur système vital elles perdent le goût de vivre. En fait, la question non formulée, au fond d'elles-mêmes, se traduit ainsi : *comment être en relation avec ce qui vit en moi* ?

Tout le corps est ainsi concerné par l'influence des pensées et de leurs conséquences sur l'ensemble de l'organisme.

L'utilisation exclusive de la tête pour penser, met en place la boîte noire. Le surintellect entraîne la réduction des capacités, au fait d'apprendre pour apprendre, et coupe la relation au système naturel de vie. Les conséquences sont multiples et leur importance plus ou moins mesurables...

Les jeunes, actuellement, sont façonnés pour remplir leur boîte noire à outrance. Cela entraîne une réflexion, mais ils se trouvent face à un "miroir en bois inexpressif". Il s'en suit un blocage car la solution est inaccessible, invisible à leur entendement. Ils constatent qu'ils ont été trompés, que la vie se trouve ailleurs que dans la boîte noire dans laquelle ils se sont laissés entraîner par peur, pour assouvir un besoin de sécurité ou de valorisation fictive. Ils sont formatés intellectuellement et psychiquement, et cela constitue pour eux un réel danger.

Face aux circonstances, quels sont les moyens possibles à mettre en place pour favoriser l'épanouissement de l'individu, et éviter les marais mouvants du psychisme ?

La définition du mot "psychisme" vient du grec : *psyché* signifiant "âme" et du suffixe "isme" qui exprime la *manifestation incarnée*

Le psychisme est "la manifestation incarnée de l'âme" donc la force de vie même... Par déduction, une maladie du psychisme sera : une maladie de l'âme.

En fait le psychisme est un ensemble de pensées, paroles, actes, comportements, gérés par le cerveau sous la conduite du mental, de l'inconscient et de la Conscience, grands régisseurs de tous les systèmes, les uns et les autres étant indissociablement liés.

Et le mental ?

Le mental comprend tous les phénomènes de pensée, de gestuelle, d'émotion et d'inconscient. Dans le processus naturel, tout cela s'articule harmonieusement, seulement la société actuelle, réductrice, bien souvent, relie sous le vocable de psychisme le fonctionnement du cerveau, sans s'occuper du geste ou de l'émotion, qui peut se comprendre comme un émoi de l'âme. La réalité vécue en société est bien au-delà de l'expression réelle du psychisme, réduit à un phénomène purement intellectuel...

La difficulté est de maintenir ce mental à des niveaux de sérénité...

Il devient nécessaire à ce niveau de réflexion, d'introduire une notion supplémentaire : **la pureté mentale**.

A quoi cela peut-il correspondre ?

La pureté mentale est l'expression d'un psychisme évolué... En fait, la recherche de la pureté mentale s'avère nécessaire pour toute personne désireuse de comprendre, voire d'assimiler ce que contient la Loi d'Evolution, et de faire sien ce processus de vie. La pureté mentale permet à la personne de jongler avec ses forces et ses faiblesses pour trouver un équilibre, qui, en réalité, sera toujours en balancement entre manque et réalisation, car dès qu'il y a équilibre, il y a stagnation qui entraîne la régression…

Il est donc indispensable de maintenir le mouvement dans lequel s'exprimera l'évolution. Ce mouvement, ce balance- ment entre manques et réalisation, permet à l'être de se développer. Il va s'intensifier par la pureté mentale, physique et verbale. Le regard porté sur lui-même, tant sur le plan physique qu'émotionnel, aide les mutations à se mettre en place. Ces états de mutation peuvent, lorsqu'ils se produisent, provoquer des faiblesses, alors, l'être se trouve face à lui-même pour accepter les fluctuations de la vie. Toute mutation est accompagnée de douleurs physiques et émotionnelles, signes du changement qui se manifeste à l'intérieur de l'être.

Une petite graine lorsqu'elle est dans le sol, est protégée. Dès qu'elle mute et sort de terre, elle est fragilisée, par les intempéries, les prédateurs, etc… Il lui faudra lutter et résister, pour arriver au niveau où elle pourra se trouver en sécurité *par* sa puissance de végétal réalisé...

L'humain se trouve dans la même nécessité d'accepter de subir les changements et les confrontations pour grandir...

Dans l'acte de croissance, l'être devient plus sensible et plus fragile. Lorsque chaque palier d'évolution est franchi, il devient de plus en plus fort. Les points de faiblesse à conscientiser sont plus subtils et, de ce fait, difficiles à mettre en lumière. La pureté mentale s'accompagne tout naturel- lement de la pureté verbale qui est un outil magnifique qui demande d'être scrupuleux sur les mots et leur valeur.

En d'autres termes, petit à petit, l'être est conduit à exprimer seulement ce qui est juste d'exprimer, et à éviter de parler pour ne rien dire...

Pour les personnes qui parlent beaucoup, la parole est un justificatif de leurs manques...
Quant aux critiques, jugements ou malveillances en tous genres, ils salissent la personne qui les exprime, beaucoup plus que celle à qui les paroles sont destinées...
Ne dit-on pas que l'*on ne peut salir que plus blanc que soi* ?

Ainsi, garder son calme en toute circonstance,
éviter critiques et jugements
qui se retournent inévitablement contre leur auteur,
permet de conserver cette pureté mentale.

Celle-ci s'intensifie par la pureté physique, la pureté des pensées et la pureté verbale.

Il est ainsi possible de vivre l'antique parole
"Gardons pur le foyer de nos pensées...
Ainsi nous sommes heureux
et faisons régner la paix autour de nous"

Alors le psychisme et tout le corps vibrent
harmonieusement en état de parfaite santé...

L'ESPRIT

L'Esprit de l'humain se manifeste par une pulsion intérieure dont la puissance apporte la vie, l'expression infinie de l'expansion, entraînant l'ouverture complète à la Lumière. Issu de ce qu'il y a de plus haut dans l'être humain, l'Esprit permet à l'individu de s'élever et d'évoluer dans la conscience de sa liberté. Cette liberté diffère du "libre arbitre" qui correspond à une des particularités de notre plan terrestre. La "brillance"*(liberté : lié à la brillance, à la lumière)* exprime l'idée de responsabilité d'avancer sur notre chemin, dans notre nature, dans notre spécificité...

L'Esprit est le mouvement que met en place la Conscience. Moteur nécessaire à la conscientisation, informe par nature, il régit les pensées et les manifestations mises en forme par l'inconscient.

Rappelons ce qu'est la Conscience...
La Conscience représente la partie densifiée de notre Ame. Elle génère et régit notre incarnation terrestre. Il en est souvent question, l'individu chemine vers... et vit ses ouvertures en l'intégrant petit à petit...

La signification étymologique originelle du mot Conscience est la suivante : "con" : *avec* et "skia" : *ombre* en grec, déformé par la suite en latin "sciencia" : *forme*.
Conscience signifie *"avec l'ombre"*, *"avec la forme"*.

Pour exprimer ce terme, il serait juste de parler de "**Lumière avec la science**", l'âme avec la forme, la lumière avec l'ombre...
Tout comme il serait plus juste de dire en faisant référence à l'inconscient qu'il représente "**la partie inconsciente de la conscience**".

Comment est-elle reliée avec l'inconscient et le reste de notre corps, de nos corps… ?
L'âme, originellement "l'Asme" soit "le Souffle" a besoin de se vivre en incarnation.
Elle va créer une concentration d'énergie spécifique et un outil d'action : un Esprit.

La manifestation de la concentration de cette âme est la Conscience, ses pulsions sont incontournables. La conscience de chaque être est pure alors que les pensées, les paroles et les actes sont soumis à distorsion par un inconscient encombré.

L'inconscient peut être représenté comme un voile qui filtre la Conscience, celle-ci ne sachant pas la forme, s'oblige à passer par ce voile. L'âme est entourée des voiles de l'inconscient qui portent des "*graines d'événements*" aussi bien lumineuses que sombres.
Ces graines d'événements sont des émotions liées à des expériences passées, qui participent à la découverte des qualités et des distorsions que rencontre la nature de l´être dans son expression. L'individu, dans la construction de ses outils, affine sa créativité sur son chemin tout en découvrant sa nature et ses spécificités. Ces graines, tel un filtre, forment un barrage infranchissable pour la Conscience.

Par analogie la fleur correspond au vécu et les graines à sa mémoire, quand elle se "réincarne" par l'ensemencement, elle remet en mouvement toutes ses graines afin qu'elles fleurissent. Les graines lumineuses de l'homme apportent le savoir et les vécus conscientiels comme acquis pour la vie présente. Les graines sombres remettent en route les confrontations avec le passé...
Ce processus est naturel et nécessaire car l'inconscient s'efforce de faire fleurir la graine. Il est "un ami" sauf dans un travail thérapeutique de découverte de sa nature profonde puisqu'il donne la forme à la Conscience… et il est bien difficile de le démasquer.

Comment l'être va accueillir ce phénomène ?

Soit en l'acceptant, en le combattant, en se plongeant dedans ou en le subissant de nouveau… Parfois, plusieurs vies sont nécessaires pour conscientiser ce que nous venons dépasser.

Comment ces graines d'événements jouent-elles sur la construction du corps ?

Selon les graines que l'individu vient confronter, son Esprit va contourner les réalités propres à sa nature pour prendre son espace d'incarnation. Souvent l'intellect va ignorer une partie "amputée" de l'être et compenser en créant un masque. Alors l'individu présente son surmoi, son masque et il compense ainsi son manque de maturité d'Esprit.

L'être sincère est-il nécessairement authentique ou exprime-t-il plutôt sa distorsion au détriment de la justesse de ce qu'il est ?

L'égo ou le Moi, veut dire *"égal à l'âme"*... Il l'est effective- ment quand l'individu a identifié et déprogrammé les graines sombres de son inconscient. Sa construction est alors alignée dans le sens de sa conscience. Beaucoup affirment qu'il est nécessaire de supprimer l'égo, qu'ils assimilent au surmoi, mais s'il est "égal à l'âme" alors l'individu a besoin d'affirmer cet égo pour vivre sa nature dans l'authenticité de ce qu'il est : le "Je Suis".

Comment œuvre-t-il pour rééquilibrer son surmoi vers son égo ?

Ce processus est pratiquement impossible à réaliser seul et intellectuellement, car le surmoi est lié à l'intellect, principal outil de l'inconscient. Quand de par les blocages, il y a atrophie, handicap au niveau du corps, l'intellect engendre une déviation de la pensée, et le corps épouse le handicap. L'être alors, étranger à sa nature, a un système d'analyse déformé et ne peut reconnaître ce qui est juste pour lui.

Il observe ses comportements, met en place la maîtrise de ces derniers sans jamais les dépasser. Inévitablement, un jour ou l'autre cela ressort sous forme de dépression, de crise, de nervosité ou de maladie. Il affiche de plus en plus de phénomènes contraires, de masques sur les masques... Il demeure inauthentique et ignore toujours sa spécificité...

La maladie génétique est transmise par le psychisme. Par une forme de résonance qui s'installe entre l'inconscient et les graines d'événements… Quand l'individu se trouve dans son masque, son inconscient utilise alors des mots, des habitudes inconnus de sa Conscience.

La Conscience porte en permanence l'idée d'évolution, de nature, de positif... Ceci correspond à une forme pulsionnelle qui jaillit en permanence. Pour mettre la forme, pour affirmer que quelque chose est différent de ce qu'exige la situation ou la confrontation, l'inconscient met des freins et des formes différentes de l'idée de la Conscience. Une idée constructive de la Conscience pourra se révéler contraire, dans l´aboutissement de la forme exprimée par l'inconscient.

La Conscience a besoin de l'inconscient pour mettre la forme. Elle passe à travers la mise en forme de l'inconscient afin d'incliner le corps et les pensées vers telle ou telle orientation. Le système génétique mis en place dans les cellules, influence le terrain physique qui sera incliné dans une orientation particulière par l'Esprit. L'inconscient permet à la Conscience, qui fonctionne uniquement par image et par pulsion, de transmettre une idée.

Le corps se construit suivant les données de la Conscience, à l'écoute des résonances aux graines de l´inconscient. Elle se sert de l'Esprit dans le corps pour pouvoir agir. En face de l'Esprit qui anime le corps, un autre mouvement est créé : le miroir de l´Esprit ou l'intellect qui tourne dans l'autre sens…

Comment l'être peut-il agir pour travailler sur le corps sans l´aide de l'Esprit?

L'individu pense ce qu'il est et n'est pas ce qu'il pense…

Les outils privilégiés de l'inconscient sont facilement identifiables : la négation, le doute, la déduction, la comparaison, la projection, les critiques, les jugements, le conditionnel... Quand quelqu'un affirme une négation, celle-ci est perçue par l'inconscient de l'interlocuteur comme le contraire de ce qu'elle formule… Une altération de la communication en résulte. L'identification des tours que nous joue l'inconscient permet un premier pas sur le chemin de la Conscience...

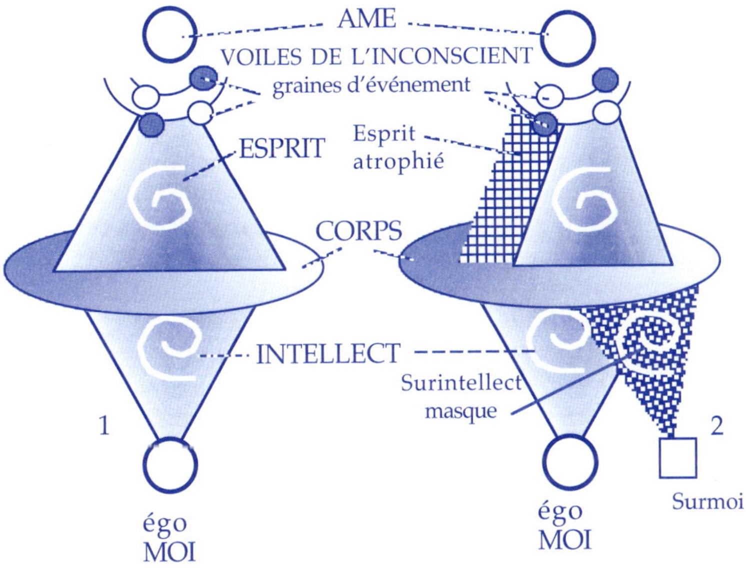

Cette représentation graphique simplifiée du phénomène de la construction du corps par l'Ame et l'Esprit a le mérite de permettre une visualisation facile à comprendre...
1-L'Ame-Conscience passe au travers des voiles de l'inconscient pour "habiter" le corps. La manifestation du Moi est alignée "égale à l'âme"... et l'intellect est équilibré.
2-Quand les graines d'événement sont actives, l'Esprit qui construit le corps est atrophié ce qui aura pour répercussion des troubles corporels et des déviances psychiques.
Le système de défense engendre une surintellectualisation et des masques de compensation...

L'état de *"Conscience intégrée"* peut s'atteindre uniquement lorsque l'inconscient est nettoyé de ses graines d'événe- ments sombres, libéré de l'émotionnel traumatique et compensatoire correspondant. Alors, seulement, les mémoires et expériences essentielles ou existentielles sont assimilées comme des étapes enrichissantes sur le chemin de vie. **L'inconscient intègre la Conscience en l'épousant à travers l'expression de formes justes, afin de mettre en mouvement les forces de celle-ci sans les déformer.** L'important est la mise en mouvement, la mise en forme avec l'aide d'un inconscient épuré et pris en considération…

L'inconscient persiste mais il vient intégrer la Conscience. Alors, il est davantage au service pour la compréhension de soi et de l'autre… Il met une forme plus juste par rapport aux pulsions de la Conscience, et vient construire la nature de l'individu dans sa forme authentique… Le chemin de Conscience sur Terre représente une obligation de réalisation, l´Amour en est le cadeau.

L'Esprit est générateur de mouvement, il le pulse au fond de chacun, et la Conscience dynamise le mouvement...

Elle est partout, et c'est l'Esprit qui agit sur la matière
et non l'intellect...

Certains courants de pensée parleront de l'origine de l'Esprit dans le monde spirituel. Il est navrant de constater à quel point cette notion a été déformée au cours des siècles jusqu´à lui faire perdre son sens premier. "Spir" signifie le *mouvement en forme de spirale* autrement dit exprime le lien reliant l´humain au Divin. **Il est inconcevable de séparer la conception du spirituel de tout élément de vie tangible de la matière**. La dimension spirituelle s´inscrit dans tous les actes de la vie, c´est un état d´être qui reflète la nature authentique de l´individu...

La vie répond à la loi du mouvement, la loi de la bipolarité. Lorsque le mouvement cesse, alors apparaît la mort. Le monde spirituel et le monde matériel sont indissociables, sans séparations dans la vie au quotidien. A chaque instant, dans chaque acte, il y a mouvement donc il y a spiritualité et cela même assis sur le trône !

Pour certains il existe une confusion entre spiritualité et mysticisme. Dans mystique, il y a mystère et dans la spiritualité tout est clair. La science est spiritualité. Elle étudie les phénomènes de vie et parfois en compréhension des relations avec l'ensemble du vivant. Quand une cohérence avec l'ensemble du vivant est validée, l'approche systémique prend toute sa dimension.

Afin de faciliter la compréhension au-delà des malentendus sur la sémantique, sur le sens subjectif des mots, les propos sont illustrés par des schémas synthétiques. Il est nécessaire que les affirmations soient parfaitement cohérentes, quel que soit le contexte et l'angle d'approche des phénomènes étudiés, dont la véracité est toujours relative, car elle dépend des relations en présence.

Les unités d´Esprit* interagissent avec les unités de matière et les unités d'énergie. Un ouvrage, dédié à l'Esprit, décrira comment les unités d'énergie et les unités de matière se mélangent pour attirer les unités d'Esprit.

Celles-ci mettent la direction, dynamisent en donnant l'âme à la structure. Seules les unités de matière sont mortelles. Lorsqu´elles tournent avec les unités d'énergie sans les unités d'Esprit, la Conscience est absente et la vie demande à être intégrée.

Le processus d'évolution de l'Esprit se déroule en suivant différentes étapes précises, prenant la forme d'une Loi universelle, incontournable pour chaque individu.

**Activé par un mouvement permanent,
l'Esprit est composé de cinquante-deux forces
qui doivent se vivre à des paliers
et des moments différents de la vie.**

Ces cinquante-deux courants se mettent progressivement en action au cours de la vie.

Chaque individu est animé initialement par sept forces de base. Quand l'être se limite aux sept forces de l'Esprit en mouvement, cela induit qu'il se vit en Conscience uniquement ***quelques secondes par jour***. Alors, force est de constater que l'Esprit est inactif dans l'être, et que son état se limite à une survie où le

* Voir Carnet de l'UR correspondant

potentiel est endormi, végétatif. L'être est doté de facultés bien plus importantes que ce qu'il soupçonne. En se limitant aux seules sept premières forces de l'Esprit, l'individu commence sa vie dans une brume épaisse et en fin de vie, il aura construit des habitudes dans un schéma de survie et de compensation, sans avoir mis en œuvre son être dans la grandeur et la beauté de la vie qui lui correspond… Il se limite à une réalité visible avec une vue réduite sur l'horizon. Dès que l'être active les forces suivantes de l'Esprit, sa vision s'élargit vers des perspectives plus étendues et il accepte de considérer l'invisible comme l'autre polarité du visible.

Quand il passe aux treize forces,
l'individu est en Conscience ***quelques minutes par jour***…
La Conscience intégrée
ne vient que lorsqu'il a activé ses trente-neuf forces...

Les sept premières forces de l'Esprit s´organisent de manière précise. Après l'enfance, c'est-à-dire à partir de sept ans, le conflit entre les deux groupes de forces s'établit. Elles s'opposent sous la forme d'affirmations ou de freins, de pulsions ou de retraits. Ces forces vont l'une avec l'autre, mais l'éducation parentale ajoutée au programme du chemin de vie de l'individu, va faire ressortir que l'un des courants va dominer l'autre. Cependant, c'est l'Esprit qui met tout en place pour permettre de rentrer dans le chemin d'évolution déterminé.
Il est possible de distinguer dans ces sept courants, deux groupes de trois forces qui agissent sur le courant central de l'évolution. Elles gravitent autour de l'axe central, tout en lui donnant son équilibre dans son expansion.

Un premier groupe de trois forces, constitue une dynamique pulsionnelle et un deuxième groupe de trois forces, forme une dynamique complémentaire. Les deux groupes, comme deux extrêmes, jouent leur rôle de contraire pour permettre au phénomène d'évoluer. C'est comme si une bipolarité venait renforcer l'axe qui s'aligne dans une direction mais dont l'expansion peut aller dans un sens ou dans l'autre.

Il est nécessaire de rencontrer des blocages dans le processus de vie pour qu'une force de dépassement se mette en œuvre. Sans cassures ou obstacles qui créent une réaction dynamisant l'action, le mouvement s'étiole, se dissout, s'éparpille dans une expansion dénuée de sens.

L'axe central permettant à l'Esprit de se déployer, la Loi-Guide obligatoire pour tous, l'échelle de Jacob tant évoquée par les différentes religions se nomme : la Loi d'Evolution. Par analogie avec un arbre dont le tronc est le support de la vie, cette force centrale relie entre elles des forces complémentaires. Indispensables au déploiement général, ces branches transportent la sève nécessaire à la croissance, à la floraison et à la fructification.

Les branches de Conscience poussent et les branches de l'inconscient freinent, cela dynamise le mouvement.

Bien entendu, quand l'humain dans sa phase d'évolution est inconscient des différences de forces présentes dans les ramifications, il peut se laisser envahir par des plantes parasites, confortables, qu'il a omis de considérer comme freins et nécessaires à l'activation de sa pulsion de vie. Le tronc évolue créant des branches qui vont donner la forme à l'arbre. Les branches vont lui permettre d'augmenter sa surface en contact avec l'extérieur.

Les six autres brins de la Loi d´Evolution qui vont générer les ramifications suivantes restent les pivots, les branches- mères de l'arbre qui porteront les forces complémentaires. Les courants de l'inconscient sont naturels et limitent l'individu afin de pouvoir le construire suivant les pulsions et leur mise en forme afin d'affiner progressivement ses outils en les forgeant. Parallèlement à l'identification des courants de défense de l'inconscient, un phénomène d'apprentissage des courants de Conscience en tant que moteur et pulsions de vie s'approfondit.

La première de ces sept forces est la Loi d'Evolution qui appartient à toutes les familles d'humains. Le courant d'évolution, le plus important de ces sept forces, provoque la rotation régulière de l'Esprit en lui apportant **la force de naissance** (la pulsion permanente), **la force d'existence** (la maintenance) et **la force de mutation** (la mort et la renaissance).

La Loi d'Evolution est là, immuable, universelle, qui telle un régulateur du Temps et de l'Espace dans le développement de l'individu, oblige, à chaque tournant, l'humain à évoluer et à conscientiser. Tout au long de sa vie, l'être humain sera donc guidé pour lui permettre de trouver la réponse à ses obligations de passage et de conscientisation.

De même que le corps répond à une Loi biologique et qu´il existe une Loi d'énergétique, de même, la Loi d'Evolution demande la conscientisation de ce qu'est l'Esprit. L'être se doit de conscientiser son fonctionnement global et le courant qu'elle représente parmi les sept premières forces, puis, plus généralement, parmi les cinquante-deux courants constituant l'Esprit.

Les forces complémentaires à la Loi d'Evolution, se répartissent en deux groupes**, les forces de Conscience** conduisant à la puissance individuelle et **les freins de l'inconscient.**

Les trois forces de Conscience autour de la Loi d'Evolution correspondent à trois courants d'évolution qui obligent à aller dans un sens, ce sont des courants de Pulsion. Ils poussent dans le sens de l'évolution sans être nécessairement conscientisés.
Ils se composent de :

- *l'énergie reproductrice*
- *l'énergie sexuelle*
- *l'énergie nutritive*

Les forces de Conscience, sont reliées à l'axe prânique, à l'axe de la pulsion de vie, soit, le périnée, le cœur myocarde et la glande pinéale.

La première force, la conscience de *l'énergie reproductrice* correspond à l'énergie féminine. C'est la force exaltée dans son application pour la femme, alors que pour l'homme elle reste inhibée. L'individu choisit, selon son véhicule, d'inhiber une des fonctions mais non totalement. La reproduction est un mécanisme de survie, de pulsion, de puissance. C'est une force porteuse de vie. La force de l'énergie féminine est sa Conscience, qui permet, grâce au mouvement qu'elle entraîne, l'ancrage de la pulsion de vie et la découverte pour l'homme, de la dimension de l'Espace, apportée par la femme.

C'est là une mise en place d'un processus vivant qui se perpétue pour durer. Dans l'application de cette force, la maternité répond à cette pulsion de vie, grâce à la fonction féminine exaltée ; un des mécanismes instinctifs naturels de survie passe par la maternité, afin de perpétuer l'espèce.

Dans cet Espace, sur cette Terre, la force de l'énergie féminine est inhibée pour l'homme, puisqu'il ne porte pas en lui cette capacité d'enfanter. Enfanter demande d'être en conscience des deux actes pour les deux acteurs, mère et enfant : accoucher et naître… Procréer implique également une Conscience au-delà du simple rapport physique : en communication avec l'âme de l'enfant avant qu'il ne vienne s'incarner !

Quant aux femmes qui refusent un enfant, elles occultent cette force en générant des mécanismes de compensations et des masques… Quand une femme a mis en place un transfert par identification au masculin, elle rencontre une difficulté de passer aux treize forces car elle est inconsciente du comportement anti nature qu'elle génère.

Pour les Peuples d'Argile, cette énergie de reproduction exprime la volonté de permettre aux ancêtres de revenir. Pour ces peuples, la notion de réincarnation est une évidence. Cette nécessité de reproduction justifie pour un homme, dans certaines traditions, d'avoir plusieurs femmes, car il y a obligation pour lui d'engendrer des fils porteurs de semence, qui assurent la descendance.

Les Peuples d'Argile sont généralement limités par nature à treize ou trente-neuf forces car ils ignorent la conception de la sexualité transcendée et de l'immortalité physique (bien qu'ils puissent choisir de faire évoluer leur programme). Ils viennent de la Terre et retournent en cinquième Dimension sous la Terre. Alors que les êtres des familles du Ciel ont, dans leurs mémoires, leurs origines célestes où l'immortalité physique* est possible...

* Voir Carnet de l'UR correspondant

Le courant de l'Esprit est néanmoins présent dans ces forces électromagnétiques mais non dans sa réalité de fonction avant la quarantaine. C'est seulement, une fois l'être pleinement dans sa nature que s'active complètement le brin de l'Esprit correspondant à l'opposé de ce véhicule ainsi que toute la ramification qu'il porte.

Il est important de comprendre que pour les brins de Pulsion de Vie qui vont se créer sur le brin inhibé, ils s'activeront complètement à l'étape de l'androgynat au-delà de soixante-dix ans, une fois que les cinquante-deux courants de l'Esprit se seront mis en place à partir de la soixantaine. C´est l'étape où l'être se trouve dans le fonctionnement des deux forces de véhicule dans la Conscience et non dans le physique. Ils gardent simplement leurs apparences physiques, sans que des seins apparaissent chez l´homme ou que le sexe de la femme mute... L'androgynat représente la naissance aux cinquante-deux forces qui rentrent totalement en fonction après soixante-dix ans.

Certaines femmes, particulièrement celles qui viennent d´autres familles que la famille d'Argile, peuvent avoir pour mission l'enfantement d'une œuvre de vie bien particulière pour la Planète. De ce fait, leur mission dépasse la procréation, et la mise en place de processus de compensation ou de masques ne se fait pas...
Le chakra racine correspond à la force de reproduction, le thème est détaillé dans le chapitre sur les centres énergétiques.

La deuxième force de Conscience est *l'énergie sexuelle*. La sexualité se différencie de la reproduction. La sexualité fait partie de la Loi d'Evolution, elle nourrit la vie dans les étapes de l'évolution. Sexus signifie *"usage du six"*... la direction. La sexualité porte l'être dans sa nature, dans son évolution. Cette énergie est dévolue par l'Esprit, au masculin. La fonction exaltée de la sexualité, donne à l'homme accès au Temps et à la puissance de l'Amour...

Il descend vers la Terre sur laquelle sa nature profonde restera dans une faible résonance. Il vient pour emmener la femme avec lui dans l'énergie Ciel. Quand l'homme dépasse l'utilisation de ses organes génitaux le limitant à une action sexuelle purement physique, sa sexualité est transcendée grâce à la force de sa pulsion de vie.

Quant à la femme, elle inhibe durant un temps cette énergie. L'homme la réveille dans sa pulsion sexuelle, qui devient alors pour les deux membres du couple une pulsion de mutation. La sexualité est alors une force, qui va permettre à la femme de connaître le Temps ainsi que d'avoir accès à la créativité de toute sa grandeur.
L'androgynat, accessible pour la femme qui a atteint l'état de Déesse, devient une réalité pour l'homme quand il a intégré le OM, vibration du Temps.

Parfois, il y a quelques Muses d'Apollon, Déesses qui viennent réveiller l'homme pour lui transmettre l'expérience. Ce sont les initiatrices de cette Dimension sexuelle, qui l'élèvent à la sexualité sans reproduction. Curieusement, les racines de la famille Sémite se trouvent baigner dans ces connaissances et originellement elle avait comme mission d'enseigner au monde la déïté de la femme...

Le cœur sacré (myocarde) a un lien direct avec la sexualité. Ainsi qu´il a été expliqué dans le chapitre sur les centres énergétiques, la force sacrée du périnée permet à la femme de vivre en plénitude la maternité alors que les forces du cœur sacré vont permettre au masculin de transcender sa sexualité. Il quitte le "je sais" qu'il a réalisé. Il a dépassé le "savoir" et peut maintenant passer de cet état de "je suis-je sais" au "Je Suis".

Avec une meilleure connaissance de l'être et de la sexualité, la compréhension de ce que représentent les corps dans leurs différences s´approfondit...

Chaque être naît avec cette pulsion de vie.

Il y a une recherche de transcendance chez l´homme, qui se traduit par une propulsion de la vie, son mouvement est droit, ciblé et discontinu, alors que chez la femme, il est circulaire, cyclique, en forme de spirale, c´est une pulsion de perpétuation de la vie.

La troisième force est la force de Conscience de *l'énergie nutritive.* Cette énergie demande de prendre conscience de notre corps, de son fonctionnement et de la nourriture absorbée. Cette nourriture englobe différentes formes d'aliments : matériels, spirituels, intellectuels, relationnels, respiratoires, tactiles, énergétiques et substantiels.

Les différentes étapes de l´évolution amènent à conscientiser tous les besoins du corps pour aider à accepter cette force de discernement. Petit à petit, le corps refuse les perturbations avec une tolérance qui se réduit.

La glande pinéale correspond à la force de nutrition de ces énergies liées aux forces dynamisantes. C'est le lieu de passage physique et énergétique que la Lumière emprunte pour rentrer en concrétisation dans le laboratoire du corps. Les forces vivantes se transforment en forces de Lumière.

A l'inverse de ces trois forces de Conscience, qui sont des pulsions, s'activent trois courants de défense, dirigés par l'inconscient.
Elles se composent du :

- *Courant de rétention de l'acquis*
- *Courant de rétrogradation*
- *Courant d'adoption*

Les forces de l'inconscient sont reliées au plexus solaire, au plexus sexuel -le centre du Pouvoir Sacré- et au foie.

Le premier courant de défense de l'inconscient est celui de *la rétention de l'acquis.*
Il consiste pour la personne à se limiter à ce qu'elle a appris.

La personne s'arrête, se limite et fait une pause par rapport à l'acquis, à la nutrition, à la relation et à l'énergie. Elle n'a pas d'ambition, elle vit les loisirs et le repos avec excès, abuse d'un état oisif…

Le courant de rétention de l'acquis est lié au foie, l'organe où se logent les mémoires, le siège de l'inconscient. C'est en quelque sorte le berceau des peurs souches, de la prime enfance, du passé, de la mémoire cellulaire, des peurs primaires. Cette force représente un frein, lié aux peurs et aux angoisses. Ces dernières ont la particularité d'être inqualifiables alors que les peurs sont souvent identifiées par rapport à des situations.

Un événement peut générer une peur car l'origine du choc émotionnel est identifié, il est possible d´anticiper la situation afin de l'éviter ou d'amoindrir les effets débordants de l'émotionnel. L'angoisse apparaît sans que l´individu puisse comprendre pourquoi de telles proportions de déséquilibre sont vécues, et à quelle raison passée, mémoire, est lié cet ouragan tumultueux à l'intérieur. Cela se traduit par la non-expression, la non-manifestation de son être et l'habitude d'intérioriser.

Une fois les graines d'événements intégrées, c'est-à-dire que les chocs émotionnels identifiés à des expériences passées sont déprogrammés, les événements qui auparavant effrayaient sont apprivoisés. Une action beaucoup plus juste est mise en oeuvre, dénuée de toute appréhension et de toute réaction. Une sécurité et un discernement apparaissent alors, notamment par rapport à tout ce qui est mis en action par la parole...
Par exemple, le constat est que dans les sociétés traditionnelles, les enfants reçoivent ce qui correspond aux différentes étapes de leur croissance. Les anciens proposent une ouverture sur la vie en permanence dans l'éducation, et les enfants apprennent selon leur âge et leur état. La qualité de ce qui leur est proposé correspond à leur nature au moment judicieux.
Dans les sociétés occidentales un phénomène inverse apparaît : une tendance à toujours conseiller afin de compenser un besoin de reconnaissance de la part de l´émetteur. Alors il y a noyade dans une information indi- geste pour le récepteur puisque non-solliciteur du conseil...

Le second courant dirigé par l'inconscient est *le courant de rétrogradation*. Celui-ci conduit à l'inaction. La personne n'est pas dans l'action ni de s'engager ni de se mettre en avant, voire parfois peut reculer. Le courant de rétrogradation est lié au plexus solaire. C'est le plexus de la relation à l'autre. Ici le frein consiste à revenir en arrière à travers des doutes et des forces qui l'empêchent d'aller de l'avant. Ces peurs mettent l'individu dans un état de soumission où il se conforte dans une situation de dominé au sein de la société, du couple, de la famille ou des amis. Il a du mal à prendre sa place, ses actes souffrent d'une retenue démesurée qui l'empêche d'exprimer sa nature avec spontanéité et authenticité.

"L'idée qu'il s'en fait" accentue le phénomène de peur car il projette, extrapolant des retrouvailles avec une situation dérangeante, dans un futur inconnu, alors que celle-ci pourrait être heureuse... En anticipant ses peurs d'une situation future dérangeante, il se prive de savourer pleinement l'instant présent.

Lorsque les treize forces se mettent en place, ce courant devient identifié et il vient apporter le discernement et la réflexion objective non précipitée par les peurs. Ainsi cette force de frein se conscientise et permet d'éviter de se brûler les ailes dans un élan et un engouement déraisonné ou déraisonnable. Alors la puissance de soumission diminue et l'authenticité croît dans la mise en forme et dans l'action.

Le troisième courant est *le courant d´adoption*, il loge dans le plexus sexuel.

C'est le plexus de la relation à soi.

La force d'adoption

- engendre les principes,
- met une forme à ce que l´individu possède,
- permet l'affirmation *"Je domine car je possède"* ou *"J'ai, donc je suis"*.

Ce sont des schémas de pensées couramment rencontrés dans les sociétés où la consommation rythme le quotidien. Lorsque cette force est conscientisée, l'individu se détache des possessions matérielles. L'adoption possessive peut alors laisser la place à l'adoption d'idées correspondant au chemin de vie, et l'individu, jusque-là soumis à un système enfermant, choisit de lui-même la rigueur sur le chemin, la rectitude dans sa mission.

A cette étape peut apparaître aussi une notion de faire sien, de posséder des concepts et des points de vue. La personne adopte alors une manière de faire et des principes qui deviennent immuables, ce qui provoque la stagnation.

L'adoption d'idées qui enferment dans les convictions, entraîne une limitation de la vision et de la connaissance du chemin de vie correspondant à la spécificité de l´être.

Une fois le phénomène conscientisé, l'individu rentre sur le chemin de l'authentique afin d'avancer dans sa mission avec, toutefois, les freins nécessaires à son évolution. Il les reconnaît et les accepte car ils lui évitent les détours, mais arrive à les dépasser. Les freins participent à son développement, ils sont malléables selon l'évolution *contrairement* aux pulsions de vie.

Le courant d'adoption et le courant de rétrogradation
représentent comme deux écluses
sur l'axe de Conscience pinéale / périnée.

Ces écluses s'ouvriront une fois le mur d'évolution dépassé. Comme décrit dans le fonctionnement des centres énergétiques, lorsque l'individu évacue ses miasmes logés dans le triangle plexus sexuel / périnée, une ouverture vers l'humilité se fait au chakra des genoux, ce qui permet une ouverture dans le triangle cœur / plexus solaire entraînant une nouvelle pulsion de vie. Les écluses se situent entre le cœur et le plexus solaire et entre le plexus sexuel et le périnée.

Les courants d'adoption et de rétrogradation sont nécessaires pour dépasser le karma et pour le dévelop- pement des outils de l'évolution. Chacun va inhiber un des deux freins selon ce qu'il vient dépasser. Généralement parmi ces deux freins, un sera plus actif que l'autre et le phénomène peut être décrit selon la vision schématique suivante :

- Ceux qui pensent être au service en permanence, affirmant qu'ils sont détachés de tout, répondant oui à tout ce qui leur vient, sans se laisser le choix, s'inscrivent dans une logique de soumission. Ils délaissent leur nature et vont être dans l'impossibilité de se construire. Ils devront dépasser ce frein de rétrogradation, *qui est l'idée qu'ils se font d'eux,* sans connaître réellement la grandeur de leur être, puis s'affirmer dans ce qu'ils sont. Celui qui vit dans le sacrifice, inhibe sa sexualité, sa pulsion de vie…

- A l'inverse, ceux *qui s'affirment à travers ce qu'ils détiennent* doivent se détacher et découvrir leur nature profonde. La possession matérielle est également une forme de soumission. Derrière ses apparences d'une forte affirmation, l'être vit des peurs, porte des masques et fonctionne grâce aux plaisirs qui ne sont que des compensations. Puis une fois le frein de l'adoption dépassé, ils s'affirment dans ce qu'ils sont réellement...

Lorsque l'être *identifie* les graines de l'inconscient situées dans le foie, il commence à agir différemment en tant que porteur de ces mémoires énergétiques...

En effet, dans sa relation avec le plexus solaire et le plexus sexuel, il cesse d'alimenter un courant compensatoire d'adoption ou de rétrogradation basé sur des peurs. C'est le moment où le dominé et le dominant vont prendre conscience de l'état qu'ils ont choisi pour construire leurs outils sur leur chemin d'évolution. Ils vont cesser de garder pour eux et vont commencer à exprimer leur nature.

Les sept forces de l'Esprit sont inscrites en chacun dès la naissance. Chaque être a donc la possibilité d'avancer dans sa vie dans le chemin qu'il s'est choisi en tant qu'âme. Cette programmation de naissance, occultée par la suite, est méconnue. Pourtant, elle est continuellement présente...

Conduits par la vie, les êtres croient évoluer par le fait de leur croissance physique, cependant leur esprit stagne au lieu de dépasser les blocages des sept forces premières. Lorsque ces sept forces sont conscientisées à un certain stade, elles vont se doter de six forces supplémentaires. Quand le blocage du mur évolutif est dépassé naturellement entre sept et quatorze ans, les six forces supplémentaires de l'Esprit vont s'inscrire, petit à petit, jusqu'à leur épanouissement vers trente ans, période où le détachement avec le père s'effectue. Alors le démarrage de la compréhension de la vie s'active à partir de la mise en route des treize forces qui nous permettent de dépasser un état végétatif d'existence.

Ces six forces naissent de chacun des brins constituant ces deux groupes de trois courants. Elles se créent en polarité avec une action différente et deviennent actrices et génératrices de nouvelles forces. Les deux polarités devenues créatrices peuvent activer les phénomènes de conscience.

Autour de trente ans, l'être a bien acquis ses treize forces... C'est une phase d'expérimentation de ces courants pour qu'il puisse s'ancrer. Il permet à ses treize forces de se tripler... s'il en prend conscience.

Alors chacune de ces treize forces prend une puissance et une forme. Chaque brin permet à la triade d'apparaître et de générer une énergie nouvelle.

La période autour de cinquante ans va voir s'épanouir les trente-neuf forces pour que leur réalisation soit effective à cinquante-deux ans et demi. Ici dans la Loi d'Evolution, l'axe central, peut aussi changer de direction : changer de chemin sans changer de mission... La relation au Temps commence à trente-cinq ans avec une affirmation de chaque brin de l'Esprit à travers l'expérience.

Les treize dernières forces s'inscrivent après soixante-dix ans pour se réaliser complètement à quatre-vingt-quatre ans. Les fruits sur les triades qui se sont rapprochées apparaissent pour permettre la transfiguration vers un nouvel état d'être.

**D'une phase de construction à sept forces,
l'Esprit passe par une phase de mutation à treize forces
puis à une phase de réalisation à trente-neuf forces
et finalement à une phase d'état à cinquante-deux forces.**

Nous invitons le lecteur à approfondir la compréhension du développement de l'Esprit dans la lecture de l'ouvrage qui lui est dédié...

III

LE CHEMIN DE CHACUN

DE LA GRAINE...

L'HUMAIN AU NATUREL

... A L'EPANOUISSEMENT

LA FONCTION

ET SI... IL Y AVAIT UNE LOI

Sur le sable, les pas de chacun se croisant,
forment une immense grille
où chaque marcheur en posant son empreinte,
s'en est allé vers son horizon personnel...

Le chemin de chacun se borde-t-il de barbelés
ou de fleurs multicolores aux senteurs d'amour ?

L'HUMAIN AU NATUREL...

Les chapitres précédents nous amènent à porter un regard attentif sur la globalité de ce que représente l'humain. *Les informations ont déjà été traitées à de multiples reprises, mais combien de personnes, combien de groupes ont réfléchi à ce que peut être la véritable nature de l'humain ?*

Depuis quelques années des psychologues, des consultants développent des notions, dites nouvelles, relatives au masculin/féminin. Il est vrai qu'il est grand temps de se préoccuper de mettre à jour ces informations qui ont été soigneusement dissimulées depuis des siècles par les religions... Ses dignitaires les plus éminents, épris de pouvoir, se sont acharnés à casser l'image profonde du genre humain...

Depuis plus de quarante siècles, le genre masculin s'est approprié la domination du monde, rendant le genre féminin dépendant et parfois réduit à l'esclavage encore de nos jours. Il suffit pour s'en convaincre d'observer ce qui se passe en Afghanistan ou au Pakistan. En Inde, la femme est totalement méprisée, au point que des familles préfèrent tuer leur petite fille à la naissance car elles sont considérées comme improductives et au mieux, comme un objet sexuel dès leur nubilité...

Pourquoi est-il utile d'instaurer des lois de protection
de la femme contre les violences masculines ?
Tout cela s'inscrit-il dans un ordre universel
ou les humains sont-ils proches de la faillite ?

Heureusement, il reste encore des peuples dans lesquels le genre féminin est reconnu et valorisé à sa juste place.
Ils sont si peu nombreux que cela mérite d'être souligné.

Par exemple en Chine du Nord, où une tribu montagnarde est complètement prise en charge et organisée par les femmes ; une tribu en Inde dans les Nilgiris où la femme organise le social...
Or le corps, véhicule qui est octroyé peu après la conception, se différencie pendant la gestation entre soit le genre masculin, soit le genre féminin, sachant que l'embryon est naturellement de sexe féminin.

La nature permet de constater l'égalité des deux pôles... L'existence des deux genres, féminin et masculin, constitue une loi universelle, puisqu'elle se retrouve dans l'ensemble de tous les règnes, végétal, animal et humain.
Ces deux genres, uniques, et bien que différents dans leurs caractéristiques, leur permettent une complémentarité. La bipolarité est une première réponse à cette loi du genre. Dans la symbolique, cette réalité est exprimée de manière simple : la femme est imagée par la lune, l'homme symbolisé par le soleil ; l'une est énergie yin, le second est énergie yang. Cette bipolarité peut s'exprimer d'une autre façon : la femme étant liée à l'énergie de la Terre et l'homme à celle du Ciel.

Comment aborder le sujet de la nature sans reprendre les bases qui ont déjà été exprimées ?

Transposons tous ces concepts et étudions la nature de la Terre. De même que l'humain dispose d'un corps physique comme véhicule de son âme et de son esprit pour son séjour sur Terre, de même l'humanité dispose d'un corps pour exprimer ses spécificités. Appelons-le :

le Corps de l'Humanité.

Il existe également au sein d'une famille de l'humanité, différentes races qui se regroupent en des lieux géographiques et électromagnétiques auxquels leur nature s'est adaptée.

Ces natures, similaires, complémentaires ou opposées, s'adaptant au terrain sur lequel elles sont nées, ont créé leurs langues, leurs coutumes, leurs traditions. Elles ont constitué, au fil des âges, les ethnies avec toutes leurs richesses, émanant leur être profond. Ces peuples, présents sur toute la surface de la Terre, ont évolué depuis la nuit des temps tout en conservant la Tradition, reflet de leur niveau de Conscience ou de leur évolution.

Ils appartiennent à des races bien différenciées, la race de bronze, la race noire, la race jaune et la race blanche. Leurs modes de vie diffèrent selon que les êtres vivent dans des contrées reculées, au Nord ou au Sud, au Pôle Nord, au Sahara ou en Amazonie, mais toutes s'affirment selon leur nature.

Tous les peuples manifestent leur identité par la musique, les danses et les chants, qui sont le reflet de l'âme, donc de la nature de ces populations et témoignent de la qualité de vie qui les anime.

Observons les danses et chants de l'Europe Centrale, du Maroc, d'Indonésie, de Chine, d'Amérique du Sud, du Canada, ou de l'Afrique, ô combien variés et colorés, tous expriment la beauté et la variété de leurs coutumes, de leurs croyances et de leur milieu naturel.
Chez les Inuits, la baleine, animal référant, est utilisée entièrement, jusque dans les moindres morceaux, mais elle est aussi assimilée à un dieu, au point de faire partie intégrante de l'inconscient collectif. Elle est présente au travers des contes et légendes, lors de rituels ou dans leur quotidien comme médecine...
Le langage des Inuits permet d'exprimer la neige et la glace avec une vingtaine de termes selon leur qualité...
Pour les Chinois, de même que pour les peuples amérindiens ou africains, les individus âgés incarnant la sagesse du clan, se retirent dans la nature pour être indépendants de leur famille, et ainsi quitter la Terre le moment venu, en plein accord avec leur âme.

Nous retrouvons beaucoup de rites de passage, conduisant d'une période de vie à une autre, par exemple en Amazonie ou en Afrique, de nombreux rituels s'inscrivent en des rites initiatiques, au moment de la période de mutation du jeune vers l'âge adulte.
Les Hunzas, peuple qui vit dans la contrée reculée du Cachemire, sur le toit du monde, maintient sa réputation de longévité jusqu'à cent-cinquante ans environ, malgré les conditions de vie très dures, grâce, entre autres, à leur végétarisme et à une alimentation à base d'abricot sous toutes ses formes...

L'adaptation à son milieu, du paysan Canaque, au sein de son environnement fertile, s'avère plus facile que la culture sur des terres des hauts plateaux tibétains...

Cette mosaïque de cultures si éloignées nous parle de la richesse du Corps de l'Humanité...

Mais y aurait-il un lien à établir entre tous ces éléments, et la nature profonde et réelle, à la fois du pays, ou zone géographique, et la nature des êtres qui y vivent ?

Que dire alors de toutes les conquêtes coloniales qui, en déstabilisant l'espace et les lieux dans lesquels elles se sont produites, ont dénaturé les cultures traditionnelles, remplaçant les seigneurs par des vassaux, pour arriver aux génocides qui ont frappé nos sensibilités ? Citons par exemple la guerre entre le Congo et le Rwanda où les jésuites belges ont créé une administration et mis dans les postes-clefs les Hutus au détriment des chefs Tutsis, respectés depuis toujours et rebelles à toute forme d'autorité, pour asseoir la puissance économique belge.

Ces conquêtes de par le monde, ont également façonné des modes alimentaires différents par l'introduction de denrées étrangères aux zones de production et non adaptées aux nature des individus locaux ...

Les conditions de vie se répercutent aussi bien sur l'état d'être que sur la nature des relations que l'on entretient avec le monde extérieur.
On peut citer la couleur de peau qui sera le reflet de l'adaptation à l'intensité solaire différente. Par exemple : un suédois aura de la difficulté à supporter l'ensoleillement de l'Afrique Centrale ou du sud saharien.

Mais qu'est-ce donc que LA NATURE de l'humain ?
Que recouvre ce mot utilisé dans maintes expressions ?

La définition, à partir du sens premier des lettres de l'alphabet, nous amène à la compréhension suivante du mot NATURE : *"naissance de l'être venant de la Lumière, en équilibre dans sa manifestation"*.

Lorsque ce terme est utilisé pour désigner la Création : les rivières, le ciel, les étoiles, les montagnes, les lacs ou les déserts, etc., nous savons que ces formes de nature existent depuis l'origine. Quand nous désignons ce qui est de forme végétale, animale ou humaine, la nature de l'être permet de reconnaître l'être en le qualifiant mais sans nécessairement le relier à la Création.
Par exemple, nous exprimons facilement : telle personne est dans sa nature.

Se pourrait-il qu'il y ait des similitudes ? Essayons…

Les points communs se situent à tous les niveaux, et encore une fois dans tous les règnes, humain, animal, et végétal. Tout comme les différentes ethnies qui s'adaptent à leurs milieux naturels, il est aisé de retrouver les mêmes facultés, aptitudes spécifiques, pour les animaux et les plantes, qui doivent vivre en harmonie au sein de leur environnement naturel.
Certains mammifères vont accumuler des réserves dans leur corps sous forme de graisse pendant les périodes clémentes en vue de l'hibernation. Les chameaux constituent aussi des réserves leur permettant de vivre sans apport de nourriture ni de boisson pendant plusieurs jours.

Les éléphants d'Afrique ont de grandes oreilles afin de réguler leur température interne. Certaines plantes dans le désert fabriquent une sorte de toile ou bien des poils afin de capter la moindre humidité environnante, d'autres se façonnent également en forme d'entonnoir.

Certains arbres sont capables de se protéger des prédateurs comme les girafes, en émettant une substance toxique ou malodorante, dès que les animaux approchent du premier arbre... Ces prédateurs s'éloignent immédiatement de ce type d'arbre...

De même que pour les humains, nous trouvons des races animales distinctes, chevaux, chiens, rhinocéros, gazelles, girafes ou grenouilles, ours bruns ou blancs, exprimant leur nature, et par voie de conséquence, leurs différences. Nous allons aussi trouver des races de plantes, différentes selon les continents, qui expriment leurs complémentarités.

Il est donc dans la nature de ces animaux, de ces plantes, de se protéger pour assurer leur survie et leur reproduction, selon des rythmes parfaitement réguliers et préétablis, même s'il s'agit d'une plante dans le désert, qui recevra l'eau de la condensation ou de la rosée et une averse par-ci par-là.

L'être humain, lui aussi répond à cette loi, qualifiée de biologique, de survie et de reproduction de l'espèce et de l'individu. Tout dysfonctionnement dans l'ordonnancement des choses conduira au désordre, voire au chaos, entraînant la déstructuration des systèmes, c'est-à-dire la maladie.

Donc la nature ou le tempérament, qui signifie *"juste proportion"*, s'explique par des dénominateurs communs qu'il est facile de retrouver dans les différents règnes :

1 - La différenciation des genres à travers un véhicule femelle ou mâle pour exprimer sa nature.
2 - La différenciation des races qui permet de rallier l'individu à la fonction de sa race.
3 - La différenciation des milieux naturels de vie pour dynamiser la fonction de l'individu dans sa nature.
4 - La relation des uns avec les autres afin de nourrir l'individu dans sa nature.
5 - L'action en interrelation avec tous les règnes pour développer la conscientisation de la nature de l'être.

Cette interaction entre le milieu et tous les êtres vivants qui l'occupent, montre qu'il y a une sorte de force vitale qui pousse les êtres uniques dans une direction, suivant une fonction qui leur est propre.

Cependant, seuls les humains ont la liberté du choix dans leur programme, d'aller ou non vers plus de conscience. Les animaux restent aux sept forces de l'esprit. L'instinct qui maintient les animaux dans leur pulsion de vie correspond à la conscience de survie et de reproduction.

Un autre aspect des choses, qui peut être utilisé comme point de comparaison avec ce qui est de "nature", se rencontre avec les tempéraments. De même que la Terre a ses humeurs, qu'elle exprime par les vents, les tempêtes, la chaleur ou le froid, de même il est possible d'exprimer les tempéraments des êtres humains qui peuplent cette Planète, en fonction de leur période de vie. Ils sont à rapprocher des quatre saisons de la vie : l'enfance, la jeunesse, l'âge adulte et la vieillesse.

Le tempérament colérique exprime la jeunesse impétueuse, fougueuse, période qui s'étend de la naissance à quatorze ans environ ; le tempérament lymphatique va s'appliquer à l'adolescence, période où la jeune fille, le jeune homme sont facilement romantiques, où le jeune est perdu dans ses rêves et ses aspirations, sans pouvoir agir vraiment. Puis vient le tempérament sanguin qui correspond à la période de pleine action, où la femme, l'homme, se réalisent et réalisent. Vient ensuite le tempérament posé où la vieillesse fait lentement son apparition, permettant à l'être de diminuer l'action petit à petit, de faire le point, de parfaire son évolution.

Les humains viennent sur Terre à une époque précise, pour accomplir grâce à leur nature, ce qui correspond à leur fonction et à la mission que tout être a choisi de réaliser bien avant son incarnation…

- De par son lieu de naissance, la destinée de l'être humain s'inscrit dans une dynamique de vie spécifique. La plupart des individus restent fixés sur leur sol natal...

- Ils bénéficient ainsi des radiations de ce sol, et vont vivre toute leur vie sur un territoire donné, dans un espace connu. C'est là qu'ils vont naître, étudier, se marier, se reproduire, travailler, vieillir. Ceci est le cas de la grande majorité des êtres humains.

- D'autres, qui par des implications hors de leur territoire, voyagent, facilitent les échanges et la prise de conscience du tout, comme les cellules lymphatiques et sanguines dans le corps.

Ainsi, chaque être de la Terre aurait à évoluer, relativement à une fonction précise ?

Dans ce cas, l'être répond à la définition précise du mot "fonction" : *double force, des lois du Temps et d'incarnation, qui s'ouvre dans une action et un déploiement équilibrés.*
Autrement dit, l'être, en correspondance avec ses spécificités et avec son niveau de conscience, a la possibilité de décider de son rythme d'évolution, mais à l'origine, il y a obligation de mise en mouvement d'une action, soit pour développer des outils en confrontant certains blocages, soit pour les dépasser. C'est à lui de choisir les étapes dans lesquelles il s'épanouit sur son chemin de vie.
Tout être grandit dans le milieu qui l'a vu naître : au sein de sa famille chaque enfant dispose d'une personnalité qui lui est propre, bien que le terrain parental soit identique pour plusieurs, et affirme son caractère individuel. *Qu'est-ce qui amène une différence individuelle, alors que tant d'apparences rassemblent ou rapprochent ?*

C'est que chaque être qui s'incarne, arrive au monde pourvu de qualités et de manques, mais aussi de tout un potentiel composé d'informations stockées dans sa mémoire cellulaire. Il y a une nécessité absolue pour lui de développer ce potentiel et, pour ce faire, il devra se forger des outils grâce aux expériences vécues. Naturellement, l'individu va chercher les moyens lui permettant de se construire.
De la même manière que nous choisissons le bon outil pour effectuer une tâche précise, l'être choisira, par le biais de son inconscient, les bonnes expériences qui le feront avancer, ou le mettront en position de choix, et correspondront à ses outils personnels pour accomplir sa fonction lorsque le moment sera venu. Ce moment est variable pour chacun de nous et l'âge est indifférent. Seules comptent la force intérieure qui pousse l'être à se dépasser et la manière avec laquelle il répond à cet appel.

Ces talents, ces qualités, ces dons innés, vont se développer par l'expérience et l'apprentissage, mais chacun dispose de capacités inégales, ce qui mène vers une spécialisation.

En prenant l'exemple du corps, il est facile de constater qu'à la base, toutes les cellules ont le même potentiel génétique. Cependant, elles vont se différencier de par la fonction qui leur est attribuée : cellules du foie, des reins, du cœur, etc....

De par sa fonction, la cellule va inhiber ce dont elle n'a pas besoin et exalter ce qui est nécessaire à sa fonction. Aucune cellule n'est interchangeable.

Dans la cellule familiale, chaque membre possède ses qualités propres, ainsi que ses manques, ce qui fait la richesse, par la complémentarité, des différences.

Dès le début de sa vie, l'enfant est influencé par les qualités et les manques de ses parents, car la plus grande influence exercée sur l'être humain, est l'imprégnation de la vibration de sa famille biologique.

Tout comme la dépression atmosphérique va attirer l'air créant le vent, les manques des parents vont générer des aspirations, des frustrations, qui auront pour effet d'orienter l'enfant vers la fonction qui est la sienne, ou tout au moins, de lui permettre de tendre vers cette fonction et de l'intégrer. Il va ainsi découvrir ses premières limitations, et forger les outils d'affirmation de son être, correspondants à sa propre nature et à la manifestation de celle-ci.

Selon les personnes, il se trouvera des natures calmes, intellectuelles, manuelles, extraverties, introverties, fémini- nes, masculines, actives, optimistes... Cette variété compose le genre humain avec toutes ses diversités et ses joyaux.

La reconnaissance de la nature de la fonction qui est la sienne, peut prendre de nombreuses années ou s'effectuer rapidement. Cela dépend de l'implication de l'être à s'autodéterminer dans la vie relativement à ce qu'il est ou croit être.
Le caractère se forge après la naissance selon les éventuelles compensations mises en place, alors que le tempérament est de naissance.

Dans la nature, les plantes, les animaux et les humains sont mus pas un mouvement dirigé vers une orientation propre à la fonction de chacun, dans son milieu, comme si une force invisible poussait chaque élément vers le haut. Il suffit d'observer un arbre ; toutes les branches maîtresses partent du tronc et s'enroulent en un mouvement de spirale qui monte de plus en plus haut, car l'arbre va chercher sa lumière. Même dans les forêts les plus obscures, la végétation répond à cette double loi du mouvement et de la direction vers la lumière.

Les peuples des abeilles, des fourmis, sont en constante activité, sans connaître le repos.
Elles sont en continuel mouvement. Elles répondent à leur fonction qui est d'alimenter la reine, qui a elle-même pour fonction de pondre pour assurer la reproduction de l'espèce.

L'être humain serait-il le seul à stagner ? A refuser toute transformation, toute mutation nécessaire à son évolution ? A éviter tout mouvement de l'Esprit ?

Certes, la mise en forme de cette évolution est ponctuée de nombreuses étapes avec des phases-clefs. Lorsqu'une personne est dans ce cheminement, et qu'il lui est possible de vivre une expérience, le lien qui relie les événements entre eux ou les étapes entre elles, lui échappent bien souvent. La relation apparaît visiblement de manière rétrospective, laissant entrevoir ou pressentir une cohérence dans cette succession d'événements.

Y aurait-il, dès lors, un fil conducteur dans tout cela ? Et de quoi s'agit-il ? Où cela mène-t-il ? Y a-t-il un objectif sur la ligne d'horizon ?

Le chemin vers cette ligne d'horizon est le chemin de la vie, et il est possible d'y marcher tout en confrontant la beauté, les couleurs qui s'y trouvent, avec les difficultés, les rigueurs, inévitables, qui génèrent progrès et prises de conscience. Les lois de la nature, parfaites dès l'origine, exigent le mouvement. Cependant, l'intégration de l'expérience vécue est nécessaire pour chacun avant de connaître une nouvelle expérience dans une lente progression.

Tout comme l'être humain qui, dans son développement physique commence par ramper avant de se mettre debout et ensuite de marcher, toute chose dans la vie connaît des phases d'évolution nécessaires pour respecter les rythmes individuels.

C'est ainsi que la fonction « *reproduction* » arrive après des périodes de mutation et de maturation. Tout dans le corps se transforme pour permettre sa croissance, mais aussi celle de l'âme et de l'Esprit, avant que s'effectuent les "jonctions" nécessaires au rayonnement du féminin et du masculin...

C'est alors que la force sexuelle, à différencier de la pulsion sexuelle, se met en place, entraînant une phase de transformation radicale, conduisant vers un état nouveau, qui s'observe et se manifeste sur plusieurs plans, physique, psychique, émotionnel et énergétique.

Dès qu'intervient la manifestation de l'âge adulte, l'être entre dans une première ébauche de sa nature. Il entre dans une dimension professionnelle, qui semble lui correspondre. Il choisira, la plupart du temps, une profession qui concrétisera le contenu de ses études, sans chercher outre mesure à se réaliser... son objectif étant de *"trouver un travail"*. Dans bien des cas, actuellement, sa véritable nature sera étouffée au bénéfice d'objectifs professionnels ou financiers, car bien souvent elle lui est inconnue.

Cependant et surtout de nos jours, son parcours professionnel sera souvent jalonné d'étapes, de changements de caps, de modifications de trajectoire de vie, auxquels l'être se trouvera confronté, sans y être vraiment préparé. Il sera alors en face de sa réalité et selon son évolution, plus ou moins touché par les événements qui l'atteignent. Cela correspondra toujours à des étapes importantes, à des phases évolutives qu'il devra intégrer en lui.

Ces étapes vont s'inscrire, pas à pas, dans la durée et jalonner les années de l'existence terrestre. Au fur et à mesure de sa construction, l'être va accumuler de nouveaux bagages, acquérir ou développer des qualités, faire face à ses manques et confronter ses blocages.

Dans certains cas, il pourra modifier sa trajectoire, dans d'autres cas, cela lui sera impossible. Mais dans tous les cas, les expériences lui seront utiles et s'il sait en tirer profit, cela l'aidera à construire son épanouissement, selon sa propre nature.

Petit à petit, ses spécificités émergent ou s'inhibent, selon la nature des états émotionnels qu'il traversera. Cependant, il trouvera sa juste place dans la société et selon sa maturité ou son niveau de conscience, il sera amené à réfléchir sur la mission qu'il à accomplir sur cette Terre. Dans le cas où la prise de conscience s'effectue, la modification de son état vibratoire l'entraînera sur le chemin d'une introspection plus poussée, vers la découverte du chemin à emprunter pour aboutir à la réalisation.

Nous avons donné la définition du mot nature, et celle du mot fonction. Etudions à présent la signification du mot mission dans son sens vibratoire...
Mission : *"mouvement de l'être, dans sa dimension de pulsion de vie exaltée, pour exprimer sa nature vivante"*.

Autrement dit, l'être en qui s'est éveillée la force sexuelle, va se trouver confronté à une seconde force en lui, la pulsion de vie. Les lois universelles sont parfaitement adaptées à la réalisation de l'humain et il a le choix de se réaliser ou non, et d'exprimer sa véritable nature, dans une dimension de vie ou seulement dans une existence sans vie...

La nature s'exprime par la pulsion, par l'envie d'action, une poussée impétueuse, irrépressible, d'aller en avant, d'aller de l'avant, vers la réalisation personnelle. *Par quels moyens ?* Ils restent à définir par l'individu lui-même. Les chemins varient selon de multiples paramètres, propres à chaque être qui s'incarne, parmi lesquels il y a : le milieu familial, le terrain parental, le karma, les mémoires cellulaires et bien d'autres encore, qu'il serait fastidieux d'énumérer ici.

Revenons à la mission, avec l'exemple de l'abeille : comme nous l'avons déjà exprimé, la fonction de l'abeille est d'amener le pollen à la ruche pour nourrir la collectivité, jouant ainsi un rôle social, mais sa mission consiste à polléniser et à féconder les fleurs. Les missions sont uniques, elles ne se confondent pas, et souvent, comme pour l'abeille, sont non conscientisées.

De même, grâce à la conscientisation de ses spécificités, lors de ses expériences-clefs, l'être humain voit sa mission poindre à l'horizon, les bords du chemin s'éclaircissent au fur et à mesure de l'émergence de son authenticité. Il sera amené à abandonner tout ce qui l'éloigne de sa voie, élaguant ainsi progressivement ce qui l'empêche de tendre vers sa mission et de répondre à sa pulsion de vie personnelle, à sa voix intérieure.

Dans le même temps, les outils concernant sa réalisation se développent et s'affirment. Il peut même en découvrir de nouveaux, dès qu'il laisse libre cours à sa créativité, qu'il permet au sens de la beauté de s'épanouir en lui et qu'il laisse émerger son être véritable.

Au fait, c'est quoi être authentique ?

Etre authentique, c'est vivre son chemin en Conscience, c'est exprimer sa nature avec respect et humilité, c'est utiliser ses qualités sans les minimiser et ses manques sans jamais les oublier.

Une voie s'ouvre pour tout être dont la Conscience se réveille pour la nouvelle Terre, celle de l'authenticité. C'est être en contact avec ses guides et ses maîtres, dans l'affirmation des qualités propres à l'être unique qu'il est, reconnaître la place qu'il occupe à son propre stade d'évolution sur ce chemin, et l'accepter dans son vécu quotidien.

Ainsi, lorsqu'un individu est parvenu à un stade d'éveil de Conscience quel qu'il soit, il se reconnaît et s'affirme de plus en plus dans sa nature grâce à ses spécificités, autrement dit, grâce à ce qu'il porte en lui, sans singer qui que ce soit. Il peut alors se trouver poussé, par sa pulsion de vie, à déployer ses ailes intérieures et à vouloir œuvrer pour un ensemble plus grand, puis pour le collectif...

Il va devoir, là aussi, respecter sa propre nature et respecter celle des autres pour ainsi développer tous ses talents et les faire fructifier. Tous les êtres possèdent un capital intérieur immensément riche.

Combien font valoir l'être unique qui est en eux ?

Les spécificités de l'individu s'expriment par ses capacités, sa façon d'être et d'œuvrer, de manière unique, en apportant à un groupe ce qu'aucun autre ne peut apporter, ses propres talents, ses qualités et ses différences. Et tout cela contribue à enrichir le groupe dans son ensemble et tous les êtres qui le composent, par ce qui émane de lui.

Comme dans un orchestre, chacun doit jouer sa partition juste pour que l'ensemble soit en harmonie. Chaque musicien est un maillon de la chaîne, différent des autres, mais également complémentaire. Cet orchestre permet l'expression de la nature de chaque individu qui le compose et produit un résultat magnifique, supérieur à la somme des individualités.

De même, pour l'individu, l'expression juste de sa nature lui permet d'agir dans sa fonction et de découvrir la mission relative à ce qu'il est et non ce qu'il possède…

... A L'EPANOUISSEMENT

LA FONCTION

La base du développement de la vie, depuis l'origine, est passée au travers de cellules souches. A partir d'une cellule-mère, les cellules, une fois différenciées, entrent en interaction dans le cadre d'un programme et aboutissent à une construction parfaite. Ces cellules, à partir du noyau, du cytoplasme et de la membrane qui les constituent, se divisent et donnent naissance à la structure du corps humain : os, tissus, organes…

Ces organes fonctionnent ensemble, dans une cohérence parfaite, à l'image d'une mécanique céleste. Chacun a une fonction spécifique qui crée un système harmonieux et cohérent. Le bon fonctionnement de l'ensemble est dû à une écoute mutuelle des différentes pulsions et besoins, qui entrent en résonance vers le même but : la Vie. Tout dysfonctionnement dans le travail spécifique de l'un d'eux ou le rôle directeur qu'il joue dans l'organisme, entraîne pour l'organe malade une résonance dans le corps entier.

Le bon échange de tous les éléments constituant le corps humain, permet de le maintenir en harmonie, de lui procurer la meilleure vitalité possible. Chacun d'eux, dans son identité et sa fonction individuelle, est relié à l'ensemble par la colonne vertébrale énergétique, qui structure et conditionne un équilibre. Une bonne organisation des échanges dans une respiration commune donne l'autonomie à ce corps et le lien avec l'ensemble de l'être.

Comme la fleur s'épanouit en suivant l'ordre des saisons, le corps humain se constitue depuis sa conception dans un ordre parfait. Cette loi guide la vie de l'individu, cet ordre naturel offre le développement harmonieux de l'énergie vitale.

Cet être unifié peut affirmer son caractère, sa personnalité et ses différences dans une société ou un monde concret. Selon son âge, son genre, ses croyances, cela induit une dynamique de vie permettant un type de réalisation. Cependant, son ancrage sur la Terre pour une évolution consciente, dépend *en totalité* de la connaissance de ses mécanismes inconscients et du développement de sa guidance qui agissent sur son expérience et son incarnation...

La plus grande influence sur l'humain, son humus premier, son ancrage le plus fort est celui qu'apporte la famille biologique choisie par l'individu lui-même, avant sa naissance. Les premières années de l'être dans la matérialité lui fournissent son "mur évolutif", reflet des manques de son ascendance, qu'il va devoir dépasser.

Au sein de ce groupe, l'enfant s'incarne, s'enracine, et s'attache. Cet attachement génère l'enracinement nécessaire à son développement. Tous les éléments de la famille, père, mère, parrain, marraine, grands-parents, etc., et les relations qu'ils entretiennent avec l'extérieur, constituent un environnement primordial dans la construction de la base de ses potentiels évolutifs.

Cette nourriture première, inscrite dans son plan de vie, façonne cet enfant dans son évolution, grâce à une éducation lui donnant ses repères initiaux. La reconnaissance parentale du genre de l'enfant le confortera toute sa vie sur le chemin de la Conscience en lui donnant, par la reconnaissance de sa nature, la confiance en lui.

Grâce à tous ces liens affectifs, cet individu unique, particulier, deviendra un maillon d'une chaîne plus vaste. Telle une cellule du corps, ce maillon à sa plus petite échelle, est indispensable à la cohésion de l'ensemble du groupe. Suivant son vécu, l'être pourra être soumis ou rebelle, entraînant mal-être ou bien-être autour de lui, pouvant aller jusqu'à entraîner des perturbations, tant personnelles que collectives, au même titre que la cellule défaillante dans le corps humain peut entraîner la maladie.

Une éducation personnalisée, reconnaissant la réalité de chaque être dans la communauté, offre à chacun la possibilité de se réaliser et de faire évoluer le groupe dans la bonne entente.

Celle-ci restera garante de l'harmonie de l'être...
Ce groupe, en cohabitation avec d'autres groupes sur le même territoire, partage une même langue, un patrimoine, une mémoire, une culture qui sous-entendent des modes de vie et des philosophies différentes.

Chaque peuple avec ses particularités, constitue, dans les limites de ses terres, une partie d'un ensemble beaucoup plus conséquent. Leur complémentarité crée la Nation. Les peuples, de par leurs différences et leurs expériences, ont acquis un savoir-faire et des richesses dans certains domaines et mis en place les échanges correspondants.

Depuis des générations, la convoitise des territoires par des nations politiques génère des conflits de proximité pour le contrôle des ressources et des hommes. Les gouvernements ont produit des traités et des alliances politiques excluant, de fait, la réalité des individus et des Nations humaines. Ces manipulations ont organisé des habitudes d'éducation sociale, oubliant le plus souvent, les valeurs intrinsèques des communautés locales.

Ce constat nous amène à la nécessité de retrouver nos racines authentiques et de reconnaître, au travers de la diversité des peuples, leur rôle véritable, dans le respect de leurs traditions et de leurs cultures.

A l'image du corps humain, dont la cohésion conditionne une parfaite santé tout en lui conférant aussi sa puissance, les Nations humaines retrouveront ainsi leurs pouvoirs et leur unification. Ceci permettra des ensembles plus cohérents en correspondance avec les spécificités de chaque ethnie dans chaque Nation, dans la complémentarité retrouvée et les échanges pacifiques.

Nos différences, vécues comme des richesses complémentaires et non comme des prétextes à la guerre, permettraient de retrouver une totale harmonie. De même que chaque organe a sa fonction propre, dans le corps de l'humanité, chaque individu et chaque Nation humaine a son rôle à jouer au sein de cet ensemble.

Chaque partie est spécialisée et d'autant plus efficace. **Ce Corps de l'Humanité existe aujourd'hui à l'état embryonnaire, mais non réel, car les Nations humaines végètent sans réaliser leurs fonctions.** Un conglomérat de nations politiques est bien loin d'être un véritable corps de l'Humanité. Les nations politiques ont englobé les Nations humaines sans leur permettre de s'exprimer dans leurs fonctions. C'est pourquoi l'espérance pour demain, est la réalisation de ce corps.

Depuis l'origine, des groupes d'hommes de différentes ascendances, créant la diversité, sont présents sur la Terre. Les ethnies déterminent les fonctions organiques terrestres, chacune étant l'émanation d'une vibration particulière.

Il existe "des familles" qui sont nées de la Terre. Comme l'explique le processus darwinien, la Terre a évolué biologiquement à partir d'êtres unicellulaires jusqu'à des êtres de plus en plus complexes et développés, pour devenir des humains que nous nommerons : Peuples d'Argile. Ces familles, nées de la Terre, sont en totale résonance avec elle.

De par leur essence et leur état de conscience particulier, ces Peuples d'Argile liés à l'oeuvre de la Terre, restent en contact avec les forces de la nature, respectant les règnes animal et végétal. Leur parfaite adaptation à leur milieu les rend chasseurs, pêcheurs, cueilleurs ou encore éleveurs, par nature, depuis des temps immémoriaux.

Ces peuples de la Terre se caractérisent par un tempérament joyeux et spontané, une grande simplicité, une tendance à la superstition et une certaine naïveté.

Ils disposent d'une sagesse, transmise oralement dans leurs clans par l'expérience conservée par certains initiés, le plus souvent représentés par les anciens, détenteurs de la connaissance. Ainsi, l'influence du sorcier est prépondérante dans les peuplades d'Afrique comme l'homme médecine, le guérisseur dans les peuplades amérindiennes.

Quant aux autres "familles", elles sont issues du Ciel, l'une dans la forme, l'autre dans l'informe et la troisième possédant les deux qualités.

La famille de la forme, dotée de facultés d'analyse, nous apporte la compréhension de la matière, notamment par la Science. Sa capacité à séparer les choses, pour mieux les appréhender, permet la conscientisation. Cette famille se réalise en créant des structures et des cadres.

Inversement, *la famille de l'informe* se manifeste en repoussant les limites. Elle a tendance à rechercher la liberté et à éviter l'encadrement. Par nature, elle cherche à unifier, à relier les choses entre elles, de manière systémique. Elle tend vers l'expansion, cherchant l'ouverture permanente.

La troisième famille appelée Sémite, née en Terre de Sem, est constituée des forces et des qualités des deux précédentes, avec des actions spécifiques dans toutes les familles.

Ces limitations et spécialisations des chemins s'avèrent nécessaires afin de réaliser leurs objectifs. La finalité de toutes les familles, en liaison avec leurs fonctions, est de faire émerger le corps de l'Humanité en conscience.

L'informe répond à l'expansion et permet la prolifération de la forme. Pour toute création visible, en troisième dimension, il y a passage obligatoire par la forme.
La nidification de la vie, offerte par la famille de l'informe, entre en éclosion par la famille de la forme. Ainsi la génération de la graine se réalise par l'Ombre (la forme) qui sépare et qualifie.

C'est ainsi que la Triade des familles de la forme, de l'informe et Sémite, est supposée s'harmoniser dans le corps de l'humanité, afin de répondre aux schémas initiés par le Divin, suivant la Loi universelle de bipolarité.

Comment l'être qui désire se réaliser pleinement, doit-il s'y prendre ?

En fonction de sa nature, déterminée comme nous l'avons vu par ses origines, à la fois territoriales, familiales, ainsi que sa place dans cette famille, il peut maintenant choisir sa fonction.

Comme l'arbre qui se développe différemment selon qu'il ait pris racine dans un milieu fertile ou aride, comme la fourmi qui se spécialise en tant qu'ouvrière, soldate ou bien reine, l'homme, pour s'intégrer dans le tissu social, prend en compte les lois qui régissent le monde qui l'entoure.

Il va donc se diriger vers une voie en adéquation avec ses dons innés, ses spécificités qui font sa force et les routes déjà existantes qui jalonnent cette société dont il est issu. Par la mesure entre ses rêves personnels et les obligations inhérentes au contexte social, il trouve sa juste place où il peut déployer ses ailes sans que son envol dérange les autres abeilles, et dans le même temps, il peut faire grandir la ruche tout entière.

L'antilope qui s'isole du troupeau est indépendante, mais elle y perd aussi la protection de la masse. Le saule pleureur, arbre d'eau, peut choisir le désert comme lieu d'habitat, mais son développement risque d'en être hautement ralenti, voire impossible. L'être, doit donc respecter un minimum certaines bases de vie, au risque de se confronter à de grandes peines...

Mais notre système permet-il à chacun de s'épanouir au mieux ? Donne-t-il l'occasion au plus grand nombre de jouir de la meilleure existence possible ?

Etymologiquement le mot "profession" signifie *"en vue d'acquérir, faire des réserves"*. Ce mot traduit une notion de possessivité sans partage, bloquant la libre circulation de l'énergie et inclinant l'individu vers "l'avoir".
Ces professions, limitant la réalisation de l'être, sont appelées à se transformer, à muter et à laisser la place aux métiers de la vie...

Et si une alternative était possible ?

Le mot métier vient de : *"mettre (en forme, en place), poser (faire), dans la relation, lier"*. Cela sous-entend une mise en relation des êtres, une notion de partage, de complémentarité. Il en découle une reconnaissance des compétences de chacun, le développement d'un savoir-faire.
De par sa passion pour son métier, chaque être aura à cœur de transmettre son savoir, évitant cloisonnements et sclérose. Le métier sert à se révéler, se dépasser, permettre l'expression de

sa créativité et nourrir son être intérieur en trouvant de fait sa juste place. En conséquence, il évolue en acquérant la maîtrise d'une activité, en relation avec d'autres activités et d'autres personnes. La relation entre les différents corps de métiers, lui permettra de développer l'ensemble de ses compétences de façon multidimensionnelle, en tant qu'outils pour sa propre évolution.
Le métier est au service de l'être et non l'inverse, comme la société nous le propose aujourd'hui. Chaque être, de par son activité, étant partenaire des autres, le métier nourrit autant l'individu que la collectivité. Dans cette perspective d'unification, les outils tels que l'astrologie dans sa forme la plus évoluée et les calendriers mayas peuvent aider à mettre en mouvement une force créatrice. Celle-ci, révélant à chacun son potentiel, ce qu'il peut apporter aux autres et comment trouver sa juste place au sein du groupe, chaque signe s'ordonnant selon le mouvement de la Création.

En effet, chacun dispose, de par ses origines, de spécificités et de prédispositions qui demandent à être exacerbées.

Par exemple, l'aîné d'une grande famille, contraint dans son enfance de garder ses frères et sœurs, développe des qualités d'écoute, de pédagogie et une certaine autorité, il est ainsi apte à gérer une équipe, un groupe. De même, une personne à tendance dépressive, qui a dépassé ses problèmes et qui dispose maintenant d'une belle énergie, a la faculté et les outils pour aider les autres à se sortir de leur vague à l'âme...
Nous nous incarnons sur Terre pour une mission bien précise qui, en même temps qu'elle nous mène vers l'expansion de notre être véritable, profite, de ce fait, au plus grand nombre. Chaque être est unique, certains donnent les idées, d'autres les mettent en forme, d'autres encore tirent les leçons de l'expérience. Quand tout le monde est à sa juste place, l'humanité entière grandit.
Le métier et la créativité se vivent alors dans un même mouvement. **La séparation entre son identité réelle et sa vie professionnelle est contraire à la nature, l'humain est la seule espèce vivante à se le permettre.** On imagine mal la fourmi se dire *"vivement les congés !"*, car elle, vit sa nature et donc, sa fonction, pleinement.

L'homme possède de multiples potentiels, il est riche de facultés et de "pouvoir de..." mais le constat est simple, il se complaît encore au stade de l'enfance, jouant aux légos et à la guerre, créant des mondes de réactivité et de cruauté... Dès qu'il grandira, il laissera derrière lui sa vanité et sa suffisance pour se consacrer à son œuvre véritable...
Cela engendrera "l'Etre Humain", dans la connaissance de lui-même, conscient de son potentiel et de sa nature, dans une créativité qui le nourrira en même temps qu'elle nourrira la globalité. Il entrera dans une dimension où il n'y aura plus de différence entre ce qu'il fera pour lui et ce qu'il fera au service de l'humanité.

De l'autonomie et de la créativité de chacun
naîtra la fierté d'appartenance à sa Nation.
Celle-ci composée de cellules actives et pleines de vie,
trouvera naturellement sa place, au sein
du grand Corps de l'Humanité.
La reconnaissance des uns et des autres
ouvrira la voie de la création infinie...

ET SI... IL Y AVAIT UNE LOI

Tout un chacun peut observer ce qui se passe dans la vie. Nous naissons dans un milieu protégé, médicalisé, ensuite, nous entrons dans des cycles scolaires obligatoires dès la petite enfance, jusqu'à l'âge de seize ans et certains vont plus loin…

Les études conduisent au choix et à l'exercice d'une profession... ou au chômage. La vie privée s'ouvre ensuite sur la famille ou la relation. Certains connaissent des événements, des bouleversements, des remises en question et ont des passages difficiles...

Puis les petits-enfants naissent et la retraite arrive, attendue et plus ou moins mouvementée…

Les transformations s'enchaînent depuis la conception jusqu'à la force de l'âge. Ces mutations passent par des stades physiques, psychologiques, relationnels, émotionnels, avec des phases alternatives positives et négatives. Et pour terminer, nos anciens se retrouvent dans les maisons de retraite.

Ce style de vie permet-il à l'individu d'être dans sa dimension dite Humaine ? Est-il respecté dans ses propres rythmes évolutifs, biologiques, physiques, psychiques, spirituels et dans ses aspirations ?

Les Indiens d'Amazonie, les tribus d'Afrique, les nomades du désert, les Mongols, les Aborigènes d'Australie, ont-ils le même style de vie ? Et leurs préoccupations sont-elles les mêmes ?

Ces peuples, en contact étroit avec la nature ont su conserver les valeurs fondamentales de la vie. Ils savent naturellement cohabiter dans le respect de toutes les générations. Ils prennent en charge l'éducation de leurs enfants, prennent soin des personnes en difficulté et les anciens participent à la vie collective. Ils sont encore écoutés et respectés, car ils

transmettent le savoir et sont détenteurs de la sagesse des traditions.
Nous constatons que d'un bout à l'autre de la Terre, nous avons un fonctionnement biologique identique de la naissance à la mort, nos besoins en tant qu'humain sont les mêmes et nos modes de vie différents.

Et si une loi commune sous-jacente régissait cet ensemble et le chemin de chaque individu de façon immuable ?

Nous remarquons, que dans toutes les cultures la notion de périodes de passage, accompagnées de rites et de rituels, par exemple : la reconnaissance de l'âge de sept ans comme l'âge de raison, quatorze ans comme la jeunesse, et vingt et un ans comme l'accès à l'âge des responsabilités, ponctuent la vie.

Bien que nous ayons, en grande partie, perdu les notions de ces rites de passage, tous les êtres humains traversent des phases d'évolution identiques, avec un véhicule différent selon leur nature féminine ou masculine. L'enfant prend conscience de son corps, de ses sens, de son milieu. Ensuite, il prend conscience des autres, puis s'identifie avec le genre masculin ou féminin, met en place son identité, découvre les jeux amoureux et sexuels, et entre dans l'action. L'individu exprime sa sexualité en procréant, et va vers le développement de son être intérieur. Différentes autres étapes l'amèneront à une certaine sagesse.

Et si cette voie de Conscience répondait à une loi universelle ?

LA VERITE SORT DE LA BOUCHE DES ENFANTS...

Quels sont ceux d'entre nous qui ont remarqué la pertinence des mots d'enfants jusqu'à quatre ans ? Ces mots d'enfants nous interpellent, nous dérangent parfois, nous font réfléchir, nous rendent admiratifs. *Accueillons-nous leurs propos avec bienveillance ? De quelle réalité sont-ils porteurs ? Comment résonnent-ils en nous ? Que faisons-nous de cette spontanéité ? Jusqu'à quel moment s'expriment cette fraîcheur et ce naturel ?*

LE VECU DU FEMININ ET DU MASCULIN AU PASSAGE DE LA PUBERTE

Pourquoi certaines jeunes filles ont-elles leurs règles très tôt, vers dix ans, et d'autres pas avant dix-huit ans ? Y a-t-il seulement une question de période, d'environnements familiaux, de population dans ces différences ? Comment se fait-il que beaucoup de jeunes filles vivent cette transformation dans la douleur et le déni, le rejet du féminin ? Pourquoi cet événement naturel est-il encore tabou ? Comment les moqueries de jeunes gens ou des grandes personnes traumatisent et portent atteinte à l'intégrité de la jeune fille ? Et que dire autour des seins et des fesses...

Pourquoi le jeune homme est-il dévalorisé si ses attributs masculins arrivent plus tard que les autres ? Par exemple la pilosité, la voix, la constitution physique. Quelle perception a-t-on de l'acné ? Quelle résonance peuvent avoir ces réflexions sur le physique, comme par exemple "Tu es un homme ou tu es une femme ?".

Comment intégrer les changements physiques et psychologiques, la pulsion sexuelle dans cette fragilité émotionnelle de personnalité non construite ? Comment passer de manière optimale du monde de l'enfance à l'âge adulte ? Comment la reconnaissance par les autres construit la confiance en la vie ?

LE CAP DE LA VINGTAINE D'ANNEES…

Pourquoi tant de jeunes se réfugient-ils dans la drogue et l'alcool, et ont-ils autant d'accidents ? Pourquoi tant de jeunes manquent de but, et de sens à leur vie ? Comment réaliser les idéaux qui les animent ? Comment les grandes personnes influencent leur vision par leur fatalisme ou leur négativité ? Pourquoi les jeunes ont-ils tant de difficultés à se prendre en charge ? Quel rôle joue l'éducation en général dans cette période d'évolution ?

40/50 ANS : LES PROBLEMATIQUES DE COUPLES

Pourquoi lorsqu'on n'a plus de réponse à nos questions intérieures, allons-nous voir ailleurs ?
Quels sont ceux d'entre nous qui conscientisent au travers des expériences vécues, une direction qui sous-tend les événements ? Comment abordons-nous cette seconde période de vie ? Comment partageons-nous au sein du couple cette évolution ? Les crises de couple jouent-elles sur la santé ? Quelle est l'incidence des relations familiales avec les parents, parfois souffrants ou dépendants, et le départ des enfants ? Comment l'hygiène de vie jusqu'à cet âge va-t-elle permettre une suite harmonieuse ?

La réflexion peut s'étendre à d'autres périodes, d'autres âges de la vie. Ceci nous amène à réfléchir également aux questions suivantes :

Y a-t-il une logique dans le déroulement de ces événements ?
Quelle logique ?
Une loi universelle, de nature, existe-t-elle ?
Peut-elle aider à évoluer et à franchir
toutes les étapes en harmonie ?
La vie de l'humain a-t-elle un sens ?
Que devons-nous comprendre ou découvrir ?

IV

LA LOI D'EVOLUTION

L'ESPACE ET LE TEMPS

L'ETAT DES MUTATIONS

LA LOI D'EVOLUTION APPLIQUEE
L'ESPACE DE L'ABSTRACTION
L'ESPACE DE L'OBJECTIVATION
LE TEMPS DE LA REALISATION

LE REEL MANIFESTE

L'humain sait que son corps révèle l'excellence
de son véhicule comme une géniale mécanique...
mais il lui manque le mode d'utilisation,
les "normes" du constructeur...

La Loi d'Evolution se veut un mode d'emploi
précis et cohérent, riche de connaissances.

L'ESPACE ET LE TEMPS

Quelquefois, on entend dire *"les temps changent"*.
Il y aurait ainsi plusieurs temps ou un seul, mais qui évolue...
Mais est-ce vraiment le temps qui a changé ?

Certains nostalgiques déplorent *"avec le temps, tout s'en va"*. Cette expression peut être interprétée de plusieurs façons, comme par exemple *avec le temps qui passe, les émotions, dues aux événements jalonnant la vie, s'oublient peu à peu et les hommes perdent le sens de la vie...*

L'occidental, parle beaucoup du temps annoncé, d'un point de vue météorologique...

Le temps apparaît comme une notion assez floue, ce terme, couramment utilisé, semble prendre des sens très différents selon le contexte.

L'expression qui revient le plus souvent *"Je n'ai pas le temps"* est représentative de l'importance qu'il revêt dans nos sociétés. En effet, beaucoup courent après le temps qui semble insaisissable, à l'image d'un "contre la montre". L'individu se bat avec ce sablier qui s'écoule et paierait très cher le moyen d'en retenir les grains de sable…

A l'autre extrémité, certains, vivant dans un profond ennui, voient, dans un tic-tac, tout le désespoir de leur vie. Chaque seconde leur paraît interminable et les rapproche doucement de la fin de la journée. Le temps se révèle perçu de multiples façons, selon les personnes, les lieux ou les situations. Pourtant, chacun a la même heure de 60 minutes et de 3600 secondes.

Et si la montre ou l'idée qu'on s'en fait, était un leurre, une illusion absurde ?

En réalité, cette conception du temps est une aberration, puisque ce prétendu temps est en réalité Espace… Pendant que la petite aiguille tourne vingt-quatre fois et qu'une journée se passe, la

Terre fait un tour sur elle-même… Quand une personne fête son anniversaire, la Terre a accompli une nouvelle révolution autour du Soleil. Le temps, dans sa dimension terrestre, est donc une distance : la mesure d'une fraction du parcours de la Terre et non le Temps réel.

L'humain vit dans la confusion, par rapport à ce concept, en décalage avec les astres de ce système calendaire. Il préfère avoir douze mois irréguliers, au lieu des treize cycles de vingt-huit lunes. Ce dernier découpage est en harmonie avec le satellite terrestre, celui-ci ayant de l'influence sur les marées et aussi sur les fluides du corps. Pour finir, aujourd'hui, le zénith est décalé d'une ou deux heures…
L'individu vit donc en décalage avec le Temps, car cette perception ne se trouve qu'être de l'Espace… L'illusion, maintenue par les manipulateurs, fait que l'humain ne recherche pas le Temps, s'imaginant l'avoir au poignet…
Or, en découvrant le Temps, il découvrira le réel de la Vie.

Mais, qu'est ce que l'Espace ?

L'Espace, c'est d'abord, tout ce qui est palpable, tout objet ayant trois dimensions : hauteur, longueur et largeur. La matière est donc Espace, que ce soit la pierre, l'eau, les êtres vivants de la cellule aux animaux et les êtres humains. Les objets impalpables à notre échelle, comme l'air, le feu et les gaz en font aussi partie car ils sont mesurables. Tous les mouvements qui se produisent entre ces éléments en interaction, toutes les situations résultant de phénomènes qui interagissent devant nous, qu'il s'agisse de la formation d'un anticyclone dans le ciel ou d'une conversation entre deux personnes, font partie intégrante de l'Espace.

Mais alors, qu'est ce que le Temps ?

La notion d'Espace/Temps implique que ces deux phénomènes s'imbriquent totalement. L'Espace est, en fait, une résultante du Temps. Imaginons des cercles concentriques formés par un caillou tombant dans l'eau. Le Temps serait, dans ce schéma, la force déplaçant l'eau à partir du centre. On remarque que le Temps est partout mais que plus les cercles sont éloignés du centre moins la force est présente...

Dans l'Espace/Temps, le Temps est donc présent dans tous les cercles, mais de plus en plus dilué selon l'éloignement du centre. Notre Espace en trois dimensions correspondrait au cercle le plus expansé. Chaque cercle interagit sur les autres et correspond à une dimension différente. Toutes les actions agissent, de ce fait, sur l'ensemble.

Par exemple, une idée fait partie du Temps, de même quand elle devient parole… mais toutes ses conséquences feront partie de l'Espace.

On peut aussi dire que le Temps est la compression de l'Espace et des dimensions infinies. Plus on est près du centre et plus l'Espace se compresse. Au centre, il est à la fois, présent, passé et futur, ici et partout. Ainsi le Temps est à la fois un point infiniment petit et une dilatation infiniment grande...

Comment l'homme se vit-il dans cet Espace-Temps multidimensionnel ?

Il est nécessaire de considérer l'Espace comme un terrain de jeux, une zone où l'individu vient expérimenter la Conscience. Tous les événements, toutes les problématiques qui s'offrent à lui, remplissent un même but : faire grandir son Moi multidimensionnel et ainsi, la Création tout entière. Le Temps compressé en son corps contient tout son programme, toute la connaissance accumulée au cours de ses innombrables vies.

Le Temps est un guide pour lui, un fil conducteur. De par cette connexion, il est attiré par certaines choses, rebuté par d'autres, il se lie avec telle ou telle personne... Ce lien inhérent à l'homme peut être conscient ou subi. Les épreuves qu'il traverse, loin d'être dues au hasard, s'appliquent en vue de son épanouissement.

C'est pourquoi l'humain se doit de suivre son intuition, sa résonance intérieure. Ce faisant, il lavera son être de toutes les errances qu'il a pu vivre, de toutes les pensées et actions à l'encontre de sa nature.
L'homme récolte un jour ce qu'il a ensemencé, dans ces multiples séjours terrestres. C'est une des grandes Lois divines.

Ainsi, un "handicapé" de la Conscience dira qu'il y a injustice… Or, il n'y a point d'injustice possible... ce qui paraît injuste, comme pour le hasard, est la conséquence d'un point de vue limité à une seule dimension.
Cette récolte peut aussi se vouloir une action proposée pour réaliser des outils qui lui seront utiles dans cette incarnation.

L'homme à l'écoute de sa guidance comprend alors que sa vie a un sens. Il se dépasse et se joue des embûches qui se mettent au travers de son chemin. L'échec ou la réussite de ses actions importe peu dans ces dimensions terrestres. Ce qui compte, c'est de conscientiser cet Espace. Il se doit d'être reconnaissant du lot d'épreuves et de situations apportées par le quotidien, même s'il ignore en quoi cela lui sera utile. L'important est de toujours vivre en fonction de sa nature, de sa voix intérieure.

Pendant toute la première période de la vie, l'être vit dans l'Espace, guidé par le Temps. Vers quarante ans, les forces s'inversent, le Temps devient son chemin...
Sa nouvelle existence commence, le Moi disparaît pour laisser place au Soi, expression de sa dimension temporelle. L'Espace n'est plus qu'un support. Au début, le Temps est ressenti comme illimité, mais comme nous nous étonnons en revoyant une terrasse minuscule qui était gigantesque dans nos souvenirs, il se familiarise avec ce phénomène et le Temps lui apparaît de plus en plus réduit.

L'homme dans sa dimension divine, vit selon le Temps. Il connaît de par sa longue vie, les relations dans la matière et y accorde maintenant la reconnaissance du cadre de l'expérience du Temps. Il s'intéresse plutôt aux hautes forces de l'Esprit qu'il sert avant toute chose. Il prépare sa nouvelle naissance, dans la divinité.

Comment se manifeste pour l'individu, le passage de l'Espace au Temps ?

Choisir d'être un humain, c'est faire l'expérience d'abord de l'Espace. C'est jouer le jeu de la densité. C'est un jeu difficile et ardu. Cette densité de la matière lui fait ressentir chaque mouvement. Dans la densité tout est distance. Elle est par définition palpable, saisissable et cela permet la conscientisation. *Comment se connaître, sans se ressentir si ce n'est par des limites ? Comment comprendre quelque chose, si cette chose est infinie et sans forme tangible, si elle se confond avec tout le reste ?* La Terre permet à l'individu de se comprendre, lui offrant tout un champ d'expériences pour cela. L'Espace épouse la Conscience. Ils représentent deux aspects d'une même réalité. L'Espace est l'aire de jeux où grandit et se met en place la Conscience. Celle-ci donne la connaissance individuelle, qui s'élargit ensuite à l'universelle...

Dans l'Espace de la densité, l'individu est amené à mettre en place cette compréhension. Elle lui apporte un mieux-être, parce que comprendre c'est prendre du recul sur le phénomène observé. L'objet mis en lumière est ainsi vu avec plus de hauteur. La hauteur et le calme vont ensemble, ils se nourrissent l'un, l'autre.

Aussi, cette matière qui nous constitue, nous paraît moins dense, moins limitante. Cette limitation, due à la densité, pousse l'homme à chercher la liberté, à dépasser ce qui le freine. Ce mouvement correspond à celui de la conscientisation. C'est une des grandes lois de la vie.

Une contrainte est comme un manque qui crée un appel, pour sortir d'un état de fait. En cherchant à dépasser la situation dans laquelle l'homme se trouve, il joue le jeu qu'il a choisi de vivre sur cette Terre.

La densité est un royaume où les éléments sont limités, où ils prennent une forme visible et tangible. Ils commencent et s'arrêtent quelque part. Ils sont séparés les uns des autres. Quand l'individu se retrouve dans l'aventure terrestre, dans ce monde de séparation, le chemin de Conscience lui est invisible. Sans souvenir conscient de son état précédent, où il était immatériel, le souvenir inconscient le pousse. Il ressent un manque qui le met en mouvement. L'individu est attiré, sans le savoir, par l'envie de retrouver ce pourquoi il vient sur Terre.

Il va d'abord apprendre à vivre dans ce cadre, où il rencontre beaucoup de difficultés à le dépasser. Evoluer sur la Terre demande un long apprentissage : respirer, manger, digérer, s'accorder à un rythme biologique, se déplacer, parler. Ainsi, le début de la Vie d'un être humain correspond à la première école de la matière qui, à chaque étape, demande d'être répétée, affinée, intégrée... Cela représente un premier phénomène de compréhension.

L'individu va se développer ainsi, par étapes, chacune d'elles comportant son lot de leçons à assimiler, ouvrant sur un certain niveau de compréhension et par conséquent de Conscience. Toute forme de vie, et en particulier l'être humain, a en lui un programme d'évolution. Si l'individu, grandit sur un plan physique, il doit également grandir sur tous les autres plans... L'individu dépassera un blocage originel, existentiel, qui fait partie de ce programme et qui lui permettra de mettre en marche l'évolution des autres niveaux de son être.
Au fur et à mesure que l'homme se comprend, il comprend le monde. Plus il avance et va profondément *en lui*, plus il prend de la distance avec ce qui l'entoure et ce qui lui arrive.

Il voit tout de plus en plus haut, embrassant de sa Conscience un espace de plus en plus large et se rapproche ainsi des autres dimensions qui le constituent.

Si l'individu se croit, au départ, un individu purement physique et s'en tient à ce qu'il voit, il découvre ensuite que cette réalité, évidente pour lui, va, en fait, au-delà de son corps et représente une infime partie de son être.
L'idée qu'il s'en fait est bien loin de sa réelle dimension. Le jeu de son incarnation consiste à conscientiser les autres parts de lui-même, au sein de cet Espace terrestre et bien au-delà.
C'est le chemin de Conscience qui l'y conduit. Ce chemin étant celui qui l'amène aux portes du Temps. Ce long voyage dans l'Espace lui a permis de construire de nombreux outils de compréhension. Il se libère peu à peu des contraintes de l'Espace et entre dans le Temps. Le corps est alors un véhicule qui peut recevoir le Temps. Le Temps vient nourrir l'Espace. L'homme, à ce moment-là, est pleinement au service du Temps sur Terre.

La Planète, comme tout organisme vivant, est un corps en évolution. La Terre a eu plusieurs vies comme l'homme qui l'habite. Chacune de ses vies traduit un niveau d'évolution différent. L'homme est une antenne de la Terre, il lui permet de

capter les messages du Ciel et de les réaliser. Ceci est une nourriture pour la Terre, cela entretient son mouvement, sa Conscience, son état vibratoire.
Chaque être humain a un message qui lui est propre. Le message est la clef de sa mission. Il le comprend grâce à la Conscience mise en place et intégrée, qui lui donne accès au Temps, c'est-à-dire à toutes les autres dimensions qui le constituent. Il est alors dans la Conscience de ses corps physique et éthériques. Il est relié à son être supérieur, à son âme et à toute sa mémoire. Il a en effet accès à tout son passé, constitué de toutes ses vies antérieures, ce qui lui donne un savoir lui permettant de remplir sa mission sur Terre.

Quand l'homme suit cette loi d'évolution, ce programme de vie imprimé en son être, il lui est donné de comprendre l'Espace, c'est-à-dire de s'incarner...
S'incarner c'est s'ancrer, devenir humain en faisant le chemin de la Conscience. Cette grande étape prépare et ouvre, à quarante-deux ans, à une autre dimension de la vie. Cette première phase, dite d'évolution, permet à l'individu, petit à petit, de comprendre qu'il est unique, c'est-à-dire qu'il a un chemin spécifique à faire. Il construit pendant toutes ces années, les outils qui lui permettront d'être l'artisan du chemin unique qu'il a choisi de parcourir. Les expériences vécues lui donnent un tel recul, que la perception liée à l'Espace est dépassée.

L'évolution, à ce moment-là, devient *involution*. Il se produit comme une bascule : l'être ne se transforme plus, il transmute... Le processus de régénérescence est en place et agit. L'individu est dans une cohérence, un alignement intérieur qui crée la rencontre du Ciel et de la Terre. Il a activé l'antenne qu'il est, et ainsi permet l'alliance de la Conscience et du Temps.

Ainsi qu'il a été expliqué plus haut, être dans le Temps c'est être détaché de l'Espace. La Conscience éclaire les éléments qui constituent un tout. La lumière posée par la pensée sur l'objet regardé, nourrit et amplifie cet objet.

Cette expansion de chaque élément qui se relie dans ce tout renouvelé, est un retour sur soi, comme une renaissance. Chaque naissance rapproche l'homme de lui-même et du reste de l'Univers, c'est là que se situe le Temps, dans la reliance au tout, dont il fait partie. Dans l'Espace, il expérimente la séparation, dans le Temps il est dans la fusion. Cette fusion est un état qui le relie au tout, afin de rencontrer l'Amour.

C'est le cadeau donné à celui qui prend le chemin de son humanité, en passant par la conscientisation.

Un exemple de processus conscientiel :

Observons un phénomène habituel, par exemple : manger. Je regarde ce qu'il se passe, c'est-à-dire ce qui le constitue. Je distingue les différents composants du mouvement : j'observe comment je mange, ce qui me fait envie, la quantité, la qualité, la vitesse à laquelle j'absorbe les aliments, quel effet cela me fait…
Je rentre en contact conscient avec le phénomène. Je ne le laisse plus passer comme d'habitude, sans que je m'y arrête. Je suis attentif à ce qui, jusqu'ici, était pour moi normal. Du fait de ce regard attentif et sans jugement, je le découvre, j'enlève un voile, qui m'empêchait de le voir. Au fur et à mesure que je le découvre, je remonte à l'origine de la manifestation de ce phénomène : je constate tout ce qui se manifeste dans l'acte de manger ; mes sensations, mes attitudes. Ce simple retour aux origines peut changer le déroulement des événements. Cette attention sans critique peut transformer le phénomène...
En fait, cela change ma perception des choses. Les circonstances se répètent pour être comprises, autrement dit, pour être prises avec la Conscience, prises dans la lumière d'un regard bienveillant, jusqu'à ce que je comprenne le message qu'elles ont à donner... L'accueil sincère de ce que je perçois de moi-même peut désamorcer une avidité ou un autre comportement compulsif...
Conscientiser, c'est mettre en relation. La densité rend distinct chaque élément, afin que je découvre au cours de mes expériences comment elles sont en fait reliées. Arrive un moment où je me trouve en relation avec tout ce qui m'entoure, au-delà de l'espace terrestre : d'une pulsion inconsciente qui me pousse à manger, je passe à une perception plus large qui m'amène à voir l'alchimie produite dans mon corps à chaque élément ingéré. Je me rends compte de la portée que cet échange représente à un niveau atomique puis... cosmique.

La Conscience traverse les apparences.
D'une vision physique aléatoire, l'individu passe
à une perception, où ce qu'il croit être le hasard,
se révèle être la **synchronicité,**
la manifestation même du Temps.

"Le secret de l'action réside dans sa durée...

La fortune et l'infortune se préparent lentement.
Ce n'est que dans la mesure où une direction est suivie d'une façon durable que les différents effets s'accumulent progressivement au point de se manifester sous forme de fortune ou d'infortune.

Le Ciel et la Terre sont de même :
des résultats de conditions durables.
Du fait que toutes les puissances, claires, lumineuses, montent constamment, le Cosmos se sépare du chaos : en haut le Ciel, en bas la Terre. Il en va de même du cours du Soleil et de la Lune...
Leur état de rayonnement est l'effet du mouvement et de situations d'équilibre constantes.

Tous les mouvements et toutes les actions se tracent ainsi des chemins déterminés qui, par la suite, deviennent des lois.

Par conséquent, les lois naturelles ne sont pas des abstractions fixées une bonne fois pour toute,
ce sont des effets de la durée dont la régularité apparaît d'autant plus clairement qu'ils se poursuivent plus longtemps..."

Le Yi kin

L'ETAT DES MUTATIONS

"Qu'il est long, qu'il est long, ton chemin, Papa..." dit la chanson.

Le chemin est long !... *y a-t-il un horizon ?... Mais qu'est-ce que l'horizon ?* Un espace, un point que l'être se fixe, pour atteindre un objectif ou simplement marcher pas à pas sur sa planète... Vers un horizon inconnu qui peut être sombre ou lumineux, selon l'état intérieur ou émotionnel, selon les circonstances ou la manière de voir la vie de l'individu...

Le chemin qui mène à cet horizon proche ou lointain est droit, sinueux ou pentu, selon l'itinéraire choisi ou selon la nature de l'être qui parcourt la distance, soit joyeusement, soit dans la peine.

Ainsi en va-t-il d'un chemin terrestre, de promenade par exemple. Par analogie, il est aisé de transposer ces notions de chemin à parcourir sur la Terre, avec un éventuel chemin de Conscience ou chemin de vie.

Le mot chemin peut avoir plusieurs sens, apporter plusieurs images, et faire naître à chaque fois une notion différente. Il indique un passage, une direction, un mouvement, avec parfois des connotations de discrétion, d'intimité, d'appropriation ou de souffrance. Il peut être fleuri, sauvage, ensoleillé, poussiéreux, ombragé. Par exemple, les expressions : chemin des écoliers, chemin de croix, chemin de Compostelle, chemin de vie, suscitent à l'intérieur de la personne qui les lit ou les emploie, des images complètement variables, d'un individu à l'autre.

Quelle autre image, quelle notion différente va jaillir quand, à la place du mot chemin, le mot "voie" apparaît ?...

D'un seul coup, une bouffée d'oxygène s'engouffre à l'intérieur de soi. L'Espace s'ouvre, direct, sans obstacle, selon un large tracé rectiligne, dégagé, aux rives parfaitement entretenues, laissant couler la Lumière et la pureté. Rapide, puissante et clarifiée, la VOIE, lorsqu'elle se dessine, est une suite logique, un aboutissement, une ouverture qui est qualifiée de royale, signifiant qu'elle est totalement dégagée…

Puisqu'il y a deux mots, deux notions, existe-t-il plusieurs moyens, plusieurs temps, plusieurs étapes, dans la vie d'un être pour parcourir son chemin ; pour accéder à l'ouverture et grâce à la voie qu'il emprunte, atteindre son horizon personnel, le but suprême : découvrir et renforcer son lien avec le Divin et accomplir sa mission, ce pour quoi il a choisi de s'incarner sur cette Terre, en remplissant sa fonction, au quotidien ?

La plupart des êtres humains marchant sur la Planète errent sans but et subissent leur existence, sans vraiment comprendre le sens de leur vie...

Dépourvus de Conscience de ce qui se passe, ils traversent les épreuves, tombent malades, s'activent dans une dépendance à autrui pour leur travail, leur santé, leurs pensées, leurs actes, sans chercher à approfondir ce qui leur arrive. Ils passent de la naissance à la mort, résignés ou accusant le monde entier de leur triste sort…
Ils sont soumis à des puissances extérieures à eux-mêmes, qu'elles soient religieuses, médicales, politiques, éducatives ou financières. Ils sont tributaires pour trouver un emploi, du bon vouloir de personnes, elles-mêmes, inféodées à un pouvoir central. Les ramifications, telles des toiles d'araignées, emprisonnent et sclérosent ainsi, petit à petit, une grande partie de la population terrestre.
Cet enfermement, lent et parfaitement orchestré, a pour base la mise en place, le développement d'un état de soumission par la projection de peurs successives qui bloquent les individus dès le départ, dans un carcan social, étouffant leur créativité et l'épanouissement de leur personnalité profonde.

Tous emprisonnés dans le même système, apparemment sécurisant, ils ont du mal à réfléchir ou à se démarquer de leurs concitoyens ; ils adoptent des attitudes, des comporte- ments moutonniers et restent leur vie entière dans un assistanat soporifique. Pour s'en convaincre, il suffit d'observer le nombre de personnes qui absorbent, sur prescription médicale, des anabolisants, des somnifères, des neuroleptiques et antidépresseurs en tout genre. L'être humain, muselé dans ce qu'il a de plus précieux, se tourne alors vers la maladie, mode d'expression de plus en plus courant dans les sociétés développées, dans lesquelles "il ne peut se dire" ou "il a du mal à dire".

Cependant, de-ci, de-là, quelques "illuminés naïfs" se refusent à cet enfermement. Ils deviennent réactifs, se révoltent et se lancent parfois dans des combats de rue, pour se démarquer de cette société moribonde. Sans perspectives, ils expriment à leur manière et par la violence parfois, leurs aspirations, leurs souffrances et leurs désirs de changement vers un monde meilleur.

Dans un autre espace, quelques autres "illuminés naïfs" cheminent discrètement. Ils cherchent depuis de nombreuses années à comprendre le sens de ce qui se passe dans leurs vies. Ils constatent que les événements qui jalonnent leurs existences se manifestent à des périodes précises. Ils relient entre eux ces mécanismes, sortes de rouages, dont la régularité immuable, telle une horloge, ponctue le temps, les saisons de leurs existences.

Dans les traditions religieuses ou sociales de tous les pays du monde, les cycles de sept ans sont reconnus de générations en générations, depuis la nuit des temps. Chaque période, ainsi définie, provoque une réaction, une modification de l'état de la personne, qui, de façon inconsciente, franchit les barrières du temps, malgré elle.

Ce regard plongeant sur la vie, entraîne le niveau de réflexion individuel vers le haut, dans un mouvement à la fois elliptique (comme une spirale) et sinusoïdal, de prise de Conscience d'une réalité collective.

Ces étapes de vie touchent-elles tous les individus de la Planète ? En posant un regard rétrospectif sur vous-même, vous est-il arrivé de faire un bilan de votre vie ? Avez-vous la sensation qu'un rythme précis prévaut à toutes ces phases ? Pensez-vous que cela puisse s'appliquer à d'autres personnes à la même époque de leur vie ? Il est fort probable que vous puissiez acquiescer à ces questions...

En effet, chacun a pu constater, en réfléchissant un tant soit peu, qu'il se passe quelque chose d'important dans la vie par tranche de sept ans. Ce sont des moments de mutations impératives et programmées pour chaque être vivant sur la Terre.

Il a été expliqué dans les chapitres précédents, la relation à l'Espace et au Temps, et suggéré qu'il puisse exister une loi universelle qui domine l'ensemble. D'un bout à l'autre de la Planète, du Nord au Sud, les individus franchissent ces paliers grâce à des rituels d'initiation, pratiqués dans tous les Peuples d'Argile, et repris par d'autres sous forme de traditions ou de coutumes.

Il semble que l'être, en évolution permanente, entre en résonance avec un espace vibratoire donné, qui l'oblige à modifier, le plus souvent de manière inconsciente, sa trajectoire. C'est comme si toute sa destinée était déjà prévisible à court, moyen et long terme.

Bien sûr, l'être a toujours la possibilité d'influer sur sa vie et de prendre son destin en mains. Dans ce cas, il aura souvent l'impression qu'il mène sa barque où bon lui semble, alors qu'en réalité il est propulsé par le courant mis en place par son inconscient.

Celui-ci répond aux impulsions promotrices de l'Esprit, qui va, grâce à la loi d'évolution, interpeller la personne par rapport à une difficulté à résoudre, pour pouvoir continuer sur son chemin.

A partir de la naissance, l'être se trouve soumis à des épreuves précises qui le concernent personnellement : au départ quand il est en état de transe, pendant les trois premiers mois de sa vie, tributaire de l'inconscient de sa mère jusqu'à trois ans et demi, puis quand vient la séparation d'avec l'espace maternel vers sept ans.

Comme nous l'avons déjà vu, de *dix ans à dix ans et demi, l'être prend son espace personnel*, grâce à la reconnaissance émanant du père. Toute cette période correspond à *l'ancrage*. Entre treize ans et demi et quatorze ans *l'intellect s'instaure* et *l'apparition de la force sexuelle* se fait en suivant. Jusqu'à *vingt et un ans*, c'est la *période de recherche d'identité*, avec la mise en place complète des fonctions du cerveau et l'achèvement de l'ensemble du corps. L'être peut entrer dans une phase active. C'est la *période de l'affirmation de l'identité*. Les évènements-clefs surviendront ensuite par période de vingt et un ans.

Vers l'âge de vingt-huit ans, il se *détache du père*, vers *trente et un ans* il est de nouveau en période "d'ouverture conscientielle" pendant six mois environ, et il se trouve face à ses propres décisions de vie. C'est la *période d'objectivation d'identité*, avec la conscientisation de l'extérieur et de l'intérieur de sa personnalité. Vers *trente-cinq ans*, la *prise de responsabilité parentale* et la procréation se profilent permettant l'arrivée de l'enfant…

La période entre *trente-cinq et quarante-deux ans*, correspond à *la libération des attachements…*

Vers *quarante-deux ans*, la personne *passe de l'Espace au Temps* et change de trajectoire si elle a grandi vibratoirement, sinon, elle dispose d'un corps de grande personne et agit avec des attitudes et des comportements d'enfant, bloqué en dessous de quatre ans.

Vers *quarante-neuf ans*, l'être commence *l'expérience du lâcher-prise* et il relativise ou s'accroche à ses vieux schémas de pensées ou de vie. C'est le *début de la manifestation de la puissance de l'être* et la mise en place d'une ouverture de conscience.

Vers l'âge de *cinquante-deux ans et demi*, il se présente une cassure intérieure, relative à *l'acceptation de l'autre*. L'être se veut dans la justesse du réel.

Vers *cinquante-six ans*, l'être dans son égo, *s'affirme de plus en plus*. Mais cet *égo devient l'égal de l'âme*, et prépare la semence de sa mission, de ce pour quoi il est sur Terre.

De *cinquante-six à soixante-trois ans*, l'individu va reproduire, dans une autre dimension, ce qu'il a vécu entre vingt et un et vingt-huit ans. Il va *grandir dans un espace social*. Entre *soixante trois et soixante-dix ans* survient souvent une rupture, physique, émotionnelle ou psychique, *un changement de rythme*.

Vers *soixante-treize ans et demi* une forme *de réorganisation* se met en place. L'être se trouve reconnu comme *porteur de sagesse et de justesse.*

Les périodes suivantes permettent à l'être de se vivre au service de l'humanité.

Durant toutes ces années, l'Esprit de l'être va, de l'intérieur, pousser l'individu à l'action, de manière inexorable. L'inconscient dispose les événements de telle sorte que l'individu sera placé obligatoirement face à certaines situations confrontantes, qui lui permettront de grandir ou de stagner s'il refuse ces propositions. Mais de toutes les manières, il sera contraint de dépasser ses blocages un jour ou l'autre, faute de quoi son évolution sera complètement arrêtée.

En fait, "l'Esprit" qui s'exprime par la voix de l'inconscient, ressemble à une bande magnétique qui rappelle à l'ordre jusqu'à ce que l'être entende ses avertissements. Comme une machine, il tourne en boucle, insensible aux scrupules ou sentiments, imperturbable, de telle sorte qu'il est impossible d'échapper à son action. Quand une personne préfère rester dans une inconscience qui lui semble confortable ou jouer la politique de l'autruche, elle finira sa vie dans cet état. Néanmoins, elle sera contrainte de revenir sur Terre pour achever son chemin de vie, quel que soit le nombre d'incarnations nécessaires à cet effet.

Il est aisé de comprendre que la conscientisation est indispensable à toute évolution. Ce passage obligé se présente pour chacun à des moments différents et offre à chaque individu la possibilité de se dégager de sa gangue, à tout moment de son existence, si cela n'a pas été fait dans les temps et les propositions de la Loi d'Évolution...

Disons-le encore... Logiquement, l'être se libère de son "mur" avant l'âge de quatorze ans. Lorsque cette libération tarde, il portera cette charge aussi longtemps que durera le temps de la prise de Conscience et cela peut durer des années, voire être occulté.

La personne qui effectue des prises de Conscience sur elle-même, qui entreprend une transformation intérieure, qui essaie de reconnaître sa véritable nature et ce, de manière progressive et constante, se prépare lentement à une ouverture de Conscience plus grande.

De même, une personne semble avoir stagné de nombreuses années et se trouve brutalement confrontée à d'autres réalités, qui peuvent la perturber. Dans ce cas, une forme d'acceptation s'instaure et la compréhension du lien des événements entre eux se fait petit à petit, au fur et à mesure de la maturité.

A l'inverse, l'être qui, pour une raison quelconque, refuse cette évolution programmée, va rencontrer des circonstances de vie difficiles. Il va entrer en réaction, car il subit sa vie au lieu de conscientiser. Ces réactions prendront des formes différentes selon ce qu'il est réellement, et non ce qu'il veut bien donner comme apparence au moment de l'événement. Il sera cependant conduit pas à pas sur le bon chemin, sur lequel il sera obligé de poser ses choix.

Dans cet Espace/Temps que traverse tout individu qui se trouve sur le chemin de la conscience, il y a donc des moments de mutation.

Qu'est-ce qu'une mutation ?
A quel moment ce mot est-il employé ?

Il induit naturellement le changement, la perturbation, le mouvement, l'évolution, la mobilité, la mise en ordre et bien d'autres choses. C'est également un changement radical qui peut se manifester sur tous les plans : professionnel, affectif, émotionnel, énergétique, psychique et spirituel. Lorsque cette mutation est bien préparée, les changements s'opèrent en douceur.

Une fleur qui passe du niveau du bourgeon à l'éclosion, se transforme délicatement et à son rythme, pour atteindre la beauté parfaite, en délicatesse, sans souffrance. La transformation s'effectue dans le respect de la loi de nature, dans son milieu.
La transposition de cet exemple à l'être humain, montre qu'en

répondant aux lois parfaites inscrites dans l'Univers, il peut en être de même pour lui...

Inversement, une tempête violente transporte la force de déraciner en quelques secondes un arbre séculaire aux ramures imposantes...

Par analogie on peut comprendre que la résistance est vaine lorsqu'il s'agit de l'évolution...

Si l'homme refuse d'évoluer en acceptant les mutations, en se laissant couler dans le courant, il peut être confronté brutalement à des forces décuplées, qui risquent de perturber grandement son chemin (maladie, accident, etc.).

Les états vibratoires qui accompagnent toutes ces transformations vont permettre à l'être de supporter ce qui lui arrive. Cependant, la plupart des humains passent, inconscients et insensibles, à côté de leur être véritable. La vibration reconnue comme telle, apporte à tout individu, une modification de son état de conscience. Plus l'être est élevé spirituellement, plus cette vibration s'affine et s'éclaire, jusqu'à devenir perceptible physiquement. La vibration est la transmission, d'un point à un autre, d'une information d'ordre invisible, cependant vitale pour l'être, qui peut être assimilée au magnétisme humain, avec un pôle attractif et un pôle répulsif.

Lorsqu'une personne par ses pensées, ses paroles, ses actes, dérange l'ordre vibratoire général, il émane d'elle une vibration perçue négativement et qui éloigne les autres personnes, à moins que ces autres personnes soient dans le même état vibratoire, auquel cas, elles se confondent dans une vibration identique de plus en plus forte, car les affinités vibratoires s'attirent comme des aimants et se renforcent.

Toute personne a la possibilité de changer et de transformer son état vibratoire à chaque moment de son existence, et aussi de muter, de mettre le pied sur l'échelle ascensionnelle de la vie.

Dans cette perspective, la mutation devient une obligation de vie et rejoint la Loi d'évolution. Celle-ci agit sur les états psychologiques qui agissent eux-mêmes sur les états vibratoires, dans une interaction permanente. Une des premières mutations, celle déjà citée du bébé en transe au sein de sa mère... qui lui assure une sécurité pour sa vie entière...

Certains enfants qui viennent actuellement sur Terre possèdent des niveaux de Conscience supérieurs. Ils fonctionnent déjà dans la conscientisation immédiate des réalités, et leur état vibratoire est supérieur à celui des parents. Cependant, malgré cet état vibratoire avancé, il se peut qu'ils soient bloqués par leur inconscient. La possibilité leur est aussi offerte avant quatorze ans de se libérer de ces blocages et de les dépasser...

Dans ce cas, leur avancée dans la vie et le monde de la Conscience sera aisé et spectaculaire, à condition toutefois que leur milieu familial les accepte dans la multiplicité de leurs différences et dans toute leur créativité, malgré des apparences parfois trompeuses d'échec scolaire ou social. Ils sont le levain des générations futures d'êtres éveillés, et méritent d'être pris en compte et écoutés, car leurs conseils s'avèrent souvent justes et pertinents.

Les périodes particulières pendant lesquelles les individus sont en état de transe vibratoire ou ouverture conscientielle, permettent au cerveau de sortir de son fonctionnement habituel...
En général, ce sont des moments importants de prise de Conscience, de changements de cap, de ruptures, de bilan où l'individu peut tirer des conclusions et des leçons... La plupart du temps, il franchit ces étapes sans avoir réellement conscience de ce qui se passe.

La compréhension des phénomènes de transe et de différence Espace/Temps, amène à faire le constat que la mutation pour tout individu est une obligation de conscientisation. Sans pouvoir déroger à cette règle, l'être accepte ou préfère passer outre cette "contrainte"...
La prise de Conscience générale qui doit intervenir dans la période actuelle apporte une mutation conséquente dans la manière de penser et d'agir de tout un chacun. Soit l'être accepte de s'harmoniser au tout, soit il continue son chemin en dormant.

Le choix lui est toujours laissé d'agir ou de stagner...

"La grande mutation de la Planète" actuellement en cours, va permettre à ceux qui le désirent et à ceux qui sont suffisamment ouverts à leur être divin pour recevoir une connaissance nouvelle, de franchir rapidement un nouveau seuil de Conscience. Cette étape primordiale pour l'évolution, s'intègre dans le grand mouvement cosmique des ouvertures de Conscience, voulues par l'Esprit.

Le mouvement giratoire ascendant, la spirale d'ascension augmente chaque jour le niveau vibratoire ambiant, et entraîne dans sa course tous les êtres de bonne volonté vers un autre Espace de Conscience Supérieure. Certains humains vont être capables d'intégrer cette mutation générale, qui va s'inscrire pour le bien de l'humanité dans un espace cosmique plus ouvert.

Les mutations de tous ordres qui vont s'en suivre, transformeront tous les êtres vivants de la Planète, si ceux-ci s'harmonisent avec le grand changement de paradigme voulu par les sphères supérieures.

Cette période va accentuer la nécessité de choix, posés en Conscience, pour des pensées, des actions, des comportements adaptés ou non à ces nouvelles données. Les mutations individuelles seront accélérées d'autant que la vibration terrestre générale sera augmentée et que, la chaleur qui en résulte sur le plan vibratoire, va entraîner un mouvement de plus en plus rapide de tous les éléments cosmiques.

Les êtres présents sur cette planète n'ont plus qu'un espace de choix, limité à leur espace temporel. La vibration du Temps actuellement connue sur Terre est également en pleine mutation de la Conscience de ce dernier. Les individus devront prendre Conscience très vite de ces mutations spatio-temporelles, et profiter des événements qui leur seront proposés, voire imposés, pour saisir le moment de se transformer.

La période de choix de l'espace de mutation sera courte. Il est grand temps que l'humanité réponde à la nécessité impérieuse de prise de Conscience et de transformation. La mutation est obligatoire pour qui veut subsister sur cette Terre. Les espaces vibratoires serviront de tremplin à ces évolutions rapides.

Pour aider les humains dans leur transformation, l'état vibratoire de la planète se modifie. Cependant, salie depuis des millénaires par des comportements erronés, des fausses croyances, des pensées négatives, la planète Terre demande à être nettoyée. Les pollutions de tous ordres, empoisonnant les espaces de vie, devront cesser. Le corps de la planète se révolte et réclame sa part de vie. Tout cela va contribuer, de manière radicale, à la mutation générale.

Les êtres qui désirent conscientiser, savent que leur chemin de vie est déjà tracé. Les autres vont subir leur évolution, dans le but de leur réveil intérieur, de façon de plus en plus brutale et chaotique.

La transformation des uns et des autres s'inscrit toujours dans la Grande Mutation de l'Humanité.

Bien des conceptions, bien des modes de vie, doivent changer, afin que les êtres humains soient conscients de leur niveau d'évolution. Les loisirs à outrance, le matérialisme effréné, vont disparaître, laissant place à une activité joyeuse, car libérés de leurs blocages, de leurs peurs, des pressions sociales, les êtres seront libres d'agir en Conscience pour le bien de tous.
Avant son incarnation, tout être s'engage à revenir sur la Terre dans un but précis, qui va s'inscrire au travers de sa fonction. Elle va lui permettre d'accomplir ce pour quoi il s'incarne et de réaliser la mission originelle qu'il a choisie. Pour parvenir à sa réalisation complète, il lui faut franchir toutes les étapes de son chemin de vie. Selon sa nature, la liaison Lumière/Ciel se fera plus ou moins facilement, car les conséquences karmiques s'imposent à lui.

Sa réalisation sera fonction de la manière avec laquelle il abordera sa vie. S'il entretient sa dynamique de vie, l'utilisation de cet espace vibratoire positif va s'amplifier, lui permettre d'atteindre sa véritable dimension d'être humain, et la transition lui sera grandement facilitée. De même, pour les êtres qui fonctionnent avec leur cœur, la conscientisation apportera aussi de grandes récompenses, car cette reliance Lumière/Ciel les conduira vers d'autres réalités.

La réponse à tous ces paramètres se trouve ensuite dans l'Univers. L'individu doit seulement se préoccuper du "comment faire" pour parvenir à cette réalisation de lui-même, à cette conscientisation tellement indispensable de sa mission terrestre et du sens de cette dernière. En prenant Conscience des trésors enfouis en lui, et depuis si longtemps étouffés, contenus dans la Loi d'Evolution, il sera naturellement amené à comprendre le sens des événements successifs qui ont jalonné sa vie et le lien évident qui existe entre tous.

Cette prise de Conscience a pour effet de réveiller en lui des mémoires ancestrales et de lui permettre de se souvenir de la promesse initiale, afin d'accomplir ce qui lui tient le plus à cœur. L'être humain dans sa globalité, c'est-à-dire physique, psychique, émotionnelle et spirituelle, mais aussi dans toutes les dimensions énergétiques qui le composent, est amené sur le chemin de la transformation. Son inconscient, autre composante de l'Esprit, va jouer de ses forces particulières pour présenter les situations potentiellement évolutives à l'être, qui devra choisir en permanence la meilleure manière de les dépasser. Il se peut, parfois, que cela prenne la forme d'une maladie, qui poussera la personne à trouver elle-même le chemin de sa guérison et ainsi dépasser ses blocages psychologiques pour une évolution plus rapide.

C'est également l'inconscient qui va articuler les circonstances pour que les étapes évolutives puissent être vécues dans leur intégralité, bien que, la plupart du temps, celles-ci passent inaperçues à la personne elle-même.

C'est seulement de manière rétrospective que la quintessence va s'exprimer à partir des expériences vécues, et transformer alors le niveau de Conscience de l'individu concerné. L'être a toujours le choix, la possibilité de traverser toute sa vie sans évoluer sur ce chemin.

Un jour où l'autre, il se trouvera malgré tout face à lui-même, et à la dimension de sa vie. Peut-être déçu, écœuré de lui-même, car, ayant somnolé spirituellement tout au long de son existence, il aura de la peine à trouver les réponses au moment où il en aurait le plus besoin. Il se trouvera dépourvu, lors du moment final, car il aura laissé passer l'instant où il aurait pu se déterminer. Il laissera alors passer la dernière occasion qui lui est offerte comme possibilité d'évolution et signera immédiatement son retour dans une nouvelle existence, afin de reprendre à la base ce qui aura été évité pendant toute une vie. C'est sa seule responsabilité qui est en cause, car personne ne peut entreprendre le premier pas à la place de quelqu'un d'autre…

Inversement, pour un être qui effectue les prises de Conscience dès son plus jeune âge, qui modifie ses actes en conséquence et qui franchit les obstacles consciemment, les choses lui apparaissent bien différentes. En effet, sa Conscience le porte à évoluer et son inconscient est le moyen qu'il utilise pour générer tous les progrès. Cette personne ressent alors beaucoup de joie, la conscientisation de son évolution lui faisant apprécier tous les stades de mutation, et jouir de la vie de la meilleure manière. Elle trouve un sens à sa vie et fait en sorte de mettre en œuvre tous les moyens pour que sa nature, sa fonction et sa mission s'alignent, se mettent en concordance.

En effet, pouvoir donner un sens à sa vie, un sens à sa présence sur cette Terre, représente un programme enthousiasmant pour bien des êtres.

Mais combien peuvent prétendre y parvenir ? Et comment ?

La Conscience, présente en chacun bien avant la naissance, connaît la voie à suivre, le chemin à parcourir. C'est elle qui va servir de moteur, de dynamisant, à l'être humain, pour lui permettre de trouver le bonheur et de se réaliser.

La Conscience, petite voix intérieure, titille en permanence l'individu, et si celui-ci accepte de l'écouter, elle le conduira sur le chemin de l'évolution, illimité par nature. Elle le pousse à de nombreuses expériences, aidée en cela par l'inconscient et l'intellect qui mettent les formes à son action.

Or, ce bagage qui lui permet d'évoluer jusqu'à parfaite maturité, cette voie royale offerte à tout être de bon vouloir, est de nos jours, complètement occultée. Ce qui ouvre sur la véritable vie, c'est la connaissance de l'existence de la Loi d'Evolution et de son fonctionnement immuable au travers des siècles, des générations et des continents.

Dès que l'être humain se penche sérieusement sur la question et se met au travail afin de comprendre en quoi consiste cette loi, cette voie s'ouvre sur un large tracé, direct, puissant, et rapide. La vie de l'être qui l'emprunte se trouve modifiée parce qu'il se trouve sur un itinéraire sans obstacle, dont l'issue est l'ouverture totale de Conscience. Celle-ci alors épurée grâce à la compréhension de ses effets retrouve le sens du sacré.

La voie royale s'est ouverte,
et l'être peut s'engager en confiance
pour retrouver son authenticité, sa créativité
et sa liberté, dans un bouquet d'Amour.

Alors ayant retrouvé l'élixir de Vie,
il peut s'engager de toute son âme régénérée
dans l'Espace qui mène à sa divinité,
car il a retrouvé toutes ses lettres de noblesse,
perdues depuis des milliers d'années.

EXPLORER L'ESPACE
DE 0 A 42 ANS

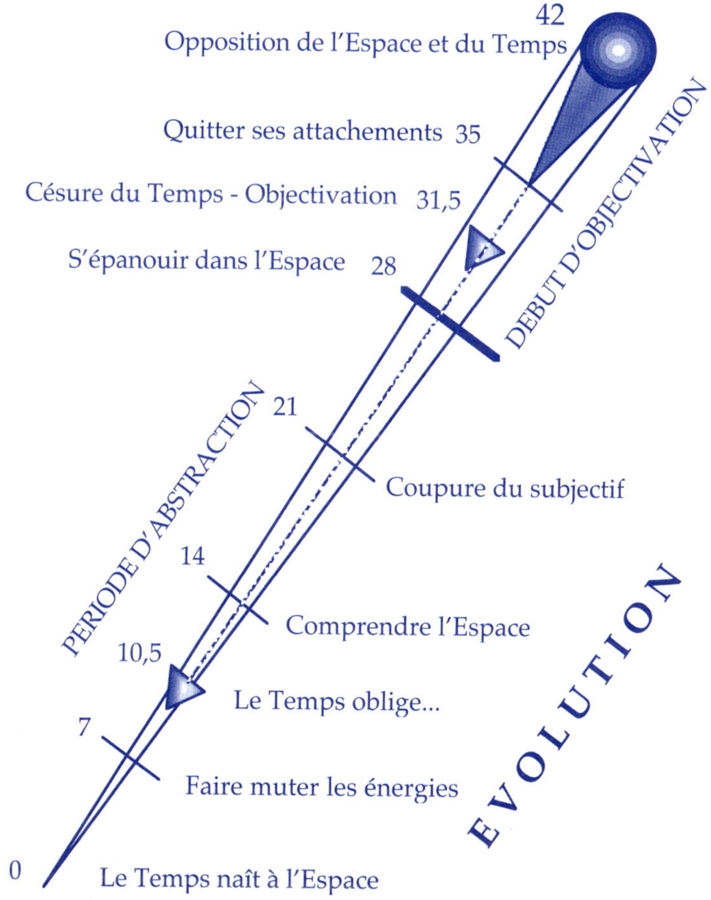

LA LOI D'EVOLUTION APPLIQUEE
L'ESPACE DE L'ABSTRACTION

L'Espace de l'abstraction s'étend de la conception jusqu'à l'âge vibratoire de vingt-huit ans, scindé en quatre phases de sept années.

1 - CELUI QUI SE FAIT
L'enfant de 0 à 7 ANS

Est-il possible de parler de "rôle" de la mère ou du père ?

Un acteur, par exemple, s'identifie à un ou des personnages d'une histoire qui est loin d'être la sienne. Il va lire, apprendre, jouer son rôle et emprunter des lignes directrices qu'il va devoir suivre impérativement. Il joue un jeu qui ne lui correspond pas en tant qu'individu. Est-ce cela que nous comprenons dans cette expression *de rôle de parent* ?

Envisageons cette expression d'une autre manière.
D'abord, le mot "rôle", réécrit dans sa véritable orthographe, et de ce fait, dans sa véritable compréhension serait "*rosle*", dont la signification est *"programme posé avant d'entrer en scène"*.
Qui donc entre en scène ?
Chacun des deux futurs parents
ou l'être qui désire venir ?

Lorsque l'individu conscientise ces distorsions du langage, qui induisent des notions différentes, il est préférable de parler d'état... **l'état de mère** et **l'état de père.**
Quand le paysan désire ensemencer sa terre, il la prépare en la nettoyant, en l'aérant, en la fertilisant... *Est-ce que le terrain parental est préparé de la même manière dans la société occidentale ?*
La graine se sème sans conscience des besoins nécessaires de la nature...

La conception se prépare durant trois années dans le terrain parental considéré. Pendant cette période, les futurs parents ont le temps de réfléchir, de mûrir, de mieux se connaître. Les parents, conscients de l'importance d'offrir à l'âme le meilleur accueil possible, auront à cœur de travailler sur eux-mêmes, afin de purifier le physique et le psychisme. Un nettoyage est nécessaire… Ils veillent à réguler les consommations excessives ou inappropriées, sachant que les cellules de leur enfant seront constituées à partir des leurs. Il est souhaitable, en effet, d'éliminer les toxines accumulées dans l'organisme : médicaments, pilules, vaccins, cigarettes, excitants comme le café, l'alcool, teintures de cheveux chimiques, mais aussi les pensées négatives, la rancœur, la jalousie, etc. La mère et le père devront nécessairement traiter tous les rapports de leur propre naissance, c'est-à-dire déprogrammer les traumatismes liés à la naissance et couper psychiquement le cordon d'avec leur mère afin de ne pas perpétuer les chaînes familiales.

Sans travail sur la cosmologie familiale, les parents reproduiront souvent, malgré eux, ce qu'ils ont vécu dans leur enfance.

Lorsque l'individu est conscient de l'importance de ses actes et de sa responsabilité intégrale pour toute chose, il devient aisé de penser à intégrer la notion de maternité et celle de paternité, dans l'équilibre des Lois divines :

> Préparer l'accueil de l'âme en future incarnation, 3 ans auparavant...
> Conscientiser avant la conception...
> Mettre en place l'éducation correspondante...
> Permettre au couple de grandir...

Les parents conscients ont un désir d'enfant non pour eux-mêmes, mais pour l'être à venir et pour la planète.

Dans les années futures, cette notion prendra une forme différente de ce qu'elle est actuellement.

Certes, il s'agira de pouvoir procréer en contrôlant les naissances et les périodes de fécondation, mais à l'inverse de nos pratiques actuelles. Toute la contraception sera basée sur la connaissance approfondie des horloges internes, afin que la femme se rende maîtresse de ses périodes d'ovulation, y compris en plaçant des barrières psychiques qui permettront de maîtriser ses lunes.

La venue sur Terre de l'être humain se pose en trois étapes : la procréation ou conception, l'incarnation et la naissance.

L'âme choisit-elle ses champs d'expériences ?
Est-elle venue sur Terre pour acquérir les outils
de ses expériences et se confronter à sa réalité ?

Dans l'hypothèse d'une conception en Conscience, les parents entrent en connexion avec l'âme. La triade ainsi formée, permet l'incarnation de l'être de manière sacrée.

La mise en place des premières étapes de la vie s'inscrit pendant la période de grossesse et nécessite un environnement parental particulièrement conscient.

L'âme va s'incarner en fonction d'un temps et d'un espace donné. Elle se fait une promesse à elle-même et aux forces qui l'accompagnent. Elle choisit sa mission, il n'y a qu'elle qui la porte...

Elle est UN ETRE UNIQUE.

Cette possibilité d'entrer en contact avec une âme qui désire s'incarner, nécessite des conditions d'ouverture particulières, de la part des parents. Comme il est dit plus haut : le jardinier prépare sa terre avant l'ensemencement et... les parents préparent la venue de leur enfant…

Tout d'abord les futurs parents
ont-ils conscience de leurs horloges internes ?

Il y a des *saisons humaines* propices à la conception. Les parents recherchent la période idéale de fécondation, non pas en fonction des commodités du moment, mais en fonction des horloges internes de chacun d'eux. Deux saisons idéales, inscrites cellulairement, sont à prendre en compte lors du choix du moment de la conception...

Les horloges internes conduisent à la connaissance du corps et des périodes les plus appropriées pour féconder la future mère, porter le bébé, et bien sûr, le faire naître. Par analogie, comparons avec la vie d'un arbre...

Le processus de montée de l'énergie passe dans l'arbre pendant l'hiver. C'est une période de sommeil apparent où la sève passe de l'invisible au visible avant d'arriver au printemps. Puis, c'est l'été, la plénitude de ce qui est, de ce qui a *été*, et où commence la décharge énergétique, suivie de l'automne, période de récolte, de retour sur soi, de stagnation. Le mouvement de la réincarnation est en marche. Au même titre que pour les saisons de la Terre, les saisons de l'humain répondent à des règles précises. Le temps de charge commence à l'hiver de la mère. Variables en fonction de la date d'anniversaire de la mère, ces périodes de charge seront optimales pour la venue de l'enfant. La conception sera évitée dans les vingt jours qui précèdent et vingt jours qui suivent la date anniversaire de la mère.

Quand la conception est en hiver, au temps de charge,
la montée de la sève aura lieu au printemps
et la naissance en automne, dans une période de décharge.
Période idéale de conception...

Les statistiques démontrent que lorsque l'enfant est conçu dans l'hiver de la mère, le résultat est impressionnant : 0 % de malades à la naissance alors que, conçu dans l'été de la mère, il y a 20 % de bébés malades à la naissance et 8 % d'handicapés... 80 % des fausses couches ont pour cause, soit une conception dans les quinze premiers jours de l'été de la mère, soit à son automne...

Quand la conception s'inscrit dans la période de l'hiver de la mère, *la programmation répond alors à une double charge d'énergie*. Son corps sait qu'il y a un autre être. Quand il y a conception en début d'automne de la mère, le risque de fausse couche ou de naissance prématurée est important.

Si le père est de la même saison que la mère, ils chercheront à concevoir l'enfant dans l'hiver de la mère.

Ces connaissances oubliées, ignorées, ont conduit à la situation que nous connaissons et à la transformation de processus de vie par une société en décadence. Il est à noter que 80% des personnes meurent "naturellement" pendant la période d'anniversaire. D'ailleurs, les Japonais sont attentifs à leur état de santé au cours des vingt jours précédant et suivant leur anniversaire car ils symbolisent la vitalité qu'ils auront pendant l'année en cours. Il y a donc une sensibilité particulière pendant cette période...

Qu'en sera-t-il à l'avenir ? Il est temps de conscientiser la vie et toutes les richesses qu'elle met à notre portée.
Ce processus démontre que lorsque ces données sont respectées, il y a une réduction considérable des maladies, des complications pour la mère et des handicaps pour l'enfant.

L'incarnation peut se réaliser suivant deux possibilités : soit les parents, de manière inconsciente, permettent à l'âme de venir, soit, en Conscience, avec une volonté délibérée, ils décident de donner la vie. La rencontre de ces deux êtres provoque le mouvement de l'âme, qui met en route le contact avec celui qui sera leur enfant, grâce à une volonté de nature, une obligation karmique ou autre.

Quelles règles prévalent lors de l'incarnation ?

Lorsque la conception est réalisée dans la Conscience de la responsabilité partagée, celle des parents et celle de l'âme en état d'incarnation, toute la préparation physique, psychique, émotionnelle et spirituelle de la venue sur Terre d'un Etre, devient fondamentale.

La mère conscientise que son enfant est sacré et se doit de le protéger des influences négatives du monde extérieur. De prime abord, certaines énergies paraissent anodines pourtant elles représentent une réelle agression. Il est préférable que la mère évite l'ambiance des supermarchés avec les attentes aux caisses, les néons et le brassage des différentes énergies électromagnétiques et humaines, ainsi que le milieu hospitalier et autres ambiances bruyantes et agressives...

A partir du troisième mois de grossesse, un contact sophrologique peut être établi entre la mère et l'âme qui s'incarne. Pendant cette période, il est indispensable que la mère se protège avec vigueur et efficacité de toutes les influences négatives qui pourraient l'approcher. Elle veillera spécialement à ses fréquentations et à celles du couple, aussi bien à l'intérieur qu'à l'extérieur de son foyer.

Dans certaines tribus africaines ou indiennes, les femmes enceintes, au moment de l'incarnation, sont isolées dans des cases spéciales qui leur sont réservées. Intuitivement et par tradition, ces peuples connaissent donc l'importance de ce retrait pour la mère, le fœtus et la tribu...

L'incarnation, comme dit plus haut, peut aussi répondre à un phénomène karmique, que ce soit pour les parents ou pour l'enfant. Rien n'est dû ou laissé au hasard. Tout répond jusqu'au moindre détail aux lois immuables de la Vie, de la nature et de l'Univers, donc aux Lois divines.

L'âme se trouve contrainte de prendre position face à l'obligation de vie : ***vivre ou non sa propre histoire ?***

Pendant cette période, la présence du père est capitale car il sécurise la mère, qui, à son tour, sécurise le fœtus. Dans le cas contraire, l'absence du père, qu'elle soit réelle ou virtuelle, déstabilise la mère qui se trouve plus vulnérable et génère en conséquence des peurs et des angoisses qui se transmettent au fœtus. Celui-ci stockera alors ces informations qui ressortiront immanquablement dans le cours de sa vie, allant jusqu'à provoquer certaines pathologies.

Le père dialogue au travers de la mère et communique aussi grâce à diverses méthodes comme l'haptonomie. Il transmet par ses mains des énergies au fœtus jusqu'à sa naissance. Le cadeau de cette relation consciente pour le père est qu'il est fécondé dans son être tout entier par la présence du fœtus, qui l'incite à développer sa créativité, à exprimer sa véritable nature, en liaison avec son chemin de vie. Dans ces conditions optimales de grossesse, le fœtus ressent qu'il est attendu à l'extérieur, par la mère et par le père, et cela lui procure la force nécessaire pour naître.

La future mère émet naturellement une hormone d'inhibition, qui supprime le désir sexuel aussi bien pour elle que pour son compagnon. L'homme et la femme sont portés à respecter cet état et cesser les relations sexuelles pendant la grossesse, c'est-à-dire, neuf mois sous la peau et neuf mois sur la peau. Lors de régressions, il est souvent évoqué que quand il y a pénétration, le fœtus "se sent sali"…

Pendant neuf mois sous la peau de la mère, le fœtus vit dans un milieu protégé, cependant, il perçoit l'extérieur. *Comment ressent-il ce monde externe ? Il entend que cela s'agite, mais s'occupe-t-on réellement de lui ?*

A ce moment, le dialogue avec la mère est primordial, car il se sent alors reconnu dans sa nature et dynamisé dans sa pulsion de vie, ce qui a pour effet de lui donner une énergie d'avenir.

La mère prépare son corps en permanence, mais aussi son accouchement, la naissance de son bébé et l'allaitement.

La position idéale de la femme, pour mettre son enfant au monde, est accroupie, le père se tenant assis, dans le dos de la mère, afin de la sécuriser par le toucher au niveau de la colonne vertébrale. Dans le même temps, il aide la mère par ses mains au moment des contractions. C'est à lui de recevoir le fœtus et de le poser sur le ventre de la mère...

La naissance dans cette dimension est une "nativité". Le bébé instinctivement va de lui-même ramper cherchant le sein de la mère, et se met à téter...

De la conception jusqu'à la naissance, le fœtus se trouve dans la dimension du Temps. Cet état se prolonge jusqu'au troisième mois de sa vie de bébé. Il sera encore considéré comme fœtus durant les huit premiers jours...

Imaginons un fœtus naissant dans un milieu médicalisé à outrance, aseptisé. La perception de ce nouvel environ- nement stérile induit dans sa vie une prédisposition à la maladie et au mal-être. Quand la mère reçoit une péridurale, ne ressentant rien, elle ne vit pas son accouchement et le fœtus s'imprègne déjà d'une programmation d'assistanat médical. La nature demande de préserver

le caractère sacré de la naissance.

Les premiers instants de vie du fœtus sont essentiels, et auront une incidence capitale sur toute sa vie.

A l'inverse, l'accouchement, considéré comme un acte naturel, se déroule au domicile ou dans tout autre lieu où la famille a séjourné au moins une quinzaine de jours au préalable et en présence des énergies familiales habituelles, y compris des frères et sœurs. Bien des générations qui nous précèdent ont d'ailleurs connu la naissance dans la maison des parents ou autre, dans un milieu non médicalisé.

La naissance est un acte sacré de vie, en aucun cas il ne doit être considéré comme "un acte médical". En reconnaissant leur incapacité à faire naître, les parents délèguent leur pouvoir au monde médical qui profite de cet état de fait pour prendre possession du nouveau-né en le conditionnant.

Que les parents se responsabilisent et conscientisent leur ignorance pour aller chercher les informations afin d'offrir un terrain digne à leur enfant !

Le fœtus reçoit un choc à la naissance par l'ouverture des poumons. Il passe d'un milieu aquatique à un monde aérien, ce qui équivaut pour lui à une hydrocution. Imaginons une grande personne qui passerait sans transition préalable du milieu aérien au milieu aquatique et sans tenir compte de son adaptation possible dans ce milieu ! Il faudra neuf mois au fœtus pour réparer ce traumatisme...

Grâce à sa reliance avec d'autres mondes, le choc est atténué. Lorsque le fœtus est préparé à l'acte de naître, naturellement, à sa naissance, il regarde et voit le monde qui l'accueille. Il n'a aucune nécessité de crier car sa respiration démarre d'elle-même. Dans la société actuelle, l'enfant n'est pas averti qu'il va naître... d'ailleurs il se sent souvent expulsé. Aussi, le fait de taper sur le sacrum permet de raviver une dynamique de vit : il crie ! cela sous-entend qu'il n'a pas été préparé à sa venue... La

systématisation de la césarienne due à une facilité pour l'accoucheur et une peur de la douleur chez certaines mères, a une double conséquence pour le fœtus : d'une part, il ne sait pas qu'il est né, et il se vivra toujours dans la mère, cela s'inscrit dans sa mémoire cellulaire ; d'autre part, son système immunitaire est diminué, alors que naturellement il se met essentiellement en place quand le fœtus passe le col. La césarienne, si elle n'a pu être évitée pour cause médicale, produit les mêmes effets...
Pour un fœtus né avant le huitième mois, il se posera une grande difficulté d'incarnation avec de multiples blocages ultérieurs...

Le cordon ombilical représente la bouche pour le fœtus, puisque dans le monde intra-utérin sa nourriture passait par lui. Il est nécessaire d'attendre qu'il ne pulse plus, devienne blanc, qu'il se dessèche et se détache naturellement.

Quant au placenta, il s'expulse lui aussi naturellement. Il a des propriétés et des vertus thérapeutiques très puissantes bien connues des groupes pharmaceutiques et cosmétologiques qui utilisent ses substances nutritives, à des fins mercantiles et abusives...

De même que les animaux mangent leur placenta, la mère peut en absorber, cela est naturel chez bien des peuples. Elle renforce alors immédiatement son organisme, par isothérapie naturelle. Ce placenta se conserve, se sèche ou la mère le prépare en remède homéopatique pour l'utiliser ultérieurement en cas de maladie d'elle-même ou de son enfant.

A partir de la naissance, le fœtus-bébé reste sur la mère en permanence. Elle se baignera en même temps que lui, seulement à partir du cinquième jour après sa naissance... Cette démarche permet au fœtus de conserver sa protection naturelle et de s'habituer à son nouvel environnement progressivement. Il est nécessaire d'éviter d'autres contacts avec l'extérieur durant les huit jours suivant la naissance, sauf avec les frères et sœurs. Si une personne, membre de la famille, comme la grand-mère, est là pour aider, elle évitera de prononcer à l'extérieur le prénom du bébé avant la fin de ces huit jours.
Lorsque la préparation à l'accouchement est faite en conscience,

la mère développe une lactation abondante, et l'allaitement s'inscrit naturellement dans le processus d'alimentation du fœtus. Le colostrum, substance qui s'écoule avant le lait maternel, permet au fœtus de nettoyer complètement son tube digestif, de s'immuniser, et c'est également un vaccin naturel (reconnu entre autre comme anti-asthme). Le colostrum s'écoule pendant deux ou trois jours après la naissance.
Le nettoyage des voies naturelles du fœtus génère une perte de poids de l'ordre de 10 % du poids de naissance. Cette étape précède l'absorption du lait. La lactation véritable commence souvent au troisième jour et offre les meilleures conditions pour son développement ultérieur et pour sa croissance.

Le lait maternel, ***seul aliment qui convienne au bébé***
contient une enzyme spécifique aidant à la digestion.
Il se modifie en fonction de ses besoins.
Le fait de lui donner une autre nourriture, même de l'eau, peut provoquer un arrêt de la lactation.

Lors de la tétée, le bébé doit vivre cet instant dans son intégralité ; *c'est lui qui décide du moment où il lâche le sein* de sa mère, même s'il s'endort. Cet endormissement est interprété comme une fin de tétée, alors qu'à ce moment privilégié, le bébé vit une transe, il se laisse aller, s'abandonne complètement. Cette transe lui permet de se sécuriser pour la vie, de mettre en fonction le cerveau dans des conditions optimales et de mettre en place son intelligence future, car il est encore dans la notion du Temps.

Afin de clarifier ce propos, nous précisons que le mot *intelligence* intègre plusieurs paramètres : l'intuition, la pensée, la manifestation de l'esprit et la manière d'être.

Il est nécessaire de laisser l'enfant téter jusqu'à ce qu'il lache de lui-même le sein. Dans le cas contraire, il éprouvera toujours le besoin de manger par compensation, et, de ce fait, sera privé de son autonomie.

Pendant les premières semaines de vie externe du fœtus-bébé, celui-ci n'a pas d'énergie interne. Il est énergie, et celle-ci ne se trouve pas encore limitée par l'espace. Son aura se déploie sur les murs et utilise tout l'Espace qui lui est nécessaire. Bien qu'on lui attribue un état végétatif, il voit tout, entend tout, sait tout, car sa Conscience est alors illimitée. Cette dernière se met en place dans l'Etre jusqu'à son premier anniversaire.

Durant neuf mois, la mère, en corps à corps avec son bébé, de peau à peau, *ne le quitte pas d'un instant,* elle dort avec lui, se baigne avec lui... Cela va lui permettre d'acquérir une *sécurité qu'il conservera toute sa vie* et s'il y a manque, il ressentira en permanence une certaine insécurité.

Après ce long contact lui donnant la sécurité, à partir du huitième mois, le bébé va progressivement se couper de la mère, en se détachant de sa peau. Il interrompt de lui-même la tétée...

Dès trois mois, il intègre progressivement la notion de l'Espace... Sa vision est bien différente de celle d'une grande personne qui serait dans l'erreur de penser que le bébé voit comme elle.

Pendant cette période, la mère est dans une permanence de joie et le rôle du père est de maintenir cet état...

L'état de bébé couvre les neuf premiers mois après la naissance, correspondant à la période minimale d'allaitement et au développement de la base. Ensuite, le mot bébé est délaissé pour celui d'enfant dont la signification étymologique est *"celui qui se fait"*.

L'enfance s'étend sur la période qui s'étale de dix mois à sept ans. L'éveil des sens physiques se met en place avant quatre ans. Grâce au bain d'inconscient qui les unit, la mère est la plus apte à l'aider dans le développement de ses cinq sens...
Elle l'initie au goût, en lui proposant différentes saveurs au travers des aliments. Elle suscite son intérêt, développant son palais en variant les couleurs, les odeurs, les consistances. C'est à ce moment qu'elle ancre chez son fils la notion de masculin, car plus que la fille, la mère doit attiser sa curiosité pour qu'il accepte la consistance, d'où la nécessité de développer ce sens très tôt, qui lui permet de s'ancrer.

La fille et le fils ayant des besoins spécifiques, la mère agira différemment avec chacun d'eux.

La dénomination même de l'enfant mérite aussi une reconsidération. Il est aisé d'appeler un enfant de sexe féminin "une fille". Il ne vient à l'idée de personne de la dénommer "*une garce*", car la connotation négative et agressive qui s'en suit est immédiate. *Pourquoi, dès lors, continuer d'appeler un enfant de sexe masculin "**un garçon**", sans que cela choque le moins du monde et ce, dans tous les milieux de la société ? Et pourquoi s'étonner que tant de "garçons" soient conduits à faire des bêtises, puisque, par l'utilisation de ce mot, la notion induite est négative ?*

Lorsque, à la place du mot "garçon" est employé le mot "fils", que ressentez-vous ? Au fond de vous-même, les choses se mettent en place naturellement : respect, considération, valorisation, fierté, aussi bien pour celui qui emploie le mot que pour celui qui le reçoit. L'enfant, reconnu dans son genre rentre alors dans sa véritable dimension d'être.

Modifions donc sans tarder notre vocabulaire, et employons les qualificatifs précis qui correspondent à la vibration de la réalité : une fille et un fils seront alors les bienvenus…

Le mot "maman" exprime vibratoirement : *au secours*. Lorsque l'enfant appelle maman, il montre qu'il se sent insécurisé. La mère consciente instaure un cadre dans lequel l'enfant peut évoluer sans risque... Dans certaines poussettes, *comment l'enfant peut-il se sentir en sécurité s'il ne croise jamais le regard de sa mère ?* Dans l'idéal, la mère garde son enfant serré contre elle dans les lieux publics, environnement trépidant où se brassent des milliers d'informations...

Jusqu'à quatre ans, il vit en résonance avec l'inconscient de sa mère, notamment avec ses peurs. Pour cette période de l'enfance, le fils et la fille restent reliés à la mère, et pour les deux, les yeux et la parole du père seront toute leur vie un modèle.
En ce qui concerne la notion d'Espace, la mère guide l'enfant en le sécurisant et en l'informant des risques qu'il encourt dans certains lieux. Il est préférable de faire jouer l'expérience à l'enfant, de lui faire comprendre qu'il y a un espace pour chaque chose. La mère peut comparer la ville à ce qu'il connaît dans la maison, et lui montrer, par exemple, que les trottoirs, les passages piétons, sont comme sa chambre, tranquilles, et la

chaussée, où circulent les voitures, est comme le four qui brûle...

Le bébé comprend, il est en conscience. Tout petit, il peut parler plusieurs langues et dès trois ans il est capable de faire l'apprentissage de la lecture de manière ludique. Il dispose d'un autre outil performant, le subconscient, la mémoire de vie, car il est dans le monde de l'informel, de la subjectivité...

L'enfant manifeste sa sexualité très tôt ; il découvre son corps et se caresse le sexe naturellement.
La petite fille cherche le contact avec le masculin, par la peau. Elle recherche souvent les genoux de son père et plus généralement à attirer son attention par tous les moyens. Pour affirmer son féminin, elle dispose du mouvement. Cette période correspond à la mise en place, à l'initiation de son état de femme.

Le fils va s'affirmer par ses cris. Pour exprimer sa dimension, sa présence, il dispose de la parole. Il cherche à dominer les autres enfants, à se positionner par des gestes plus vifs, voire brutaux ou violents. Les échanges avec le père lui permettent la connaissance du masculin...
Ce contact avec le père dépend alors des sentiments réels de la mère vis-à-vis de ce dernier, puisque l'enfant ressent l'inconscient de sa mère. Et si celle-ci aime le père, même s'il est absent, le lien reste fort...
Quand la mère est dans la joie, l'enfant porte l'image du père dans la joie et accède à une relation de connivence inconsciente...

Vers trois ans, l'enfant sort du champ vibratoire de sa mère, en affirmant sa position par le "non" conscientisé, ce qui initie le début du détachement.

Jusqu'à trois ans et demi, il est submergé par l'inconscient de la mère et dans l'incapacité d'analyser les choses. Tout est sa mère : la table, le chien, ses jouets et même son père... Quand il était dans le ventre de sa mère, son extérieur était sa mère... Quand il se retrouve à l'extérieur, cet extérieur est encore pendant longtemps identifié à sa mère. L'enfant est capable de tout entendre, car il perçoit plusieurs dimensions à la fois. Néanmoins, il a besoin d'un cadre de référence précis, dans lequel il évoluera en sécurité et en harmonie. Par ailleurs, étant dans une autre dimension, il a accès à d'autres réalités, les mondes des fées, des lutins, et il capte l'énergie des personnes…

Aujourd'hui, la base de notre système de vie est en danger. Contrairement aux idées reçues, l'enfant pense mais pas comme on le croit, par l'intellect… Connectées aux mondes invisibles, les grandes personnes peuvent lui demander conseil car il leur donnera de vraies réponses... L'enfant aide aussi ses parents à conscientiser leurs insuffisances.

Dés sa naissance, les blocages de vie s'inscrivent dans sa programmation cellulaire. La mère lui permet de rencontrer ses limites qu'il tente de dépasser, ce qui lui donne une force en retour. Une limitation sous-entend le dépassement et diffère de l'interdit. C'est un cadre nécessaire à l'enfant dans lequel il évolue en toute sécurité. Il cherche pendant ses quatre premières années, à mettre inconsciemment en place, par tous les moyens, une situation provoquant un blocage. *A quoi sert ce blocage ?* Phénomène physique ou relationnel, le blocage permet à l'enfant de mettre en place le comment, la forme. Il recherche aussi un terrain "juste" en liaison avec ce qu'il a à faire. Son esprit le guide dans ce développement...

A l'image de l'amande à l'intérieur de sa coque, poussant et forçant pour l'ouvrir et manifester la vie, l'enfant crée l'instant traumatisant obligatoire appelé **"mur d'évolution"**.

Qu'est-ce que le mur d'évolution ?

En relation avec sa mission, il est un réactif nécessaire...

Reconnu par le père, l'enfant dépasse ce mur entre sept et quatorze ans. Dans le cas contraire, il lui faudra attendre l'âge de dix-huit ans afin d'entamer un processus de déprogram- mation de ses blocages avec l'aide d'une personne extérieure.

A partir de quatre ans, l'enfant n'a plus le même besoin de sa mère et sort progressivement de l'inconscient maternel. Le rôle du père se renforce à partir de cette période ; il prépare la mère à la séparation. Il y a donc coupure du lien psychique avec la mère. Il va vers l'extérieur pour découvrir sa nature, avec l'Amour et le Temps, représentés par le père.

Dès cinq ans, il acquiert une autonomie par rapport à sa mère, et le père, qui a déjà pris le relais, voit son rôle s'amplifier...

De quatre à sept ans, le père prépare l'enfant à grandir, par des expérimentations lui permettant une assurance d'être.

Vers sept ans, instinctivement, il tente d'appeler les parents par leur prénom. Ceux-ci refusent souvent, car ils veulent rester dans l'état de parents. La mère reste dans la possession de son enfant, cherche à le protéger, d'où la difficulté pour elle de renoncer à son état de mère. Curieusement, c'est à cet âge que le corps ne fabrique plus l'enzyme permettant la digestion du lait…

A l'anniversaire de ses sept ans, *l'enfant va mourir à son état d'enfant,* préparé en cela par le père. Un rituel spécifique de coupure du cordon ombilical psychique d'avec la mère, signe cette mutation. Au cours de ce rituel, le jeune homme et la jeune femme vivent une reconnaissance de la naissance à ce nouvel état, en présence des aînés de la famille et d'amis. Cette fête embrase le soleil de vie qui brillera en permanence sur le chemin de chacun.

La fille devient jeune fille, le fils jeune homme. La mutation est faite, le cordon psychique est coupé, et l'instruction des parrains et marraine va commencer…

L'éducation, dont le mot signifie *"conduire"*, diffère de l'instruction qui veut dire *"tirer à soi" "montrer"*. L'instruction sera alors basée sur une connaissance de comportement et de société beaucoup plus vaste que le savoir parental de vie.

Il est aisé d'imaginer que la phase de scolarisation, à cette période, devient un sujet de controverse...

En effet, puisque l'enfant, jusqu'à quatre ans, reste en lien avec les dimensions supérieures, il est en mesure de tout comprendre, de tout apprendre. Des expériences ont été tentées auprès d'enfants atteints de maladies dégénératives invalidantes. Les parents leur ont fait apprendre toutes les bases linguistiques, de mathématiques, de géographie et de biologie très tôt...

Cela pourrait sembler difficile, voire impensable, mais l'expérience s'est avérée être un succès, et pour ces enfants qui alors ont pu continuer à se développer, et pour les parents qui ont cru en ces enfants et les ont aidés à dépasser leur dégénérescence. Ils ont ainsi développé leurs sens kinesthésiques, psychiques et intellectuels, surmontant l'effet bloquant du handicap.

Les enfants se confrontent à leur propre histoire, à leur propre savoir. Ils s'instruisent les uns les autres, l'enfant âgé d'un an de plus, transmet à son cadet, comme cela se pratique déjà dans certaines tribus d'Afrique, d'Amazonie, ainsi que dans certaines écoles d'Europe et d'Inde. L'école sert à établir le lien social entre les enfants et à développer leur créativité.
La mère sera présente auprès de l'enfant pendant les quatre premières années, tout en veillant à lui faire découvrir le monde extérieur : rencontres avec d'autres enfants, sorties, apprentissage de la vie sociale...

A l'avenir, les enfants seront conduits, éduqués et instruits par des grandes personnes spécialement appelées à cet effet. *Les gardiens de la flamme* porteront en eux la vocation de l'éducation des jeunes. Ils feront passer tous les messages appropriés, en respectant les rythmes de l'enfant, notamment ceux qui sont imposés par les horloges internes.

Viendra un temps où les instructeurs, eux-mêmes conscients de leurs horloges internes, respecteront leurs propres rythmes en synchronisation avec ceux des enfants. Chacun, dans ce monde, ayant ses propres rythmes, il y a forcément des convergences. Des congruences entraîneront, lorsqu'elles seront rapprochées avec les rythmes des enfants, une parfaite cohérence avec les Lois de Vie.

Et alors, apparaîtront de nouvelles générations d'êtres brillants, lumineux, vivant dans l'estime d'eux-mêmes et des autres, en harmonie, sans heurts. Chacun, dès le plus jeune âge, sera dans sa véritable dimension, occupera sa juste place et la vie se déroulera dans le partage...

Les enfants deviendront les maîtres car ils détiennent la sagesse.

Ils sauront appliquer naturellement toutes les lois de la vie...

Saurons-nous les écouter et leur permettre
d'ouvrir les barrières du carcan
de l'éducation scolaire uniforme ?

Des spécialistes sont déjà là, prêts à les recevoir.
Accueillons leur créativité...
Alors disparaîtront les échecs scolaires,
les cancres, les rêveurs incompris...
les rebellions contre un système castrateur...
pour laisser la place à des êtres heureux de vivre
et d'apprendre dans toutes les dimensions,
car ils pourront donner et faire valoir
le meilleur d'eux-mêmes.

9 MOIS SOUS LA PEAU		9 MOIS SUR LA PEAU
EFFETS	**PERIODE**	**EFFETS**
Mitose : ce processus correspond à la **séparation des cellules** blastocyste et met en place la construction du cytoplasme. L'embryon commence sa **nidification** dans l'utérus et déclanche une action sur le milieu naturel pour échanger physiologiquement. Cela induit une reconnaissance cellulaire mutuelle avec la mère et le début de la création de l'embryon.	**<- FECONDATION NAISSANCE ->** **du 1er au 8ème jour**	**Adaptation au milieu aérien :** Lors de la naissance, le fœtus passe du milieu aquatique au milieu aérien, ce qui créé pour lui un choc d'une extrême violence. Le fœtus dispose de 8 jours pour apprendre à respirer.
Le développement des 3 feuillets embryonnaires, enroulés comme une feuille, précède par **l'apparition du mécanisme tissulaire** : - de l'ectoderme - du mésoderme - et de l'endoderme. C'est à partir de là que tout va se mettre en mouvement.	**3ème semaine**	Le bébé met en place une résonance spécifique au **toucher** grâce au derme et à l'épiderme. Ces deux tissus lui permettent de développer sa sensibilité.
Une **esquisse de l'être humain** est déjà là. Les choses s'ancrent petit à petit.	**4ème semaine**	C'est le moment de la **dynamisation de la pulsion de vie** par le cerveau. Traversant la glande pinéale, la force de l'Esprit stimule cette dynamisation.
La polarisation intervient. C'est la mise en œuvre du **choix du sexe**.	**7ème semaine**	**La sexualité se met en mouvement**, il se produit une réaction entre le toucher et la pulsion de vie, et une réaction entre les sens et la pulsion de vie.
L'ensemble des organes est désormais créé. Tout est en ordre, les mutations sont intégralement activées. C'est le système fusiologique (énergie) qui met en place, cette organisation. Il devient fœtus avec une qualité et une précision incroyables. Les organes vont continuer à grandir jusqu'au 3ème mois.	**8ème semaine**	La 8ème semaine correspond à **l'affirmation de la pulsion de vie.** L'Etre décide de rester, ou de repartir, cela s'exprime alors par la mort subite du nourrisson. Cette décision s'applique dans un temps donné à cette période précise. Jusqu'au 3ème mois, lorsque le nourrisson tête, il s'endort : c'est l'état de transe. Cette dernière lui procure la sécurité pour toute sa vie. **Le laisser dormir impérativement sur le sein de sa mère.**

L'embryon devenu fœtus, l'âme connecte plus intensément ce corps. Le contact sophrologique entre la mère et l'enfant ne peut se vivre avant cette période.	**3ème mois**	Le bébé arrive au **stade de la relation au milieu environnant**. Il découvre l'espace, ne conscientise pas le milieu, il le sent. A l'intérieur de lui, il s'identifie toujours à la mère.
Correspond à l'installation des **systèmes sensoriels** vue, ouie, odorat, goût, toucher, etc…, ce jusqu'au 8ème mois.	**4ème mois**	C'est là que commence **le développement de tous les sens physiques**. Cette étape très importante permet à la mère de lui apprendre le discernement par la découverte des différences. Le bébé apprend l'espace, ses jouets, son environnement. Les premières dents apparaissent.
C'est à cette période que correspond **l'incarnation** proprement dite ; la mère ressent alors les premiers mouvements du fœtus en elle.	**4ème/5ème mois**	
Affirmation des mécanismes d'incarnation. Cela semble plus long de peaufiner que de créer des bases. En fait, il y a 3 mois pour créer et 6 mois de plus pour aboutir. Pour un fœtus né avant le 8ème mois, il se posera une grande difficulté d'incarnation qui se comfirmera par de multiples blocages ultérieurs.	**8ème mois**	De lui même, le bébé commence à **affirmer des actes de séparation :** - De lui même, il peut déjà décider d'arrêter le sein maternel. - Il met en place les états de mutation. Les dents apparaissent petit à petit. - Il est plus présent à son corps, il l'habite. - Il bouge de plus en plus, amorce les déplacements horizontaux d'abord, puis de plus en plus verticaux. Si tout s'est bien passé, s'il est sécurisé, il n'a plus besoin de contact aussi nombreux avec sa mère
C'est le passage de **la naissance du fœtus.**	**9ème mois**	C'est la **véritable naissance**. Le bébé achève sa formation, devient enfant et débute sa marche vers l'autonomie.

LA LOI D'EVOLUTION APPLIQUEE
L'ESPACE DE L'ABSTRACTION

2 - LES YEUX ET LA PAROLE DU PERE
Le Jeune de 7 à 14 ans

Comme nous l'avons vu précédemment, l'enfant entre zéro et sept ans a vécu sa période de transition du Temps à l'Espace.

Jusqu'à quatre ans, il était relié en permanence à sa partie divine, au Temps. Puis, il est passé par des changements physiques qui ont modifié son rapport à l'Espace et à la densité. Son thymus s'est atrophié progressivement, diminuant sa circulation prânique au minimum vital. Il n'est donc plus connecté à la Connaissance infinie.
L'enzyme d'assimilation du lait disparaît, marquant sa volonté de se séparer de la bulle inconsciente maternelle.

Dans l'idéal, de zéro à quatre ans, sa mère a développé par des jeux d'affinements des sens physiques, non-intellectuels, par les différents goûts, touchers, senteurs, etc., une base qui se développera vers treize ans, de son discernement et de son analyse. L'enfant a pu commencer à saisir les distinctions entre les choses et c'est par cette "semence d'analyse" que l'être bâtira le fonctionnement de son intelligence...

Le père, après quatre ans, a veillé à ce que l'enfant se sépare progressivement de la mère. Il a mis en place des jeux liés à la découverte de l'Espace, afin de développer son contact à la densité et à son corps. Il a éveillé sa curiosité et l'a préparé à la compréhension du monde et en particulier à la dimension d'homme ou de femme.

Placé dans une situation confrontante qu'il devait rencontrer, l'enfant a obligatoirement mis en place son blocage, son mur évolutif, né d'une ambition naturelle, d'un moyen inconscient de répondre à un problème donné, en se faisant une fausse idée de sa résolution ou de sa cause. Nous le savons, c'est là **un passage obligatoire dont dépend sa future fonction**... Dans l'ordre des choses, il devra le dépasser entre sept et quatorze ans... et nous allons voir comment.

Imaginons quelqu'un devant un mur, trois possibilités s'offrent à lui...

- Il s'assoit au pied de celui-ci sans voir qu'il est derrière son dos.. et il va alors sentir une certaine "humidité", un mal-être et crier à l'injustice...
- Réactif, dans un fonctionnement de défense, il peut aussi s'y confronter avec force sans essayer de le comprendre...
- Quand il est làs de s'y taper la tête, il cherche jusqu'à entrevoir une solution, soit il comprend les bases de construction de ce mur, et ainsi il se démantèle devant ses yeux, soit il puise en lui l'énergie pour le surmonter.

Dans tous les cas, l'être y forge un outil, **son outil évolutif** qui le prédispose à sa mission, à son chemin unique...

Bien que cela soit rarement pratiqué dans nos sociétés, pour le jeune fils ou la jeune fille, quitter le cocon familial à sept ans se révèle être indispensable dans son chemin évolutif. Avec toute la meilleure volonté du monde, les parents les plus pédagogues se heurteront à ce blocage naturel de leur enfant.
La transmission de savoirs essentiels pour ces jeunes en sera nécessairement tronquée. De même que dans sa prime enfance, *l'être a rejeté sa mère par la peau* en développant des maladies dites infantiles telle que les oreillons, la varicelle, la rougeole, etc., *mais qui sont en réalité des états de mutation pour s'approprier son propre corps,* son rapport avec ses parents est inconsciemment en opposition, en réaction.

Il sera, *par nature,* inévitablement conflictuel...

D'ailleurs, cette césure était couramment pratiquée par nos ancêtres les Celtes et existe encore chez beaucoup de peuples autochtones qui ont gardé leurs traditions. L'opposition étant systématique avec ses parents, son instruction va donc se faire avec quelqu'un d'extérieur. Les parents ont le devoir de passer le relais à des personnes de confiance qui sauront instruire les jeunes, sans qu'ils se bloquent. C'est là le rôle ancestral rempli par les parrains et marraines...

Cette période se révèle essentielle pour la future évolution de l'individu. Durant ces sept années, il s'affirme dans la densité, construit son caractère. Il se structure, cherche sa spécificité, sa place, en rapport avec son genre masculin ou féminin. Son bien-être, dans sa sexualité, sa créativité, découle des événements traversés à cet âge. Il passe par des étapes très importantes dans la construction de son être.

Vers dix ans, pendant environ six mois, le jeune est connecté au Temps. Son cerveau passe, à nouveau, par une période d'ouverture conscientielle. Dans cette période d'ancrage, d'Espace, ce lien au Temps est déterminant, il permet, dans de bonnes conditions apportées essentiellement par le père, d'imprimer sa sécurité, son assurance pour la vie. Par ce lien au Divin, il étonne son entourage par sa clairvoyance, ses suggestions de génie.

Le père a six mois pour accomplir son devoir mais il prépare le terrain entre sept et dix ans... Par ce passage bien spécifique, sa filiation s'affirme dans son genre, gagne la confiance en elle-même. Dans le cas contraire, elle manque d'assurance pendant toute sa jeunesse et c'est seulement à trente et un ans et demi, à sa prochaine connexion au Temps, qu'elle aura l'occasion de résoudre ce manque.

A treize ans, le cerveau mute, accélère sa fréquence vibratoire. La construction de l'inconscient se termine. Le jeune peut mettre en place son intellect. Dans notre société, comme nous l'avons dit, nous obligeons les élèves à utiliser des outils intellectuels avant l'heure...

Les conséquences de ce système sont très néfastes pour le jeune. L'utilisation prématurée de l'intellect, avant qu'il ne soit complètement en fonction, inhibe des parties du cerveau et empêche sa complète formation. Cela entraîne aussi un renforcement de son mur évolutif, par l'intellectualisation de son blocage sans avoir le discernement et l'analyse nécessaire. Avant treize ans, il est préférable d'entraîner le jeune dans des jeux de découverte qui développent sa mémoire subconsciente, sans intellectualiser.

Le regard du milieu familial, sur l'évolution et les changements de cet être, est déterminant. Il confirme l'individu en construction dans sa nature véritable ou au contraire, dans son masque, son blocage.
Même s'il les voit beaucoup moins souvent, la mère, les grands-parents et le père, aident le jeune en le reconnaissant dans sa nature, afin qu'il prenne confiance en lui et exalte son potentiel de vie.

A sept ans, dans l'idéal, l'enfant quitte son environnement parental. L'utilisation du terme "enfant" s'arrête à ce moment pour marquer ce passage.
Par ce seul phénomène, le jeune homme ou la jeune fille grandissent. Il font face à un milieu inconnu, apprennent à s'adapter, à connaître d'autres personnes. Quand bien même la séparation est difficile, le jeune prend conscience qu'il franchit une étape, qu'il dépasse sa condition d'enfant. Il se sent reconnu, chez "papa et maman" tout lui était donné, ici, c'est à lui de faire ses preuves.

La fonction des parrains et marraines est d'instruire la fille ou le fils. Comme nous l'avons vu, les parents sont inefficaces dans ce rôle, car l'enfant a inconsciemment un rapport d'opposition, de réaction par rapport à eux. Le lecteur aura noté la différence entre éduquer et instruire ; la période entre zéro et sept ans dédiée à l'éducation de l'enfant, sera consacrée à l'instruction.

Les parrains et marraines doivent faire découvrir le monde au jeune dont ils assument la charge. Ils vont lui parler de la vie en général : la société, la spiritualité, les lois qui régissent ce monde, les relations et tous les sujets possibles et inimaginables. Par la parole et le jeu, en racontant leurs expériences, ils dépeignent ainsi leur savoir, comblant la demande de connaissances des fils ou des filles. Les jeunes acceptent les enseignements prodigués... A cet âge, ils sont curieux et posent une multitude de questions. Les parrains et marraines répondent au mieux à leurs attentes et comblent leurs demandes de connaissances de façon attractive. Par ces vécus, les jeunes goûtent aux mille saveurs de la vie, voyagent par la pensée, conscientisent les rouages de l'existence...

Répondant à leurs intérêts, les parrains et marraines leur proposent un chemin de nature, une direction de vie, sans jamais rien imposer.

Pendant la puberté, le corps se transforme, amenant le jeune à se poser des questions sur sa sexualité, sur son corps. Avec l'idée de respect de ce corps, de qui "je suis", dans son identité sexuelle, les parrains et marraines ont un regard complice, sans complexe et répondent à toutes les questions en fournissant toutes les explications nécessaires. Ce qui lui permet d'être en accord avec ce qu'il est, avec sa nature et dissiper ainsi tous les troubles qui accompagne cette période. Les changements physiologiques et psychiques (menstrua- tions…) se traitent de la même manière.

D'ailleurs chez la plupart des Peuples d'Argile, les jeunes sont instruits, à cet âge, sur la sexualité, par des anciens désignées spécialement par la tribu...

La connaissance et le respect du corps sont impératifs sur le chemin de l'être qui s'affirme. Un enseignement de base de la sexualité évite bien des frustrations et des sentiments de mal-être, qui dérivent parfois vers des pulsions extrêmes.

Il est possible que les parrains et marraines soient issus de différents couples. La jeune femme vit chez sa marraine et visite son parrain de temps en temps et vice-versa pour le jeune homme. Dans l'ordre naturel des choses, la réceptivité du jeune est meilleure quand l'instruction est donnée par un éducateur du même sexe. Ainsi, il s'identifie aux paroles et à la façon d'être de son interlocuteur.

D'ailleurs, si la jeune fille accepte qu'un homme lui apprenne quelques vérités, le fils ressentira ce rapport avec le sexe opposé comme une castration. A moins que la femme ait plus de soixante ans et qu'elle ait conscientisé l'autre polarité, le Temps. A cette condition, elle rayonne une puissance telle que le jeune homme la reconnaîtra comme formatrice.
Il va sans dire que le rôle des parrains et marraines est

primordial, ils sont pour les jeunes plus que des amis, des confidents. Bien entendu, ces êtres en conscience disposent d'assez d'expérience pour instruire et ouvrir le jeune à la vie. Accessibles et pédagogues, ils comprennent leurs attentes et les mettent en confiance.

Par leurs regards, le jeune commence à conscientiser le monde, s'identifie à leurs récits et commence à entrevoir sa nature. Les questions qu'il pose lui permettent de cerner les choses, de voir leurs limites, lui évitant de fantasmer sur un sujet sans solution. Par ce biais, il devient plus à même de choisir sa voie à quatorze ans, période de construction d'identité, car il précise le panel de directions qui s'offrent à lui, en fonction de son ressenti.

A partir de sept ans, comme la mère a ouvert ses bras protecteurs pour permettre à l'enfant de prendre son indépendance...
... c'est la fin de la maternité pour elle,
le cordon ombilical psychique a été coupé
afin que l'enfant se libère de son inconscient
qui l'empêchait de prendre son envol...

Elle a du conscientiser cette emprise (nécessaire) qu'elle a eu sur son enfant. La mère "meurt" le jour anniversaire des sept ans de l'être qu'elle a nourri, pour renaître à une nouvelle dimension de femme, avec toute l'expérience de la gestation. Ce jour-là, l'ex-enfant lui offre un cadeau pour la remercier d'avoir été sa mère et cesse de l'appeler "maman".

Naturellement, quand il a fini de mûrir, l'arbre "rejette" son fruit... En le gardant à lui, il pourrit dans ses branches, alors qu'en le rendant à la terre, le fruit a l'occasion d'avoir une vie autonome, la graine pousse pour donner naissance à un autre arbre, libre et indépendant...

La mère était conseillère, désormais femme, elle évite de faire des suggestions au futur homme ou à la future femme... Elle se fait complice, confidente elle aussi... Donner des ordres maintenant est pour elle contre-nature. La femme en Conscience est subtile... Elle guide ceux qu'elle côtoie par des questionnements, des inductions, pour leur laisser exprimer par eux-mêmes l'idée, favorisant ainsi leur élévation spirituelle...

Elle se doit d'apporter *l'exemple du féminin* à sa filiation en redevenant femme. Le fils comprend alors ce qu'est une vraie femme, ce qui l'aidera à choisir une épouse femme et non mère. La fille voit qu'elle n'est pas réductible à l'état de mère, et exacerbe de ce fait sa propre féminité ; celle qui reste mère stoppe son évolution. La femme va continuer son chemin spirituel, ce qui n'enlève rien à son amour pour ceux qui sont venus par elles. Bien au contraire, ils apprennent, de ce fait, beaucoup sur le Féminin.

Le père tient une place de la plus haute importance dans l'éducation de ses fils et filles, à cette période de leur vie. Par sa parole et son regard, c'est lui *et lui seul* qui reconnaît l'enfant dans la nature de son sexe, ce qui a pour conséquence de développer sa confiance en lui. *Pourquoi lui seul ?* Il est le porteur originel de la pulsion de vie de ses enfants et ses yeux et sa parole sont en résonance avec cet état vibratoire...

Son fils ou sa fille, vivant dorénavant chez leurs parrains et marraines, il les voit beaucoup moins souvent, seulement une fois par semaine ou moins, selon l'éloignement géographique. C'est pourtant lui qui, par la reconnaissance de leur genre et de leur évolution, leur donne envie de se dépasser, de s'affirmer dans leur pulsion de vie. Il agit différemment avec son fils et sa fille, leur nature étant différente.

Les techniques pédagogiques dites "unisexes", même si elles peuvent être appliqués à certains moments, brouillent le jeune dans son identité sexuelle.

Pour la jeune fille, entre sept et dix ans, le père valorise son état de féminin naissant, avant toute chose. Sa sexualité est mise en route par les yeux de son père. Par les différents contacts physiques (bisous, câlins...) et surtout son regard, la jeune fille apprend ce qu'est un masculin, se sent vivante, s'accepte et s'affirme dans son état et dans son corps de femme.

Dans l'ordre des choses, elle a ses premières menstruations entre dix ans et dix ans et demi. Connectée au Temps, ses premières lunes (en référence au cycle de vingt-huit jours) demandent une reconnaissance de sa dimension Terre, liée à sa nature féminine.

A ce passage, la famille fête la nouvelle femme, elle doit être reconnue comme "force féminine pure" par le père, les autres membres masculins de la famille et des amis. Cette reconnaissance de sa nouvelle dimension de femme lui permet un plein épanouissement de sa féminité. Une seconde fête, en présence de ses propres amis, couronne ce passage. La jeune femme, qui manque de regards et de contacts avec le masculin par son père, se vit mal dans sa peau pendant de longues années, elle assume douloureusement sa féminité. Elle comble son manque de connaissance du masculin en testant divers hommes sans jamais rencontrer la parole et les yeux du père.

Le père avertit sa fille de l'absurdité, au-dessous d'un certain âge, de conseiller des hommes avant d'avoir atteint elle-même un niveau vibratoire rayonnant, et des phénomènes que cela entraîne pour eux...

Pour le jeune fils, de sept à dix ans, le père commence à lui demander des petits conseils, en s'efforçant de les appliquer. Il instaure ainsi un rapport plus amical, partage ses difficultés, ses affinités, parle de sa vie. Son discours est humble, il évite de se présenter en héros, parle plutôt de ses difficultés de vie. Le fils comprend qu'un homme a le droit d'avoir des faiblesses. Les phrases à éviter telle que "tu verras quand tu seras grand", sont perçues par le fils comme une castration, une non-reconnaissance de sa dimension d'homme.

Au contraire, c'est en lui donnant la parole qu'il lui donne la force de son masculin. Il le reconnaît quand le fils vient l'informer des nouvelles connaissances reçues par son parrain, qui lui, de son coté, complètera l'apprentissage de la maîtrise de cette parole. Il approuve ses réflexions et veille à éveiller sa curiosité pour qu'il soit demandeur du savoir.

Le dialogue père-fils, bien instauré entre sept et dix ans, permet à dix ans, pendant les six mois de la phase de transe du cerveau, de lui donner la parole... Il demande à son fils un conseil d'importance capitale... qu'il va mettre en pratique en respectant à la lettre ses idées, ces dernières étant d'ailleurs très pertinentes et très surprenantes, de par sa connexion au Temps...

Ainsi, le père ayant suivi les conseils du fils et ayant réussi l'action, la valorisation du fils engendre automatiquement une affirmation *"mon père a suivi mes conseils et a réussi"* qui ancre cette confiance en lui pour toujours.

Oubliés de nos jours, les grands-parents ont aussi leur rôle à jouer. Ils représentent la mémoire du passé, le contexte familial. Ils partagent leurs expériences de vie et leurs vécus avec leur petit-fils ou leur petite-fille… mais d'une façon particulière.

Ils parlent des difficultés qu'ils ont rencontrées et de leur façon de les surmonter.
L'enfant comprend alors la réalité et la valeur de l'échec acceptant qu'il peut lui aussi passer par là…

Cette *communication juste* laisse une empreinte essentielle dans la formation du jeune individu. La parole des anciens se doit d'être génératrice de vie au lieu de castrer les jeunes par des récits héroïques et romancés qui le placent dans une position d'infériorité. Leur fonction est d'être, par leur sagesse, des pourvoyeurs d'espérance.

La période entre sept et quatorze ans influencera une bonne partie de la vie du jeune homme ou de la jeune femme. Elle requiert une considération importante. L'individu y construit l'affirmation selon son genre, la formation de son caractère et, dans le même temps, sa confiance en lui. Il est indispen- sable, pour ce faire, qu'il soit bien entouré, compris et aidé.

Dans la logique des choses, il débloque son mur évolutif à cet âge. La reconnaissance des changements de la personnalité de cet être en mutation, par le milieu familial et en particulier par le père, le conforte dans sa nature ou dans le masque qu'il s'est créé.

Vers dix ans et demi, l'ouverture conscientielle, la connexion au Temps, opère un bon en avant de sa conscience. Sorti de son blocage évolutif, son esprit passe progressivement de sept à treize forces, de quatorze à vingt et un ans. Il va les conscientiser totalement à trente et un ans et demi.

A treize ans, son inconscient étant complètement formé, l'outil intellectuel prend naissance, son cerveau passant de rythmes Alpha en rythmes Béta. Il peut désormais faire des exercices qui stimulent son intellect.

Il dispose de tous les outils pour rentrer dans la période de quatorze à vingt et un ans où il découvrira les autres par lui-même.

LA LOI D'EVOLUTION APPLIQUEE
L'ESPACE DE L'ABSTRACTION

3 - CHAOS NATUREL ET REACTIVITE
Le Jeune de 14 à 21 ans

Belle période que celle de "l'adolescence". Pour certains jeunes, elle recèle l'insouciance, la découverte, le rêve. Pour d'autres, moins heureuse, ils la définissent plutôt comme un passage confus, brouillon où se mêlent ignorance et désillusions, confrontations et égoïsme. Les perceptions et les vécus sont aussi innombrables qu'il y a de grains de sable dans le désert.

A quatorze ans, se présentent toutes les possibilités dans tous les domaines. C'est la période la plus ouverte où l'individu doit mettre en place une force particulière, lui offrant un éventail de choix, pour rechercher sa spécificité.
La confusion et la confrontation, qu'elles soient intériorisées ou extériorisées, sont inhérentes à ce temps où l'être construit son identité et cherche ainsi à s'affirmer. Il est toujours dans la période d'abstraction qui va durer jusqu'à vingt-huit ans.

Mais comment se trouver, se connaître quand son propre véhicule, sa constitution physique et psychique évoluent à vitesse grand V ?

En effet, le jeune vit dans un corps qui se développe de jour en jour. Des vagues d'hormones envahissent les cellules depuis quelques années déjà, mais leur taux reste très instable. Pour le jeune homme, c'est le début du système pileux et sa masse musculaire augmente ; pour la jeune femme, ses menstruations se sont installées depuis quelques années, son corps continue à changer...

Les réactions du jeune, à la vue de ces changements oscillent entre la fierté et une certaine peur. Peur de cette croissance qui échappe à son contrôle, honte parfois, parce que son corps reste le même alors que celui de ses amis a déjà commencé à changer, peur d'arriver à cette dimension de "grand" où il va être obligé de faire des choix.

Quelle est ma nature ? Qu'est-ce qu'un homme / une femme ? Qu'attend-t-on de moi ? Comment m'intégrer à cette société, à ce groupe ? Où est ma place ?

Le développement du système hormonal déclenche les premières envies sexuelles. Celles-ci interpellent le jeune... Les questions en ce domaine occupent toute la place dans ses priorités et ses conversations...

Comment dois-je procéder ? A quelle occasion cela se produit-il ? Avec qui ? Comment vais-je pouvoir séduire l'autre ?...
Suis-je prêt ? Est-ce que je plais ?...

Nombre de doutes et d'interrogations secouent l'adolescent, tiraillé entre l'envie de plaire, de s'intégrer dans un groupe et le besoin de s'affirmer en tant qu'individu ayant sa personnalité propre. Ce passage déterminant, s'annonce mouvementé. En proie à des questionnements sans fin, lui, qui agissait intuitivement jusqu'à maintenant, va se voir dérouté par un inconnu qu'il doit apprivoiser, l'intellect.

Bien utilisé, cet outil permet l'analyse précise et le discernement, l'assurance de prendre les décisions en conscience. Au contraire, la surintellectualisation plonge notre adolescent dans un imbroglio de raisonnements qui vont considérablement brouiller ses sentiments, sa logique et sa compréhension du monde.

Il va sans dire que le jeune a vraiment besoin de soutien, d'une épaule sur qui s'appuyer. Tout en le laissant vivre ses expériences, il est souhaitable de l'accompagner...

Instaurer de véritables dialogues avec lui, peut lui être très utile, notamment pour lui éviter, parfois, de prendre des voies qui pourraient être inappropriées, déstructurantes voire complètement destructrices.

La première chose à faire, pour respecter au mieux cet être en construction, est de bannir ce mot pourtant fréquemment utilisé et dont l'influence dans son développement est sous-estimée.

Adolescent : adonis = *beauté*, escent = *essence.*
"La beauté qui reste essence" ou *"celui qui ne sera jamais beau"*.

Pour quelqu'un qui désire s'affirmer et être reconnu par tous, c'est une insulte que d'utiliser ce terme.
Ce mot sous-entend qu'il est un être en devenir et le restera, le privant de ses futures métamorphoses : la transformation de la chenille en papillon devient presque impossible. L'être va se sentir freiné, se voir empêché de déployer ses ailes et de prendre son envol. La force créatrice qu'il doit déployer à ce moment s'en trouve bridée.

De l'énergie, les jeunes en ont à revendre. La plupart des parents, des enseignants et la société en général, se plaignent fréquemment de leurs comportements qu'ils jugent excessifs, puérils et inconscients. Les jeunes sont montrés du doigt...

Mais écoute-t-on vraiment les jeunes aujourd'hui ? Que leur propose-t-on pour qu'ils se développent ? Sait-on leur donner l'envie d'apprendre ? Les respectons-nous en tant qu'individus ayant leurs spécificités propres ? Le système éducatif est-il adapté à leur nature ?
Durant la scolarité, obligés de rester assis pendant sept ou huit heures sur une chaise, alors qu'ils débordent d'énergie, les élèves sont dans l'impossibilité d'exprimer leur potentiel.

Serait-il possible, un jour, que les systèmes éducatifs enseignent en priorité les bases de la Vie : découvrir et développer sa nature, connaître son corps et ses besoins, comment mieux communiquer... ?

Il semble que l'élite qui dirige notre société ait décidé, depuis longtemps, d'intellectualiser le système éducatif, or cette surintellectualisation fait des ravages dans le psychisme des individus et les conforte dans leurs blocages.

Qu'est-ce que l'intellect ?

Localisé dans le cerveau gauche, à l'image d'un serveur, l'intellect traite les informations que le corps perçoit par différents outils. Il capte et analyse les sensations liées à l'état physique et psychique en relation avec le milieu extérieur. L'intellect met une forme aux sensations et ainsi l'individu peut agir, communiquer. Ce phénomène s'opère sans penser, comme un réflexe. En effet, comme nous l'avons vu dans le fonctionnement du psychisme, la pensée vient du ventre, l'idéation prend son origine dans la rate, passe par le cœur ou le foie, suivant la relation à la situation. Le cerveau agit en tant que décodeur.
Avant treize ans, les ondes qui parcourent le cerveau ont une fréquence de sept à quatorze cycles par seconde. A ce stade, la pensée de l'enfant est image, ce phénomène étant inconscient. Le blocage de son mur évolutif reste en dehors de ses pensées.

A partir de treize ans, il passe de quatorze à vingt et un cycles par seconde, avec environ un cycle de plus par an jusqu'à vingt et un ans.
Si la mère a bien aidé au développement des sens physiques de son enfant avant quatre ans, l'intellect lui permettra un discernement dans ses sensations.

Le danger est la surintellectualisation...
Un exemple : quand je me dis *"je suis dehors et le ciel est gris"* c'est là un constat, la surintellectualisation par la déduction, c'est de dire *"il va pleuvoir"*. On spécule sur un fait. Bien sûr, dans ce cas précis, cela a peu d'importance. Mais dans le rapport de réaction et d'identification du jeune, il peut juger, comparer des sensations émises par d'autres personnes sans comprendre complètement leurs ressentis.

Ainsi, il peut absorber toutes idées intellectuelles et en les sortant de leur contexte, il va prendre, dans l'exemple, la déduction comme une réalité tangible...

Il s'arrête aux formes des mots, aux critiques, car il est réceptif de nature puisqu'il veut s'affirmer.

L'intellect, mal utilisé, conforte le jeune dans son blocage, son masque, en lui donnant de fausses interprétations des raisonnements d'autrui. Le système éducatif renforce ce phénomène en contraignant l'élève à se servir de l'intellect par des apprentissages "par cœur", puisqu'il apprend ici, une forme, des mots, sans en voir l'esprit ni les sensations qui y sont associées du fait de cette période d'abstraction pour lui.

Cela habitue le jeune à une réflexion sans ressentis intérieurs, qu'il retranscrit dans ses réflexions quotidiennes. A terme, il se construit dans le cerveau une *"boîte noire"*... lieu où la pensée reste bloquée enrichissant cette mémoire intellectuelle hypertrophiée. Le raisonnement devient purement intellectuel, l'être est le plus souvent coupé de ses sensations et de son corps. Privé du ressenti, son comportement s'en trouve alors dénaturé.

Enlever à ce jeune l'occasion de ressentir intérieurement le monde dans cette période de découverte, de conscientisation de ce qui l'entoure, lui enlève tous les moyens de tester l'extérieur et ainsi de trouver sa place dans la société. Au contraire, lui donner le plus d'outils possibles, afin qu'il explore son intérieur et son milieu, en conscience, serait la meilleure solution.

En effet, dans la logique des choses, de sept à quatorze ans il comprend ce qu'il est et a dépassé son blocage. Son parrain ou sa marraine ont commencé à lui faire découvrir la vie par le discours, les histoires. Il a quelques notions des fonctionnements de la société, mais désire maintenant découvrir le monde par ses propres yeux.

C'est le début de l'autonomie, de l'ouverture, de la relation d'individu à individu. Il veut s'affirmer dans son entourage, se trouver, forger son caractère, en rapport avec sa sexualité, sa pulsion de vie. L'inconnu et la différence l'attirent. Il désire repousser ses limites, goûter à des activités variées, il s'essaiera à de nombreuses voies.

Mû par l'énergie sexuelle qui jaillit de lui, sensation par ailleurs toute nouvelle, il a l'impression de pouvoir soulever des montagnes. Grâce à cette force, il osera se confronter à toutes sortes de groupes, parfois même fréquentant des milieux extrêmes.

Il agira sans mesure, car il fonctionne dans la réaction aux réponses qui le dépassent. C'est dans ce rapport de contre que le jeune s'affirme, découvre qui il est. Il construit son terrain, le délimite de ses propres bornes dans son attitude vis-à-vis de lui-même et vis-à-vis des autres.

Bien que cela puisse inquiéter les adultes, il convient de laisser au jeune la responsabilité de tracer ses frontières par lui-même. Il apprend ainsi à s'autogérer, à conscientiser ce qui est autorisé ou non.
Les parrains et marraines, complices de toujours, émettront tout de même quelques signaux d'alarme, sans moraliser, plutôt en conseillant, afin que le jeune évite les situations trop dangereuses. Quelques limites doivent être posées, mais en expliquant précisément les causes et les conséquences, sans trop anticiper, au risque de l'attirer vers celles-ci. Ils peuvent lui proposer des moyens pratiques pour se tester afin qu'il canalise cette quantité incroyable "de possibles" pour affiner ses perceptions.

L'individu s'affirme, joue à s'identifier, vivant pleinement et intérieurement chaque expérience. Il s'essaie à plusieurs groupes - souvent très différents les uns des autres -, aux idées, codes, modes et styles musicaux qui y sont liés, et peut ainsi façonner son état d'être sans en avoir vraiment conscience.

Même si cela reste souvent inavoué, le grand but recherché est de séduire, de plaire à cet autre genre qui intrigue tant. Une bonne compréhension des différences et des complémentarités de chaque sexe, instaure un climat naturel et non confrontant pour l'être qui comprend ainsi les choses. La sexualité étant la pulsion de vie, une éducation sexuelle, par les parrains et marraines, doit être considérée comme tout à fait normale. Celle-ci permet d'éviter bien des désillusions et des frustrations...

Le jeune qui manque de connaissance des genres, féminin - masculin, de la sexualité en général, souffre extrêmement de cette carence, ose rarement en parler avec ses amis, par pudeur, par peur d'être ridicule ou de passer pour un ignorant.

Pourtant, il est particulièrement important qu'il assume son identité sexuelle et la sexualité qui en découle. Sexualité : sexus = *usage du six, la voie, la direction.* Comme précisé antérieurement, ce terme est à comprendre aussi en tant que force de vie. Quand la force sexuelle est brimée ou bridée, les manques, les vides ne peuvent être comblés, ce qui stoppe ainsi le moteur de la connaissance.

En effet, ces rapports nouveaux à son corps et à lui-même modifient ses relations aux autres à tous niveaux. Le fait d'être possiblement pénétré ou de pénétrer se retranscrit dans ses actions et communications, qu'elles soient verbales, amicales, sexuelles ou autres, cet acte de communion va bien au-delà de l'aspect physique des choses.

A cet âge, l'être intériorise chaque idée, chaque fait, chaque mouvement. Inconsciemment, toute chose inconnue le pénètre totalement, et il la fait sienne pour pouvoir la ressentir pleinement. Par manque de discernement, surtout quand il surintellectualise, il prend tout pour lui, sans mettre de barrières psychologiques. Il en découle parfois des relations violentes et disproportionnées, alors que le constat, la critique ou le jugement émis en sa présence étaient dirigés sur un autre sujet.

C'est dans cette confrontation que le jeune apprend qui il est réellement. Chaque relation, surtout la relation amoureuse, lui révèle ses manques ; il se construit progressivement selon sa nature.

Le contre est nécessaire pour qu'il comprenne, car sa pulsion de vie naissante est tellement forte qu'il a l'impression de tout savoir. Il se crée, à chaque minute, des certitudes souvent éphémères. Cela contribue à exalter son Moi, selon ses besoins, il se réaffirme ainsi à chaque direction prise, trouvant d'autres terrains pour exprimer ses blocages.

La créativité est pour lui primordiale. Il a besoin de passer à l'action, de se réaliser dans une multitude d'activités, d'entreprendre. Il s'essaye à différents métiers, à différentes passions. Par cela, il disposera, plus tard, de tous les moyens de choisir la voie qui lui correspond, en cohérence avec son être véritable, sa nature.
Il changera souvent de route, prenant quelquefois des chemins opposés, cela est capital pour lui. Il prend ainsi toute la dimension, les implications qu'exigent telle ou telle activité. Un

manque de "possible", pour le jeune, entraînera irrémédiablement des frustrations. Même quand les parents ou éducateurs savent que le jeune a une personnalité inadéquate pour exercer un certain type de métier, l'empêcher de s'y essayer va créer, dans son fonctionnement réactif, encore plus de détermination. Au contraire, c'est le moment de faire des erreurs. Ces dernières, tout comme les échecs, sont riches d'enseignement, par eux, l'être se construit. Il a toute la force de se relever par la suite.

Sans activité, ou très peu, cela revient à tuer le poussin dans l'œuf, à briser cette formidable énergie que le jeune a en lui, en l'empêchant de développer son discernement, qualité essentielle à la Vie.
Son ignorance des autres l'attire toujours vers des aventures nouvelles, de nouvelles rencontres. Par manque d'identité propre, il se dirige vers des modèles différents cherchant à découvrir qui il est...

Idéalement, le jeune entre quatorze et vingt et un ans développe son intellect, son discernement et son analyse, au travers d'une découverte intensive des autres et de lui-même. A vingt et un ans, son cerveau à l'apogée de sa formation, oscille maintenant à vingt et un cycles par seconde.

Logiquement, il a développé *la pensée orthologique,* c'est-à- dire la faculté d'élaborer un système d'idées en simultanées plutôt que de les dérouler dans un ordre linéaire. Cela permet une vision large et précise, prenant en compte tous les éléments à différents niveaux.

Par l'apprentissage de sa conduite vis-à-vis des autres, de son discernement lors de l'activation de certaines fonctions de son cerveau, l'être se confrontant au monde extérieur construit la base de son affirmation.
Grâce aux sens psychiques et physiques lui permettant un meilleur discernement, il va de découvertes en découvertes en approfondissant celles-ci. Par la musique, le son, il se découvre dans son corps ; la vibration approfondit ses sens et sensations.
Par l'utisation exacerbée de ce discernement qu'il teste, le jeune se retrouve très souvent en confrontation, en réaction pour commencer à ressentir ce qu'il est capable d'engendrer en recherchant sans cesse

un écho. A cette période de grande réceptivité où la soif est intarissable, les différentes expériences vécues lui permettent de se trouver et de s'affirmer. Il se dévoile ainsi, dans ses spécificités en déployant ses ailes au fur et à mesure ...

Le jeune homme, l'être en recherche de soi, a besoin de se mettre en position de réaction, d'opposition ou de rejet, face au milieu dans lequel il évolue.

Par et à travers le milieu, il va pouvoir se sentir, s'auto-évaluer, prendre position, sans être toujours conscient des enjeux... Tout cela est naturel, le chaos apparent qu'il engendre par ses mots, ses paroles et ses actes, reflète ses déséquilibres intérieurs, lui qui recherche sans cesse à se rencontrer, à trouver sa nature.

Il avance dans un bouillonnement d'énergie, une sur-abondance de moyens, d'idées, avec des forces jaillissantes.
Sans cesse, il se doit de tout tester ne sachant que faire de cette explosion interne.

Sans pour autant en prendre conscience, il attire tout à lui et surtout ses opposés, qui vont le mettre en confrontation pour ainsi se donner un écho, une vibration en son corps physique.
Cet écho va permettre l'ancrage de ce foisonnement virtuel d'énergies inconnues. Il a besoin de se tester, de s'auto-évaluer.

Imaginez donc aujourd'hui ces jeunes, laissés à l'abandon ou dans un contexte compétitif, qui se cherchent sans entrevoir de possibilités, d'ouvertures sur un avenir. Alors que prise en considération, la nature de l'individu peut se façonner, puis s'expanser dans sa beauté intérieure laissant naturellement jaillir sa créativité...

Riche de toutes ses expériences, il a rencontré et compris l'autre, et de cette façon s'est révélé, affirmé et accepté. Il va maintenant traverser la phase suivante d'abstraction de vingt et un à vingt-huit ans. Vingt et un ans, représente un passage confrontant car il doit choisir une voie, une seule...

A la lumière de son parcours, il peut, dans la logique des choses, choisir consciemment une route en fonction de sa nature.

LA LOI D'EVOLUTION APPLIQUEE
L'ESPACE DE L'ABSTRACTION

4 - JE SUIS CE QUE JE FAIS
De 21 à 28 ans

Après la période de construction identitaire qui s'est développée le long des trois cycles de sept ans, c'est le temps à vingt et un ans, de l'affirmation de cette identité.

En effet, à vingt et un ans, l'individu sort d'une phase de réactivité où tout se jouait sur le mode de la confrontation. Pour lui, cette phase d'affirmation passe par le besoin de multiplier les horizons. C'est l'âge de l'exotisme, l'inconnu l'attire. Ces différentes directions prises lui permettront plus tard de faire un choix. Pour cela, il doit chercher, tester plusieurs terrains, tant sur un plan affectif que créatif...

Il connaît, désormais, un temps un peu plus calme. La phase terminale de la mise en place d'une identité marque la fin d'un développement physiologique. Maintenant que la base et les fonctions de l'être sont posées, le jeu de l'affirmation commence.

Cela lui demande d'abord de découvrir d'autres réalités. Il a soif de nouveautés, son intérêt se porte sur l'inconnu. Les sept années qui s'offrent à lui, se présentent sous le signe de l'appel de la découverte.

Il éprouve une sorte d'étouffement, il est temps pour lui de se mesurer à un monde hors des références paternelles. Bien qu'il ne vive plus depuis un certain temps dans un cadre familial, il agit selon les valeurs qu'il a intégrées pendant l'enfance.

C'est à présent l'idée de rencontre qui habite l'individu. La connaissance de soi-même, passe par un contact aux autres plus approfondi. Les jeux amoureux prennent une nouvelle tournure. L'individu sort de l'expression d'une pulsion de vie incontrôlable où sa réactivité l'empêchait de contacter la véritable rencontre. La recherche de l'expérience pour l'expérience est dépassée.

La notion de couple commence à s'installer dans l'esprit de l'individu, même si, en ce qui concerne le jeune homme en particulier, il a besoin encore de "papillonner". Par son manque de structure provenant de sa nature éthérée, il passe d'une partenaire à une autre, sans être perturbé, sans bouleversement existentiel, sans se remettre en cause. Ses relations amoureuses font partie d'un tout, où les amis, les compagnons de route et les rencontres vécues dans le cadre d'un métier, sont toutes aussi importantes...
Le masculin par essence, n'a pas de cadre intérieur, ce qui lui donne une certaine adaptabilité aux différentes situations rencontrées. Il n'a pas conscience de ce qu'engage une relation. Dans notre société où l'enseignement de la spécificité de chaque sexe est occultée, l'incompréhension peut être d'autant plus importante dans cette période où s'amorce l'expérimentation du couple.
Si de l'homme émane le charme sans qu'il en ait conscience, la jeune femme, de son côté, cherche le regard attirant d'un homme en composant de manière plus calculée. Pour elle, conquérir le monde par des prouesses, des inventions diverses lui semble moins utile, le plus important est de rencontrer l'homme qui reconnaîtra sa beauté, son rayonnement.

L'homme a peur des femmes. La femme étant Terre, donc matière, il est déstabilisé par cet état d'être. Cette structure innée qu'il pressent, sans la comprendre, le déstabilise, lui qui doit se construire pour exister. Cette peur est naturelle, non destructrice. Elle le pousse à agir et lui permet de dépasser sa difficulté d'incarnation originelle...

Le jeune homme se réalise par ce qu'il fait. Il est, pour lui, important de multiplier ses champs d'action. C'est par des actes concrets qu'il se densifie, qu'il s'incarne en structurant sa nature éthérée. Il se sait, il se sent et apprend à se connaître par ce qu'il construit. L'affirmation de l'être masculin par les choix qu'il assume, l'implication qu'il y met, lui permet de se révéler à ses propres yeux. Il a besoin de voir ce qu'il est par objets interposés, par l'intermédiaire de ses projets, de ses réalisations matérialisées. A cet âge, l'être se conscientise par le résultat de ses actions. Il ne peut encore comprendre les outils psychiques qu'il met en place par ce qu'il fait. La phase suivante amorcera cette nouvelle connaissance de lui-même.

Le jeune homme a besoin d'un champ d'expériences ouvert sur le monde, où il peut se socialiser, où ses actes ont une résonance et sont reconnus par le plus grand nombre. L'auto-valorisation qu'il pourra en tirer, lui donne une consistance, une force pour continuer son entreprise de construction vitale, afin qu'il puisse forger les outils qui l'aideront à avancer sur son chemin. Les échecs qu'il essuie, au cours de ses nombreuses prospections, le font davantage avancer que ses succès. Ce sont des moyens pour lui de conscientiser ses manques, lui indiquant, par ce fait, d'autres directions à prendre.

Les défis, les conquêtes lui donnent envie d'y arriver, poussé par une force inconsciente, lui faisant pressentir qu'il a quelque chose de particulier à apporter. Le mouvement créé par le manque, lui fait éprouver et comprendre progressivement les lois de la densité.

Au fur et à mesure, le jeune homme fabrique, sans le savoir, les instruments qui serviront sa mission. Il se construit en créant, avec toujours plus de précision. Ceci, sur les plans physique et psychique, correspond au fait que le corps a des capacités beaucoup plus grandes de concentration. L'individu bénéficie d'une agilité mentale et gestuelle accrue, grâce au cerveau qui, à ce stade, permet une meilleure adéquation des différents fonctionnements.

Pour la femme, c'est le temps de manifester sa féminité. L'affirmation de sa nature s'exprime par la forme. La mise en évidence de son être dans la densité, passe par un jeu avec son corps. Elle ressent un besoin d'explorer la forme, de l'améliorer, d'en tirer du plaisir par différents moyens : la parole,

l'habillement, tout ce qui concerne la tenue comme l'esthétisme. Elle aiguisera cet art, tout au long de ces sept ans.
Enrichir toute forme, propre ou extérieure à elle, lui permet de se mettre en beauté, de créer son monde, de l'exprimer. De nature Terre, la femme se régénère, s'exalte dans cette résonance et cette transformation de la matière. Par ce jeu, elle conscientise ce qu'elle est, et questionne ainsi sa féminité qu'elle découvre depuis la puberté. Ayant un peu plus de distance avec ce corps féminisé, celui-ci lui étant désormais familier.

C'est une période délicate, où, pour s'affirmer, elle a besoin de se sentir valorisée par le regard de l'homme. En chemin vers sa nature, pas encore tout à fait femme, en recherche d'elle-même, elle peut s'arrêter à celui qui répondra à ce qu'elle aimerait recevoir. Structurée par essence, la femme a besoin d'ordre. Elle se réalise dans la rigueur. Elle a besoin d'un univers lui permettant de se sentir bien et d'avoir des repères fixes, où elle peut déployer ce qu'elle est. Elle recherchera ceux qui l'apprécieront, qui seront sensibles à son monde. Par conséquent, la jeune femme risque de s'attacher un peu rapidement à l'image qu'un premier homme lui renvoie, oubliant d'autres aspects d'elle-même. En acceptant différents regards sur elle, elle se nourrit profondément et fortifie ce qu'elle est. Ainsi elle prépare, son rayonnement futur, qui est l'émanation, la réalisation de son féminin. En cas de rupture amoureuse, il est plus difficile pour elle de se réadapter à un nouveau partenaire. Il s'agit alors pour elle de reconstruire des repères. Son adaptabilité est différente du jeune homme, puisqu'elle a par nature un cadre intérieur. Pour elle, un changement induit une déstructuration, ce qui n'est pas le cas pour l'autre sexe.

Le parcours d'une jeune femme s'apparentant à celui d'un jeune homme, provient d'un manque de reconnaissance de la part du père. Sans avoir été valorisée en tant que femme, elle choisit de prendre l'autre voie, espérant y trouver l'appui dont elle a besoin pour continuer à avancer. L'affirmation identitaire d'une jeune femme, peut s'exprimer, s'épanouir par des activités artistiques, qui lui apporteront l'éther manquant à sa nature, tout en développant ses capacités de concentration et de constance.

En effet, l'esprit d'un art, avec ce qu'il porte de symboles ou d'idées, apporte à la densité féminine toute une dimension abstraite et immatérielle. Parmi la richesse de ces possibles, elle se cherche et trouve toutes sortes d'attitudes auxquelles s'essayer. Elle a besoin d'évoluer et aussi de constituer par elle-même, un univers qui la nourrit et qu'elle nourrit, où elle pourra développer son rayonnement.

Ces différents points de vue, intériorisés pendant ces sept ans, viennent montrer d'autres possibilités de vie que celles transmises par les parents. L'individu, à cet âge, agit encore sous cette influence. Cette identification lui permet de se confronter au monde et de s'affirmer. Par sa curiosité, il découvrira des manières de faire, de penser et de vivre, différentes de ce qu'il connaissait.

En s'identifiant à d'autres modèles, il relativise celui que son père lui a donné. Cette période le prépare à reconnaître les valeurs qui l'ont guidé jusqu'ici et à rechercher les siennes.

Cet échantillon de points de vue vécus, lui permet à vingt huit ans d'amorcer l'idée d'un choix. L'individu ne fonce plus tête baissée dans l'expérience, pour en ressortir aussi rapidement qu'il y est entré. Il vit plus profondément celle-ci et nourrit son appétit d'aventures. Ses explorations, à la fin de cette étape, sont comme une réserve d'outils favorisant plus tard une direction de vie particulière.

Il se rend compte que beaucoup de choses lui sont inconnues et il se sent appelé à les conquérir. L'espace des possibles s'est agrandi, garantissant toutes sortes de surprises séduisantes.
La démarche de l'individu dans cette période d'abstraction amène à constater les formes mises en place par la pensée.
De quatorze à vingt et un ans, l'avenir et les rêves se confondent, puis doucement, tout au long de cette période d'affirmation, ils deviennent plus palpables, plus proches, il ressent mieux l'incidence qu'il peut avoir sur le futur. Il amorce sensiblement une pensée à plus long terme. Ses relations changent, il commence à percevoir la conséquence de ses actes, ce qui, jusqu'alors, lui était imperceptible. Ces changements pourront se ressentir, par exemple, sur un plan alimentaire.

Il se sentait jusqu'alors indestructible. Même sans ligne de conduite, il commence à comprendre que certaines attitudes lui sont nuisibles. Auparavant, tout se vivait, pour lui sous forme de pulsion, qui le projetait dans un corps à corps avec la vie sans qu'il puisse comprendre ce qui se passait. Grâce à cette nouvelle période riche d'expériences vécues tous azimuts, il mesure progressivement la portée des choses. Cette conscience émerge à la toute fin de ce cycle, pour se conforter les sept années suivantes.

Aussi, à vingt-huit ans, il est plus en mesure de s'engager. L'individu prend d'avantage de responsabilités, répond de ses actes, est plus enclin à faire des concessions. Il façonne un début d'objectivité, une conscience de ce qui l'entoure et de la société humaine. Plus tard, il aura la capacité de tirer les leçons de l'expérience et de les comparer entre elles. Peu à peu, il essaiera de comprendre ce qui ne fonctionne pas, pour chercher des solutions.

Utilisant ses capacités d'analyse, il découvre tout d'abord ses limites. Il pensait jusqu'alors tout savoir, sans se poser de questions. Il est maintenant à la frontière d'un nouveau monde à explorer dont il doit inventorier tous les possibles… L'individu commence à chercher ce qui anime le monde et ce qui le fait vivre...

Il s'intéresse ou s'inscrit alors, dans des mouvements d'actions qui proposent une certaine explication de la vie. Ses lectures vont s'orienter autrement. Si auparavant, l'individu lisait ce qui s'offrait à lui sans choix préétablit, il va maintenant, lire pour étayer, approfondir un questionnement préalable. Cet intérêt provient d'une plus grande précision intellectuelle. Le cerveau dont le fonctionnement est totalement mis en place depuis l'âge de vingt et un ans, permet l'affinage de la pensée. Toutes les perceptions bénéficient ainsi d'une nouvelle acuité. Le cerveau dans son plein potentiel permet une communication efficace entre les deux hémisphères. Les sens physiques épousent les sens psychiques, donnant à la vue la vision intégrale, à l'odorat le flair, à l'ouïe l'entendement spontané…

Quand l'enfant n'a pas été reconnu dans sa force psychique dont il est doté de manière innée, ni sollicité au niveau de ses sens physiques, de même quand des raisonnements ou d'autres processus intellectuels lui ont été demandés avant l'heure, l'individu se retrouve démuni à cette époque cruciale de l'affirmation de son identité. Et ceci, d'autant plus que la nouvelle étape s'annonçant après vingt-huit ans lui demande de faire des choix. Il sera alors, dans l'inconfort du manque de discernement ou en proie à des spéculations intellectuelles, des fausses logiques le bloquant hors de son corps. Cela freine sa réalisation...

L'incarnation, le chemin de l'humain, sur la Terre se fait par des étapes que chaque âge propose. Quand les parents accompagnent leur filiation et l'amènent à ce qu'elle doit dépasser, quand cette étape est pleinement vécue, cela évite un décalage entre l'âge calendaire et l'âge énergético-psychique (ou vibratoire) de l'être.

La vie est une longue initiation, balisée par de plus petites.
Chaque épreuve nous est donnée pour être dépassée.
Chaque phase prépare à l'autre.
Ce qui est parfois difficile, c'est le manque ressenti de préparation pour affronter et vivre pleinement le présent.
A cet âge, on commence à pressentir cette dimension de la vie.
La vie ne s'arrête plus à une suite de hasards.

LA LOI D'EVOLUTION APPLIQUEE
L'ESPACE DE L'OBJECTIVATION

L'Espace de l'Objectivation s'étend de vingt-huit à cinquante-six ans en quatre phases de sept ans.

5 - REMERCIEMENT AU PERE
De 28 à 35 ans

La période de la naissance à vingt-huit ans est une phase d´abstraction, première phase de l'incarnation. Cela a commencé par la mise en place du véhicule, dans sa forme physique. Puis est venue la structuration, le positionnement par rapport a l´autre, à l´extérieur et enfin la possibilité de l´existence d´un chemin spécifique à chaque individu. Cette voie, unique, est restée abstraite jusque-là, voire même assez nébuleuse...

A partir de vingt-huit ans, commence une phase d´objectivation, qui va durer jusqu´à cinquante-six ans. C´est ici, juste le début… le temps fort étant la période entre trente-cinq et quarante-deux ans.

La phase de vingt et un à vingt-huit ans a marqué la découverte du monde, de sa diversité, de son infinie richesse, avec tous les émerveillements de cette exploration. La curiosité a fait feu de tout bois, la multiplication des expériences, qui ont pu être d´ailleurs de courte durée, ont procuré une possibilité de choix et d´orientations très larges. Le catalogue de la vie s´est enrichi d´une palette de colorations extrêmement variées.

Après vingt-huit ans, l'individu ressent de la lassitude pour ce papillonnage, certes enrichissant, mais qui ne permettait pas de rentrer véritablement dans l´expérience. Il est poussé à une sorte de premier tri. Il reconsidère ses priorités en éliminant ce qui ne lui

correspond plus suffisamment. Jusqu´à ce moment-là ses bases et ses références étaient son milieu familial et tout l´environnement qui l´a vu grandir, c'est-à-dire l´extérieur de proximité...
Cela lui a permis de se situer, de découvrir le fonctionnement de son corps, aussi bien physique que psychique.

Alors il se pose la question...
A quoi toutes les facultés que j´ai explorées peuvent-elles bien me servir ? Où tout cela me mène-t-il ?

Il pressent que beaucoup d´éléments doivent se préciser et qu´il a quelque chose de spécifique, d´unique, à apporter à la société. La soif de se manifester va aller en grandissant. Pour cela, il va approfondir ses talents, puis les mettre au service de la construction d´outils personnels et fonctionnels.

L´œuvre que cela va lui permettre d´élaborer est encore invisible. L´essentiel pour le moment est de rendre ses outils opérationnels. Il les met au point et perfectionne leur fonctionnement. Ils deviennent désormais son ancrage, son point de repère et il s´applique à les employer en cohérence, en recherchant une ligne directrice. La priorité est donnée à cet objectif.

A cette période, bien des individus se désintéressent de diverses pratiques qu´ils avaient menées de front, les centres d´intérêt se resserrent pour être potentialisés. La personnalité s´affirme dans l´expression de sa création.

Dans ce contexte, c´est tout naturellement que le détachement du père va s´opérer, pour aller vers la constitution d´une référence propre.

Vers l´âge de vingt-neuf ans, l´individu va remercier son père de l´avoir aidé à se trouver. Il lui dit *"Tu m´as permis de construire mes repères, je pense maintenant devenir le père de moi-même et de quelqu´un d´autre"*... Son père pourra l´en féliciter. Bien entendu, la concrétisation de cette solidité demandera un certain temps.

A trente et un ans se représente ce contact difficilement descriptible, avec la Conscience, déjà rencontré à ses dix ans et durant les trois mois après sa naissance... L'être, sans pouvoir l'expliquer, se vit comme dans une sorte d'ébullition. Il est capable, pendant les six mois qui suivent, de vivre des prises de conscience exceptionnelles, l'amenant à faire un bilan de son passé et à changer de voie par rapport à son avenir. Il peut, dès lors, accéder à ce cap comme un temps de mutation privilégiée. C'est un passage dans le Temps qui donne accès à la Conscience en direct, l'inconscient créant moins d'interférences. Ces périodes qui se reproduisent tous les vingt et un ans, sont nommées dans cet ouvrage *"ouvertures conscientielles"*.

Cette communication le met à ce moment-là en résonance avec le programme de vie. Ainsi, à trente et un ans, il testera si l´intégration des dix ans a bien été faite... Il s´agissait à cet âge que le fils reçoive la parole du père et que la fille soit reconnue comme femme par son regard.
C'était un passage obligé afin que les deux puissent désormais trouver leurs propres repères.

Comment devenir mon propre père sans avoir été reconnu dans ce que je suis, c´est-à-dire sans savoir qui je suis ?

Il est rappelé aussi que cette reconnaissance du père conditionne le passage du mur évolutif. Or, dans la période entre vingt-huit et trente-cinq ans, l´individu se questionne, et réfléchit sur son niveau d'évolution pour ensuite pouvoir s´orienter vers le chemin de sa mission. Il est nécessaire que les blocages, mis en place dans l´enfance, soient levés pour réaliser son chemin, puisque tous ces éléments sont en liaison étroite.

Il existe donc à trente et un ans une possibilité de "rattrapage" de ce qui aurait dû se faire naturellement, si toutes les étapes avaient été franchies en temps voulu. Toutefois, cela nécessitera un accompagnement extérieur.

En effet, au fil des expériences, plus ou moins traumatiques, l´inconscient s´est renforcé, les blocages se sont solidement implantés… Il sera beaucoup plus difficile de les éliminer. Ce travail reste tout à fait possible avec une aide adéquate, la vie n'est jamais irrémédiablement figée...

Après ce temps de bilan, de vérification de l´intégration des étapes précédentes, le chemin de l´affinement des spécificités peut se poursuivre. Les limites sont trouvées plus précisément et s´inscrivent sur un terrain d´expérimentation de prédilection. C´est ainsi que celui-ci peut devenir fertile...

Pour la femme, cela peut être de devenir mère...
Pour l´homme, sa créativité prend forme dans un projet qu´il met en route...
Toutefois, pour qu´il y ait faisabilité, il est nécessaire que les conditions de réalisation aient été respectées. La fertilisation demande qu´il y ait eu auparavant une phase d´épuration. Avant d´apporter de l´engrais, un jardinier commence par enlever toutes les "indésirables". Nourrir des plantes pour leur faire prendre de la force, les rendrait plus difficiles à déraciner. Et c´est seulement ensuite qu´il affine la terre pour préparer l´ensemencement...

Pour l´être humain, le passage du mur évolutif fait partie de cette épuration sur le plan psychique. Le nettoyage concerne également tous les chocs émotionnels accumulés dans l´inconscient et toutes sortes de traumatismes pouvant remonter jusqu´à la petite enfance, époque à laquelle l´inconscient de l´enfant était sous l´influence de celui de la mère. L´inscription de ce changement dans les modes de fonctionnement demande une période d´intégration pouvant aller de trois mois à trois ans, selon la force d´ancrage dans les habitudes comportementales.

La déprogrammation chez le jeune avant l´âge de quatorze ans se réalise plus naturellement et plus rapidement, car l´emprise de la répétition dans le vécu quotidien reste faible.
Ce mécanisme se rapproche du processus de désintoxication du corps physique. Pour que le nettoyage s'effectue totalement jusqu'au niveau cellulaire, cela peut demander jusqu'à trois ans également.

Comme pour les plans psychiques, l'épuration est effective lorsqu'on arrive au niveau subtil des mémoires et de leur engrammation dans le corps. Cela s'avère particulièrement important en ce qui concerne l'élimination de toutes les substances chimiques et médicamenteuses. Les systèmes de tri des déchets de l'organisme, prévus pour une alimentation naturelle, se révèlent tout à fait inopérants face à des intrus non identifiés.
Outre le fait de dérégler son fonctionnement et de l'engorger, ces

éléments perturbateurs vont se trouver bloqués dans diverses parties de l'organisme. Des techniques de désintoxication "forcées" aideront à les libérer.

La femme qui se prépare à la maternité met un soin particulier à ce ménage de fond en comble, important dans cette étape. Elle est le lieu d'élection pour la construction d'un nouveau corps et cela lui donne une responsabilité majeure pour offrir les meilleures conditions possibles de sa terre d'accueil. Mais quelle magnifique mission s'offre à elle ! Alors, quand elle a suffisamment développé la conscience de son état de femme, elle peut s'engager dans la grande aventure de la maternité. Etre mère suppose d'avoir révélé pleinement sa nature féminine par les étapes précédentes, avec le test des trente et un ans et demi déjà évoqué.
Quand à l´homme, après avoir sélectionné, puis balisé sont terrain d´expériences, il peut désormais se préparer à la paternité. Quand sa compagne est enceinte, il va, grâce à elle, entrer en contact avec l´âme nouvellement venue. Celle-ci lui induit alors vibratoirement, l´idée, l´inspiration de l´œuvre qui lui permettra de se réaliser. Il est fécondé, il devient "enceint" d´un projet. C´est comme si sa tête devenait la matrice, l´utérus, en tant que lieu de gestation de son idée...

Quand l´enfant naît, la mise en route du projet se réalise avec une créativité exacerbée. Devenir père, cela permet à l´homme de s´orienter, avec plus de précision encore, vers le chemin de sa mission. Il commence à en entrevoir la ligne d´horizon. Sa paternité peut l´aider à s´ancrer d´avantage sur Terre et transformer son état éthéré par une réalisation dans un projet...

La préparation à l´accueil d´une nouvelle âme concerne bien les deux membres du couple, sur tous les plans de leur vie, y compris dans les conditions matérielles. Là encore, un laps de temps de trois années, comme nous l´avons déjà dit, est nécessaire afin que les futurs parents affinent et ameublissent leur terrain.
Tout a commencé par le contact avec l´âme qui les a choisis, et se poursuit par l´éclaircissement de leur vie personnelle et de leur relation. Une véritable mise en disponibilité de la cellule couple en est l´objectif, après la phase d´épuration de ses deux membres, au niveau individuel.

Offrir des conditions de nidification optimales dans le corps, dans le cœur et dans l´environnement familial, constitue la première manifestation de l´état de conscience des parents envers ce nouvel être en construction. La paternité d´une œuvre, quelle qu´elle soit, demande une grande implication et permet de se situer sur la voie du chemin de conscientisation.

Cette période exige une concentration de l´énergie, des moyens, dans une direction donnée. Après l´épuration, le terrain devenu fertile peut être ensemencé. La germination démarrée, il est impératif de consacrer toute l´attention à cette jeune pousse qui arrive en terrain inconnu, en lui accordant une disponibilité totale. Malgré l´énorme force de sa pulsion de vie, elle a besoin d´aide pour se structurer dans ce nouvel environnement, pour s´ancrer dans la réalité de sa densité.

Quand l´enfant paraît, tous les regards se tournent vers lui, l´accompagnant de leur bienveillance. Toute nouvelle œuvre demande une focalisation une concentration de moyens dans sa phase de lancement. Elle force à un déploiement d´énergie qui surprend même, parfois, ses créateurs. Elle appelle des capacités d´inventivité et d´adaptation insoupçonnées jusque- là. Cette réalisation, qui a pour cadre l´Espace, prend forme dans la matière. Elle prépare la Conscience à découvrir un autre plan de manifestation : le Temps. La connexion avec cette autre dimension ne pourra démarrer qu'à partir de la période suivante, de trente-cinq à quarante-deux ans. C'est dans cette phase que la mise en œuvre et la pleine réalisation de la parentalité s'effectueront.

Jusqu'ici, cette possibilité concernait seulement un nombre restreint de couples. En effet, entre vingt-huit et trente-cinq ans, les futurs parents s'attachent surtout à préparer et fertiliser leur terrain de toute leur conscience, durant au moins trois années.

L´incarnation, par le chemin de conscientisation, passe invariablement par des phases de préparation, d´expérimentation, de maturation et de mutation, pour franchir une nouvelle marche.

Ces sept années, dites "*phase de fertilisation*", avec le démarrage de l´œuvre, marquent bien la première partie de l´objectivation évoquée précédemment.

L´être physique et psychique peut désormais
donner la pleine mesure de son potentiel.

Sa dimension d´être spirituel
pourra se préparer par de nouvelles étapes,
pour s´enclencher effectivement après quarante-neuf ans.

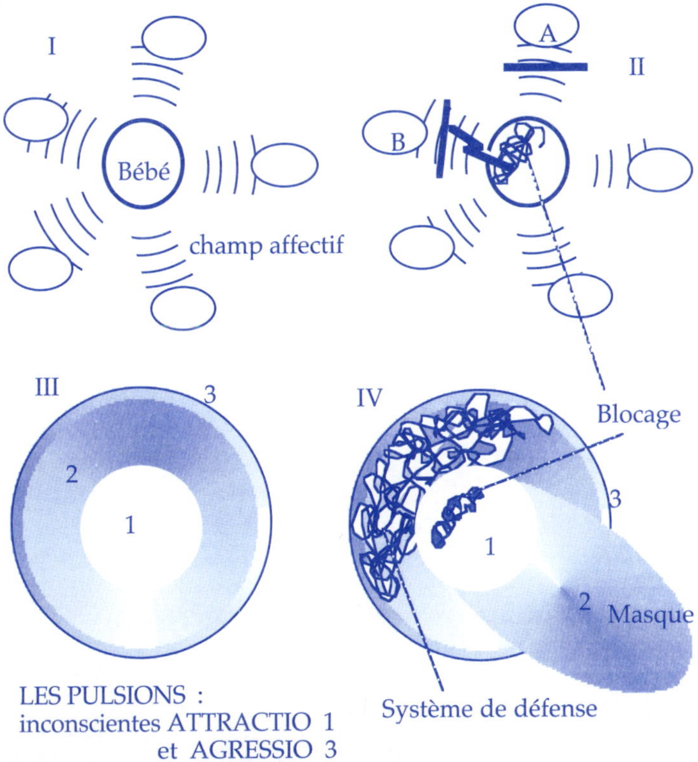

LES PULSIONS :
inconscientes ATTRACTIO 1
et AGRESSIO 3
consciente AMBITIO 2

I - Champ affectif avec réponses positives aux tests du bébé
II - Champ affectif douloureux avec mur de refus (A) et attaque (B) qui engendrent émotion et blocage...
III - Pulsions grandissant en équilibre
IV - Blocage engendrant masque et système de défense

LA LOI D'EVOLUTION APPLIQUEE
L'ESPACE DE L'OBJECTIVATION

6 - PATER-MATERNITE
De 35 à 42 ans

Cette étape, pour l'individu, finalise l'apprentissage de l'Espace. A la fin de ce passage il commence à quitter cette réalité pour entrer progressivement dans le Temps. Le rapport de l'individu à l'Espace et au Temps change, petit à petit, pour s'inverser. Le Temps, jusqu'à quarante-deux ans, guide subtilement l'individu pour l'aider à s'incarner, à s'ancrer dans l'espace de la Terre, à comprendre et intégrer ses lois, qui sont celles de la conscientisation. Ensuite le Temps se dévoile. Désormais, le Temps se manifeste plus clairement. Le corps physique de l'individu n'est plus son seul véhicule. Il a pris conscience de tous ses autres corps qu'il vit plus naturellement. Ayant jusqu'ici, pour principale réalité, la dimension matérielle, le rapport commence à s'inverser à ce moment de la vie.

Cette période est en résonance avec ce qui s'est joué entre sept et quatorze ans.
Cette étape des sept/quatorze ans met en place une force spécifique de l'Esprit : la pulsion d'*Ambitio*.

Revenons au début de la vie d'un être, pour comprendre quel rapport peut s'établir entre ces différents âges.
Entre les premiers instants sur Terre d'un être et ses sept ans, deux premières forces de l'Esprit sont exaltées : la pulsion d'*Attractio* et la pulsion d'*Agressio*. Elles correspondent, pour l'individu nouvellement né, à la mise en place du processus de vie. Pour vivre, il s'accroche à ce qui l'entoure, à ce qui le nourrit grâce à l'*Attractio*.

Il attire, grâce à cette pulsion, tout ce qui l'environne, afin de s'adapter à ce nouveau milieu, de l'intégrer, pour s'enraciner et s'y développer. C'est un mouvement de possession, d'adoption sans choix, sans sélection, de tout ce qu'il reçoit. L'*Agressio* est là pour retenir tout ce qui est absorbé par l'enfant, sans discernement. L'*Attractio* et l'*Agressio* sont des phénomènes de protection, de défense, liés à l'inconscient. Cela signifie que l'enfant agit sans savoir ce qu'il se passe, sans contrôle...

Suite à ces premières forces qui établissent la base de l'évolution, apparaît l'*Ambitio*. C'est un mouvement vers l'extérieur, une pulsion qui pousse l'enfant à dépasser ses limites, à s'affirmer, et par conséquent, à conscientiser ce qu'il fait. Ce courant est lié à la Conscience. L'enfant, en effet, aura à ce moment-là, la capacité d'agir en testant son entourage, en calculant, maîtrisant mieux ce qu'il fait.

Ces trois pulsions *Attractio, Agressio* et *Ambitio* émanent de l'Esprit et animent l'être tout au long de sa vie, se démultipliant à des moments précis, élargissant son champ de conscience.

Comment s'organisent ces trois forces et pourquoi sont-elles importantes à ce stade de l'évolution ?
L'image du fruit qui se forme et grandit va aider à mieux comprendre... Ce fruit, au début, est seulement constitué d'un noyau, l'*Attractio*, et d'une peau, l'*Agressio*.
La pulpe de ce fruit se constitue plus tard, en repoussant l'*Agressio* (la peau). L'enfant absorbe et intègre dans son "noyau" les peurs du milieu ou autres informations négatives, sans pouvoir les filtrer. Ces émotions enregistrées auront une répercussion dans ses attitudes. Vers sept ans, l'*Ambitio* se manifeste. Comme au niveau du fruit la pulpe prolifère à certains endroits et pas à d'autres, l'enfant se construit de telle ou telle façon, suivant les réponses qu'il reçoit du milieu. Il se forme par un système de défense, surdéveloppant des comportements engendrant le moindre mal.

Ces *excroissances,* compensations ou masques, lui permettent de s'adapter. Plus tard, si celles-ci ne sont pas conscientisées, elles l'handicaperont. Ces forces ont pour vocation de se démultiplier entre quatorze et vingt et un ans. Elles se développent lorsque l'individu comprend et dépasse ses blocages, créés pendant les

premières années. Nous le répétons, **les blocages sont une obligation pour l'évolution.** ***Ils sont naturels*** **et font partie du programme de chacun...**
Les formes dites "névrotiques", sont en réalité, nécessaires à la vie, car l'individu ne peut se développer sans obstacle à dépasser. En se rendant compte de ses manques, de ses limitations, l'individu forge les outils dont il a besoin. Ils lui sont spécifiques, servent la mission qu'il s'est choisie, avant de s'incarner... Il existe, par conséquent, une symétrie entre la période trente-cinq/quarante-deux ans où l'individu est censé avoir fait disparaître ses masques et autres béquilles existentielles, et celle où il les a construite. Cette phase, qui finalise l'expérience de l'individu dans l'Espace et qui le prépare à une deuxième naissance, le pousse à faire un retour sur son enfance avant de quitter cette première grande étape de vie.

Cette période de trente-cinq à quarante-deux ans demande la transparence. Il s'agit d'ôter les derniers masques, d'éliminer les dernières habitudes qui le coupent de lui-même. Les racines de ces masques et de ces habitudes, remontent au début de l'enfance.
Ces deux périodes, qui se font écho, représentent une poussée vers l'inconnu. L'*Ambitio* propulse l'enfant de sept ans hors du nid parental, l'humain de trente-cinq ans est aspiré par le Temps. Ces deux passages de la vie se font sous le signe de la Conscience. L'enfant, à l'âge dit de raison, sort de l'inconscient. Il sait, tranche entre ce qu'il aime ou pas, bien qu'il n'ait pas de mots pour exprimer ce qu'il sait. Il pense par images, sans analyse, sans pouvoir transmettre ce pourquoi il agit. L'individu d'une quarantaine d'années a construit jusque-là toutes sortes d'outils, tout en ignorant leur utilisation future, ni comment ils se reliaient entre eux. *C'est l'heure pour lui où tout se coordonne, tout se rassemble. Il sait maintenant ce qui sous-tendait toutes ses actions...*

Après avoir mis en place l'objectivation, c'est-à-dire s'être engagé sur **la voie du chemin unique** par des actes concrets, l'individu connaît les particularités qui sont la signature de sa mission. Il se rend compte qu'il a agit dans ce sens, depuis longtemps déjà, sans en avoir conscience. Ce bilan effectué, une épuration se fait ressentir. L'individu est capable d'un certain regard sur lui-même, sur son passé : "*Ce que je vis correspond-il à*

ce pourquoi je suis fait ?..." Dans cette prise de conscience, il voit les détours, les méandres, tout ce qui l'a porté et qui maintenant lui paraît superflu. Aussi, il éprouve un mouvement d'éloignement par rapport à la société, une envie de dépouillement. Grâce à ce qu'il a conscientisé, il voit ce qui l'attache et le freine dans son évolution. Il se sent à l'étroit, remet en cause ses repères, qui jusqu'ici lui permettaient de se socialiser, d'être avec les autres. Ces autres, qui le faisaient vivre, lui apportaient une stabilité ou une structure. Maintenant qu'il commence à percevoir la réelle différence de chaque être, au-delà des appartenances identitaires et des apparences, il cherche l'isolement qui favorisera le retour sur soi. L'individu, devant sa propre différence, face au groupe, aux normes, veut sortir de ce qui, maintenant, le limite. Le cadre qui le structurait, le soutenait ou le stimulait, lui paraît plus illusoire, plus enfermant. Il subit l'influence du Temps, qui le prépare à une grande mutation à quarante-deux ans.
Les repères, qui faisaient sa base jusqu'ici, commencent à le gêner, lui paraissent insuffisants... Ils sont prêts à être dépassés.

Des périodes précises et ponctuelles demandent de lâcher prise. La vie met alors l'individu face à l'obligation de se détacher de ce qu'il connaît, chaque poussée vers l'inconnu l'entraîne dans ce sens. L'être, n'ayant pas joué le jeu des différentes étapes de son programme intérieur et des lois de vie, se retrouve alors en résistance, n'ayant pas conscience de ce qu'il se passe en lui. Il vit alors cette période, comme douloureuse. Le frein qu'il met, et qui l'empêche de grandir se manifeste sous forme de conflits, ayant pour conséquences, un mal-être, une maladie, des événements extérieurs ou intérieurs déstabilisants...

La société a presque normalisé ces crises, qu'elle nomme communément "*crise de la quarantaine*", ne cherchant pas l'origine de cette fracture intérieure, ni la spécificité de chaque passage.

Pendant ces sept années, de trente-cinq à quarante deux ans, l'individu a construit son père intérieur. Le palier suivant lui demande de quitter ses "*re-pères*" afin de rencontrer Le Père Céleste... Ce nouveau deuil à faire, ce détachement demandé, l'écarte du monde. Cette préparation au passage dans le Temps, est une période de gestation.

Il peut paraître paradoxal, que cette période se déroule sous la pulsion de l'*Ambitio*, force vers l'extérieur, où l'être est poussé hors de lui-même, simultanément à un temps de gestation.

Comment l'Ambitio, le détachement et la gestation peuvent faire partie d'un même mouvement qui se déploie sous le signe de la concrétisation ?

L'individu, est au centre d'un temps d'objectivation. Le sommet de cette concrétisation, s'associe à la fertilité. C'est le dépouillement qui aidera à l'efficacité de l'acte. Comme nous le savons, l'hiver fait naître le printemps. Sous l'apparence de l'immobilité, de la sobriété, de la nudité, l'arbre est, en fait, dans un retrait actif, dans une période de charge. Cette "*gestation*", où les choses se passent dans l'ombre, dans la matière de la densité souterraine, est le temps par excellence de la "*concrétude*", dont le fruit terminé, "l'enfant", apparaît la saison suivante…

Ce passage dans le Temps nécessite que l'individu soit en Conscience. L'individu est prêt à être parent. Il sait ce qu'il fait, où il en est, ne s'illusionne pas sur le chemin à parcourir. Dans ces conditions, il peut accueillir une âme afin qu'elle puisse s'incarner. L'homme et la femme ont préparé le terrain, ils connaissent leur nature et peuvent accompagner en Conscience l'âme à venir. La parentalité se vit après avoir conscientisé ce qu'apporte l'Espace.

Ces sept années sont un subtil tressage de détachement et d'ancrage, de concrétisations et de lâcher-prise, d'objecti- vation et d'abandon de la possession... L'individu va se préparer à renaître en donnant naissance. La naissance d'un troisième pôle, au sein de la bipolarité du couple est un temps de consécration de l'Espace, de la Terre, de la vie incarnée. Parallèlement, les parents se préparent à quitter la densité et la remercient pour les enseignements qu'elle leur a donnés. Pour la femme, devenir mère, induit un bouleversement hormonal, qui là aussi, fait résonance avec la puberté correspondant à l'émergence de l'*Ambitio*.

A ce moment de la vie, l'Espace et le Temps sont en équilibre. Si l'être est réellement dans sa nature, *"l'accouchement et la*

naissance" se vivront avec une certaine sérénité. L'individu est porté, enveloppé par ces deux dimensions qui l'aident à faire la transition de l'une à l'autre.
Comme le fœtus dans le ventre de sa mère, qui lui, se prépare au passage inverse du Temps à l'Espace...
La Conscience épouse l'Amour et fait renaître l'individu, qui lui-même, dans cet état privilégié enfante. Le nouveau-né arrive pour découvrir l'Espace, alors que ses parents s'en éloignent pour naître au Temps...

Pour la femme, la gestation que représente cette période, qui se fait aussi dans la concrétisation, se retrouve dans l'attente d'un enfant et de son accueil. Ceci l'amène et l'ouvre à son féminin. Elle a préparé cette naissance en se *"co-naissant"* elle-même, en se purifiant durant plusieurs années. Elle a perfectionné son terrain matriciel et sacré, pouvant ainsi nourrir tous les plans de l'être qu'elle porte en son ventre. L'espace qu'elle a peaufiné auparavant, la prépare à elle-même. Le bébé prend vie dans le lieu où se déploie sa polarité. Cette vie qui se développe, dans le temple de la féminité, réveille et active le rayonnement de la femme future. Cette période est la plus propice pour la femme. Ce passage, à cet état ponctuel de la maternité, lui permet de redevenir femme...

La femme n'est pas mère du même enfant plus de sept ans... Grâce à ce passage ou elle change d'état, le temps de se consacrer pleinement à l'enfant pour le quitter quelques années plus tard, elle (re)découvrira avec une toute autre perception sa féminité.

Ce temps de "gestation", pour l'homme, se manifeste par une autre forme de créativité. La paternité est une nouvelle facette du père à vivre. Après avoir été fils et avoir dû quitter son père physique, puis reconstruit un père symbolique, il est lui-même père. Cette réalité de l'enfant qui naît, permet à l'homme d'activer sa puissance éthérée. Il met celle-ci au service d'un projet qui lui permet d'exalter sa capacité d'invention et de matérialisation de sa Créativité. Les mouvements intérieurs du masculin, sans limites, sans frontières, se déploient sans qu'ils soient forcément reliés entre eux. Dans l'infini, les différents mouvements peuvent se développer individuellement, dans plusieurs directions, leur immatérialité ne les rendant pas contradictoires.

Cette *"né-sens"* (naissance de l'enfant) donne un sens qui unifie l'homme, donne une direction à ses idées, les rend cohérentes et les fait converger vers un but.
Les rêves de l'homme n'en font plus qu'un, qui prend alors une forme concrète. Ceci est l'accouchement de l'homme. De sa tête sort l'idéal qui se cherchait en lui. L'enfant, pour lui est un cadeau, qui le met en relation avec sa mission. Contrairement aux outils qu'il a dû fabriquer jusqu'ici, celui-ci, lui est donné, sans qu'il soit question de confrontation. Cette naissance le révèle, et ainsi, l'aide à rendre réel son projet.

Savoir où l'on se situe dans son évolution, avoir cette clairvoyance qui permet le contact avec le Temps, signifie d'être sans emprisonnement, sans peur ni compensation. Si l'individu a pu grandir jusque-là, sans toujours conscientiser ce qui se passait pour lui, cela n'est plus possible. Le passage dans le Temps se fait par la Conscience, à un niveau où elle est dite "intégrée", autrement dit : tout est fait en Conscience.

C'est le seul chemin possible pour muter. Toutes les habitudes, masques ou béquilles sont inconciliables à cette étape de l'évolution. A ce stade, l'individu connaît les mécanismes de l'inconscient et ses conséquences.

Comment s'imaginer vivre dans une autre dimension que l'Espace, selon d'autres lois, en gardant un fonctionnement de la densité ?

L'individu doit quitter ses croyances, les valeurs auxquelles il tenait, puisqu'il n'est plus question de tenir par quelque chose d'extérieur à soi, qui ne lui appartient pas.

Il est aspiré par l'avenir, les forces du Temps le poussent. Ses questions portent sur son devenir. Il est dans un temps de charge, porté par l'imbrication de l'Espace et du Temps : c'est la spécificité de cette période. Ce double mouvement, s'il est pleinement vécu, est unifié car l'Espace finit là où commence le Temps. Les deux dimensions s'épousent, et ainsi le préparent au basculement à venir. Dans cette situation, il n'y a pas de vide déséquilibrant, de chute ou de confrontation agressive… quand l'être suit le chemin qui lui est propre.

La Terre porte encore l'individu, le Temps l'inspire et l'appelle. Il a les pieds sur Terre, la tête dans le Ciel, et au centre sa créativité d'homme ou de femme. Lors de cette phase de perfectionnement, l'individu aiguise sa Conscience, ce qui lui permet de s'ajuster au mieux, pour vivre la métamorphose demandée par le Temps.

L'homme et la femme, ont travaillé à la mise en place de leur genre respectif. Ils ont parfait leur chemin, leur implication au service de la vie par la matière. Ainsi, ils sont devenus responsables au point de pouvoir accompagner, guider un autre être, qui a une mission à vivre et à déployer sur Terre. Ils sont prêts à cela. Ils sont les gardiens de leur "part" de Terre et de Ciel. Dans ce respect, ils permettent une autre rencontre Terre/Ciel afin qu'une nouvelle mission individuelle vienne nourrir la Conscience collective.

A l'image de cette perfection
que montre l'enfant nouveau-né,
la vie fait découvrir les capacités
que l'individu possède
pour se parfaire dans la forme...

L'enfant, comme la nature entière, au-delà de son évidente apparence, donne, à qui sait entendre et observer, les clefs du perfectionnement sur un plan spirituel.

Les choix de l'individu, dans le discernement, dans la pureté de son esprit nettoyé de ses mémoires, de son inconscient, en harmonie avec la Conscience, impulsent le mouvement lui permettant une mise en forme plus efficace de ses actions.

Par cet aboutissement,
l'homme arrive aux portes du Temps.

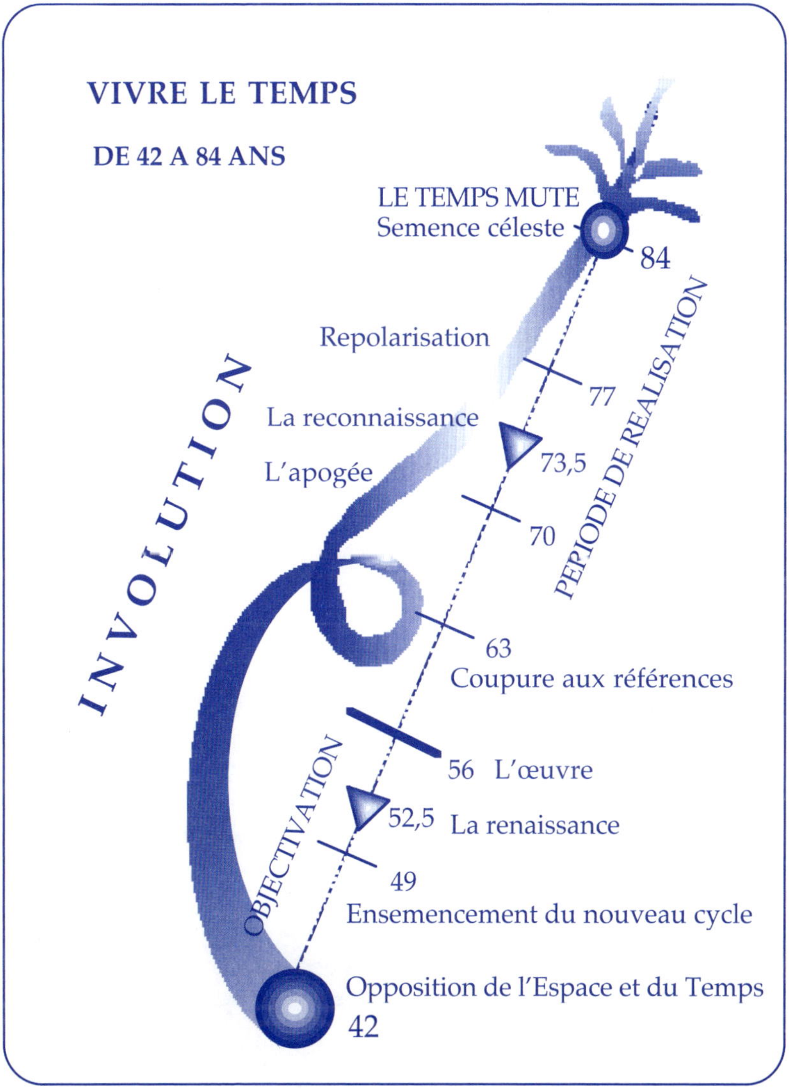

VIVRE LE TEMPS
DE 42 A 84 ANS
LE TEMPS MUTE
Semence céleste
84
PERIODE DE REALISATION
Repolarisation
77
INVOLUTION
La reconnaissance
73,5
L'apogée
70
63
Coupure aux références
56 L'œuvre
OBJECTIVATION
52,5
La renaissance
49
Ensemencement du nouveau cycle
Opposition de l'Espace et du Temps
42

LA LOI D'EVOLUTION APPLIQUEE
L'ESPACE DE L'OBJECTIVATION

7 - LES PORTES DU TEMPS
De 42 à 49 ans

Le jour et la nuit… A l'image de la nuit qui s'en va et du jour qui arrive, un passage de l'un à l'autre se faisant à l'aurore, les étoiles s'estompent, le soleil lentement apparaît, un rideau se ferme sur les étoiles, un autre s'ouvre sur le soleil…

Comme nous l'avons vu, après la phase d'abstraction, de découverte de soi entre sa naissance et vingt-huit ans, l'être entre en phase d'objectivation, passage à l'action dans l'Espace qui va trouver sa plénitude à cinquante-six ans...

Comme un bébé qui passe du monde aquatique au monde aérien, l'individu, entre quarante-deux et quarante-neuf ans, conscientise l'inverse de sa nature, dans une opposition de l'Espace et du Temps. Cette période est une période de grande mutation, c'est uniquement à ce moment-là que nous avons accès à notre *Pouvoir Sacré*...

Suivant la loi de bipolarité, chaque genre, masculin ou féminin, conscientise la force sexuelle de sa polarité et s'affirme en elle, s'attachant à comprendre son opposé complémentaire...

C'est un peu comme l'enfant qui passe de l'état d'apprentissage à quatre pattes à la position debout. Dans ce monde lié au Temps, qui lui est totalement inconnu, après la naissance à ses quarante-deux ans, apprendre à évoluer est nécessaire.

Le corps se trouve alors dans l'équilibre entre les deux périodes d'ensemencement sur Terre et dans le Ciel (dans l'Espace et dans le Temps).

Il s'agit d'un passage entre deux périodes de durées égales, qui permet au corps d'évoluer physiquement et vibratoirement, comme un sas où la résonance à l'Espace et au Temps permet de donner naissance à une conscientisation des autres dimensions.

La chenille rampe sur son arbre, se suspend à une branche, forme un cocon, rentre dans un processus de transfiguration dans sa chrysalide pour se réveiller, le moment venu, en magnifique papillon.
Son physique mute comme sa relation à l'environnement, il se nourrit différemment, voyage dans le monde aérien et plus seulement terrestre, son champ d'observation change, il admire la vie d'en haut.

Comme nous l'avons vu, l'homme vient du Temps, de nature Ciel, il est éther. La femme, par opposition complémentaire, vient de l'Espace, de nature Terre, elle est densité. A partir de cette période, la recherche de l'autre pôle, le désir de comprendre l'autre, pousseront l'individu à se détacher des sensations qu'il vivait auparavant. L'expansion de son propre genre est aboutie...

Dans ce passage, la base de la construction du nouvel être est initiée, car il y a nécessité de faire grandir l'état de Conscience, de retrouver le mouvement, perdu par notre civilisation, porteuse d'enfermement.

Nos sociétés proposent peu de réponses à ce phénomène, d'une part, elles occultent cette dimension spirituelle évolutive, d'autre part, simplifient les complémentarités homme/femme, en y apportant des réponses simplistes *un homme, c'est..., une femme, c'est...* qui méprise les réelles dimensions des êtres.

L'humain met ses propres limites par ses convictions. Pour connaître le chemin, il doit prendre un point de vue différent, afin d'élargir sa vision et de contempler la vie dans son ensemble, dans sa réalité authentique.

Inconsciemment, il se crée des habitudes et des attachements psychiques qui le limitent dans son évolution. Il devra observer ces constructions avec un regard extérieur sur lui-même, une vision plus élevée, plus globale. Ce sont les seules chaînes qui le retiennent.

Il passe d'une phase où il est dans l'Espace
guidé par le Temps,
à une phase où il est dans le Temps
soutenu par l'Espace.

L'existence, le chemin de vie de l'homme et de la femme doit se faire sur la Terre, dans l'Espace avant quarante-deux ans. L'être incarné oublie momentanément sa Dimension divine pour vivre pleinement son existence terrestre.

L'inconscient met une forme pour expérimenter
la Conscience dans l'Espace jusqu'à quarante-deux ans,
puis l'être mûrit le contact avec le Temps
jusqu'à quatre-vingt-quatre ans.

La **Conscience intégrée** qui commence à s'installer vers trente-cinq ans - *souvent bien plus tard, voire jamais s'il n'y a pas de démarche évolutive* - trouvera son plein potentiel autour de quatre-vingt-quatre ans.

Dans le Temps, l'humain expérimente différentes dimen- sions, des états infinis de la compression à l'expansion qui est la forme la plus dilatée du Temps. Tout est partout dans les états de compressions maximales. C'est en se connectant que l'individu accède au Divin.

Cette période, d'opposition entre l'Espace et le Temps met en place le mouvement de séparation, de mutation des champs d'expériences…

L'être s'ouvrant aux messages du Temps, commence à percevoir l'utilité des outils qu'il s'est créés afin de remplir sa mission. Tout en lâchant les contraintes de l'Espace, il reste lié à la densité. En effet, **c'est bien sur Terre qu'il doit œuvrer**, aidé en cela par sa guidance temporelle, les autres dimensions le guidant de plus en plus sur son chemin...

L'Espace n'est qu'un grand terrain d'expériences... Conscientiser et intégrer les outils développés évite bien des problèmes. Quand la peur et les voiles mis en place sont levés, tout devient évident puisque guidé par la Conscience. Alors l'individu voit clair dans son âme, dans sa nature, et aperçoit enfin les savoirs liés à sa mission.

C'est une nouvelle naissance.

Chaque humain a, en lui, un programme prédéterminé, ce qui sous-entend les composantes de sa vie. L'âme a choisi son chemin de Conscience avant de naître, en accord avec les grandes trames de l'évolution humaine.

Le corps de l'individu s'adapte par différentes mutations à ce passage dans le Temps. Une chaleur, parfois douloureuse, peut se manifester, allant jusqu'à des sensations de brûlures. C'est l'apparition du Feu Sacré qui, tel un foyer, se consume...

La chaleur est mère de l'Amour et de la Lumière. Elle est la base de la Vie et du développement de la nature. Tout mouvement, par l'inertie qui en découle, provoque de la chaleur.
Ainsi, le véhicule terrestre de l'âme se transforme au niveau physique, vibratoire, énergétique et atomique. Le maître- cœur, placé juste au-dessus du cœur, s'active, permettant à l'être de muter et de se propulser dans son chemin spirituel vers l'état de Conscience et d'Amour.

Depuis l'âge de trente-deux ans, l'individu a commencé son élévation pour multiplier ses forces par trois.

Les forces de l'Esprit passent de treize à trente-neuf...

Chacune de ces forces prend une forme, une puissance, qui permettront l'obtention des cinquante-deux forces, vers cinquante-deux ans, si l'étape actuelle est vécue en Conscience.

Le Temps va s'ouvrir grâce à l'Esprit.

Tout s'assemble pour devenir unité conscientisée. Un lâcher- prise, initié lors de la période précédente, de trente-cinq et quarante-deux ans, s'opère ; l'être abandonne son surmoi, ses masques, s'aligne avec son Etre supérieur. Il vit l'instant présent, rompant avec les attachements, le cloisonnement, la séparation et les projections.

Les quarante premières années sont indispensables à la construction du Moi, sa dimension spatiale. L'inconscient permet à l'individu de se forger une personnalité et aussi de s'épurer : en mettant les formes, l'inconscient favorise la conscientisation des manques, l'individu peut alors élaguer, supprimer ce qui le freine. Avant de se réaliser dans sa nature, un "nettoyage" des karmas accumulés dans ses vies passées s'avère nécessaire.

L'Espace, désormais relégué au second rang, l'individu vit le Temps ; celui-ci se manifeste dans des formes différentes. La liaison au Temps se renforce, il devient impossible de l'ignorer...

Par la synchronicité, les pensées et les actes ont un retour quasi immédiat, confrontant l'être à ses limitations, à ses résistances. Les compensations, mises en place par l'inconscient, s'écroulent et le placent dans une position fragile et instable, l'obligant à se mettre à l'écoute. A cet âge, beaucoup de couples se séparent, ce qui entraîne parfois des problèmes de santé, des dépressions ...

En s'élevant de la densité, il quitte l'aliénation de la société actuelle, contre nature et se libère ainsi du fil traumatique de l'inconscient...

Cet inconscient, indispensable pour la mise en forme, a freiné l'individu dans son évolution tout au long de son existence, à présent, il se met au service de la Conscience. L'être connaît maintenant l'horizon directeur de son expansion, il laisse la synchronicité et ses innombrables convergences complexes se placer naturellement dans son quotidien.

Bien que présent sur la Terre, il connecte en permanence le Ciel. L'Espace devient seulement support, son être vit dans le Temps. Ses préoccupations deviennent bien supérieures aux problèmes terrestres, il agît selon les Lois cosmiques et universelles.

Alors, le féminin comprend *le Temps-Amour* et le masculin intègre *l'Espace-Conscience,* comme un miroir magique qui permettrait, tel un négatif photographique, de révéler les contraires. Les forces de l'Esprit passent de treize à trente-neuf, nous l'avons vu. Chaque force se triplant vers une conscientisation plus fine de chacune de ses Lois.

C'est la période de la rencontre de l'autre dans toutes ses réalités, limitations, grandeurs et dimensions.

L'homme est invité à mettre les pieds sur Terre, à conscientiser l'Espace et ses Lois, à s'éloigner de sa dimension Ciel pour se densifier. Sa sexualité mute vers une autre pulsion de vie. C'est par cette nouvelle sexualité qu'il détache la femme de sa Terre. Il voit sa sexualité se transcender, elle se transforme en pulsion d'affirmation et d'identification. La femme, allant vers sa ménopause, dépasse sa force sexuelle de reproduction, son état de mère, et s'ouvre à la féminité exaltée.

Après avoir conscientisé l'Espace, ils se dirigent vers leurs dimensions spirituelles infinies. Tous deux resplendissants, l'homme aura une présence rassurante et la femme un rayonnement dynamisant, source de joie...

LA LOI D'EVOLUTION APPLIQUEE
L'ESPACE DE L'OBJECTIVATION

8 - L'OBJECTIVATION DE LA MISSION
De 49 à 56 ans

Nous l'avons vu, les sept années précédentes ont été particulièrement mouvementées pour l'individu, voire conflictuelles.

Depuis sa naissance, il poursuit un seul but, grandir, évoluer. Il se cherche pendant un certain nombre d'années. Quand il trouve un chemin qui lui correspond, il s'y engage naturellement, pour ensuite s'affirmer dans son identité.

Certains obstacles se placent sur sa route… souvent il les surmonte, parfois il les contourne et, quelquefois, se heurte à eux de plein fouet...
Pour lui, peu importe la récolte, l'important, c'est l'arbre qui grandit, l'être qui s'épanouit. Il se forge, se façonne peu à peu, en accumulant les expériences…

Jusqu'à quarante-deux ans, le maître à bord est l'Espace. Bien que guidé par le Temps, l'individu vit pour et par la matière. Là se place son œuvre. A cet âge, il connaît parfaitement l'Espace et ses facéties auxquelles il s'est confronté à maintes et maintes reprises.

Il commence à se poser des questions sur son devenir, sa réalité, sa valeur, entrant dans une période de conflits intérieurs et non extérieurs comme à la période précédente.

En effet, à ce moment, ses rapports à l'Espace-Temps se concrétisent de plus en plus...

Il s'affirme au Temps, et l'Espace se réduit maintenant à un simple support. L'être s'en trouve confus, il se repère difficilement. Il se crée des bases nouvelles. Il passe, comme un nouveau-né, par des phases de structures assez intenses qui peuvent se vivre durement. Il doit prendre pied dans la nouvelle dimension de son être...

A quarante-neuf ans, l'épuration continue afin de mettre les premières pierres à son édifice éthéré. Porté par le Temps, il s'éloigne de ses problématiques terrestres pour révéler son nouvel être, pour élever sa vibration.
L'individu se sépare du physique, il va progressivement se comprendre et intérioriser sa spiritualité.

Le passage à cinquante-deux ans représente une étape déterminante dans la vie de l'être humain. Bien qu'ils baignent maintenant dans le Temps, pendant à peu près six mois, l'homme et la femme vont connaître un état d'ouverture conscientielle, un lien particulier et intense avec celui-ci.

Déjà mentionné, cet état s'est déjà vécu par trois fois, à la naissance, à dix ans et demi où le père reconnaît sa filiation dans sa sexualité, puis à trente et un ans et demi ou après avoir reconnu les valeurs inculquées par son père, il s'est reconnu lui-même dans sa dimension d'individu, dans sa pulsion de vie, et s'est fait sa propre définition de père...

À cinquante-deux ans, il revient sur cette dernière pour analyser la justesse du vécu.

Le Temps l'amène à avoir un regard juste sur sa vie et à se poser des questions sur les directions qu'il a prises, sur les choix qu'il a faits. C'est un bilan de la voie qu'il a choisie, vingt et un ans plus tôt.
Ce lien l'oblige à s'interroger sur la conscientisation de ses relations à son milieu et à la Planète…

Comment fonctionne l'Humanité ?

Son regard devient différent : les situations, les événements, les faits prennent alors une autre amplitude, des dimensions nouvelles s'offrent à lui.

Il lâche ses perspectives personnelles, prend de la hauteur sur les événements, ses visions s'élargissent et ses certitudes se relativisent.

Qu'en est-il des réalités sociales et familiales dans le monde ?

L'humain peut jauger sa situation en mesurant les valeurs de ses implications…

Quel genre de père, de mère ai-je été ? Quelles ont été mes relations avec mon conjoint, ma conjointe ? Quel genre d'ami(e) suis-je ?

Il regarde son comportement dans ses relations avec son entourage. Il revoit les attitudes qu'il manifestait, les réactions de ses proches par rapport à ses humeurs, à ses exigences, à ses qualités ou ses faiblesses. Il comprend jusqu'où son caractère l'a mené ou ce qu'il l'a empêché de faire…

Il fait également un point sur sa place dans la société, sur les actions qu'il a engendrées tout au long de sa vie.

Où mes projets m'ont-ils mené ?
En quoi ai-je été utile dans telle ou telle activité?
Où en est mon évolution personnelle ?

Par un retour en arrière, l'être observe les raisons qui l'ont poussé dans une réalisation plutôt que dans une autre, les choix qu'il a opérés.

Il se rappelle les circonstances, les éléments extérieurs ou les décisions personnelles, qui l'ont contraint à changer de métier, de profession, de façons de procéder pour parvenir à ses buts.

Confronté à sa personnalité réelle, à son évolution au cours de son existence, les souvenirs rejaillissent avec une force extraordinaire, de telle façon qu'il en vient obligatoirement à se reconsidérer. En apparaissant d'une manière précise et orientée, ceci dans un ordre non chronologique et par contre dans une logique implacable, le Temps l'oblige à s'auto-évaluer.

Le miroir aux illusions se brise en le mettant face à lui-même. Il se voit objectivement, sans se voiler la face. Sa vie surgit enfin clairement devant ses yeux. La vérité remplace le songe et le mensonge...

La page se tourne, revenir en arrière est impossible. Malgré tout, même s'il faut souvent plusieurs fois pour comprendre, il est nécessaire de garder à la conscience que l'échec s'avère inutile quand il se répète indéfiniment...
Bien au contraire, une fois ses causes analysées, marquer un changement de cap, une orientation différente semble indispensable. En avançant constamment dans la tempête, en ignorant les avertissements, le plus solide des bateaux fini toujours par couler. Les meilleurs capitaines s'accordent tous à dire que la mer demande le respect, qu'elle a toujours le dernier mot.

Gare à l'imprudent qui persiste à nager à contre-courant. Il s'expose à de grands dangers en faisant fi des conseils apportés par le Ciel. Même occultés, les problèmes et les questionnements demeurent, agitant le corps de l'individu jusqu'à ce qu'il explose ou qu'il trouve une solution viable.

En effet, beaucoup de problèmes de santé, d'ordre physique ou psychique, s'accentuent vers la cinquantaine. Tous les organismes de contrôle de santé observent une montée exponentielle de la prise de médicaments à cet âge.
Certains s'obstinent dans leur erreur. Pourtant, en écoutant simplement sa voix intérieure, la Providence pourvoit aux besoins spécifiques du Temps. La seule chose exigée : vivre selon sa nature propre afin de trouver la place et la fonction que chacun a choisies avant de naître...

Cette phase de passage, cette ouverture conscientielle donne toutes les cartes pour révéler sa nature. Voilà l'occasion de se découvrir réellement. Il est donné à chacun de comprendre, de conscientiser les actions passées. La Lumière est toujours là, à coté de nous, il suffit simplement de la saisir, de rompre l'agitation habituelle pour s'écouter, se comprendre. Le Temps revient à certains moments précis afin que l'individu s'en souvienne, mais c'est là, la dernière chance qu'il donne de remettre le bateau dans la bonne direction...

Pourquoi ai-je pris cette voie plutôt qu'une autre ? L'ai-je fait pour moi ou par souci de reconnaissance sociale ? Ma vie a-t-elle un sens profond ou suis-je en train de me fourvoyer dans une voie de garage ? L'existence que je mène me correspond-elle ? Que m'apportent mes relations actuelles ?

Cependant, les erreurs d'hier font les forces d'aujourd'hui. La conscientisation réelle de son passé permet, à défaut, de savoir quelles routes emprunter, d'en connaître les impasses... Ce parcours aura été une forge pour développer ses outils, qui vont lui être utiles dans la compréhension de sa fonction, de sa mission.

L'individu a désormais deux choix possibles :
- Il décide que la voie qu'il a choisie vingt et un ans plus tôt convient à sa nature. Dans ce cas, il affine considérablement ses méthodes, poursuivant toujours le même but, mais prend des chemins différents pour atteindre ses objectifs. Fort de ses expériences passées, il prévoit les obstacles, évitant les échecs et mène ainsi ses projets à bien, dans la maîtrise parfaite de son art. Il aide aussi d'autres personnes qui pratiquent le même genre d'activité que lui ou les conseille tout simplement.
- Au contraire, il se rend compte que cette vie lui est étrangère. Courageusement, il s'efforce alors de tout quitter, de se défaire des liens qui le rongent depuis trop d'années déjà.

Il se construit dans quelque chose de plus sain, en adéquation avec lui-même. Culpabiliser s'avère inutile, il dépasse plutôt la situation car le Temps offre ce moyen en montrant la vraie nature de chacun.
L'être avait besoin de cette expérience pour conscientiser les manques d'une telle existence ou pour libérer son karma des charges de ses vies passées. En comprenant les mécanismes d'un tel choix, il apporte aux autres, par son vécu, les risques qu'ils encourent en choisissant cette voie et leur évite toute illusion dans ce domaine.

Il sera d'ailleurs dans ce rôle plus efficace,
plus crédible et déterminé que quiconque.
Qui pourra, mieux que lui, faire réaliser aux personnes, dans son ancienne situation, combien leurs raisonnements sont erronés ?

Nombreuses sont les directions mais à chacun la sienne, l'important étant d'intérioriser son être supérieur pour s'incarner dans sa nature véritable, sa dimension, le Soi.

L'être, dans sa nature sexuée, lâche du lest, se débarrasse des lourdeurs du Moi, qui le rattachent à la Terre. Pour s'élever, il quitte les sources de ses problèmes et commence à manifester sa présence *Je suis*. Il passe du simple humain à l'Homme, rentrant de plus en plus dans l'égo égal à l'âme, s'affirmant dans son identité Temporelle.

Il renaît dans le Temps à quarante-deux ans. Depuis sa nouvelle naissance, se sont écoulés dix ans et demi. Dans sa nature, il se reconnaît comme Emissaire de la Lumière, ou du moins, sur le chemin de cette fonction. Cet âge de cinquante-deux ans a toujours été fêté par les Mayas qui considéraient que l'homme avait un "siècle"... (quatre fois treize ans) et cela se perpétue encore aujourd'hui dans ce peuple.

Lors de sa conception, à la première impulsion Divine créatrice, son âme était empreinte d'une pureté éclatante de Lumière. Par ses propres choix, il est venu dans la densité...

En s'incarnant, il a alourdi son état et a augmenté ses limitations à des fins de fabrication d'outils, pour assumer sa mission spécifique. Son être va désormais vers la reconquête de cet éclat originel. Enrichi de ce passage dans la matière, ses moyens pour faire jaillir la Conscience et l'Amour chez les autres, en sont améliorés...

Tout est offert au nouvel incarné de Lumière. Relié au Temps, l'Espace perd son importance, il réalise à quel point les relations qui le régissent sont réductibles à un simple terrain de jeux où s'agitent des personnes infantiles. Ses objectifs se révèlent bien supérieurs guidé maintenant par les Lois universelles et divines.

Il a conscientisé que le commun, le vulgaire et le mortel, sont des réalités passagères, et agit dans le sens de la beauté et de la perfection. Sa vie est profonde et juste. Par la Présence pour l'homme et par le Rayonnement pour la femme, ils tirent la conscience collective vers des Dimensions supérieures...

Rappelons que l'individu traverse, de zéro à vingt-huit ans, une période d'Abstraction où il teste la vie sans toujours comprendre ce qu'il traverse, puis de vingt-huit à cinquante-six ans, une période d'Objectivation où il conscientise l'Espace et s'affirme dans son Moi, dans sa nature. Maintenant il entre dans la réalisation de son être Spirituel, le Soi, enrichi de sa nouvelle expérience terrestre, afin d'appliquer sa Mission à l'humanité.

C'est la phase de Réalisation
où il s'attachera à *comprendre le Temps*.

Après ces vingt-huit années, il entrera dans sa dimension d'expression divine où l'Espace et le Temps seront liés, rééquilibrant ainsi son existence dans la bipolarité pleinement intégrée.

LA LOI D'EVOLUTION APPLIQUEE
L'ESPACE DE REALISATION

L'espace de Réalisation
s'étend de cinquante-six à quatre-vingt-quatre ans
en quatre phases de sept ans

9 - L'INTEGRATION DE CONSCIENCE
De 56 à 63 ans

A cinquante six ans, débute le troisième cycle de vingt-huit ans. Après celui de l'abstraction où l'individu expérimente la vie sans conscience de son individualité, puis celui de l'objectivation où il comprend qu'un chemin unique lui est destiné, vient celui de la réalisation, l'heure de la mise en place de l'œuvre, de sa mission, de ce pourquoi il s'est incarné, de ce qui l'a poussé jusque-là...

Depuis quatorze ans, il s'y prépare. Il se familiarise avec ce qui l'attend dans cette nouvelle dimension temporelle. Depuis ses cinquante-deux ans, il est dans une phase de bilan profond, où il regarde tout ce qu'il a dû dépasser, comment et pourquoi. Cela se manifeste avec une force qui produit une cassure : il choisit ou pas de continuer l'avancée dans le Temps. Ses outils sont faits, il sait pourquoi il a dû les élaborer. Il est maintenant dans une phase d'assemblage de tout ce qu'il a mis au point pendant toute son existence.

Voici l'individu qui baigne dans le Temps... L'Espace est un monde très lointain... Les quatorze années précédentes, depuis ses quarante-deux ans, ont servi à intégrer cette nouvelle vie en connexion avec ses autres dimensions. Désormais, il est relié en permanence avec son être supérieur, c'est-à-dire à la part d'âme qui s'exprime au travers de son corps.

Les obstacles nécessaires à son développement ont été conscientisés et dépassés. Les voiles entre lui et sa Conscience se sont levés. L'inconscient et la Conscience vont de pair, sans plus jamais se séparer. Aussi, cette reliance désormais installée, stabilisée, l'individu se vit dans une communication directe et omniprésente avec son âme qui le guide. Les obstacles s'amenuisent, l'Espace se réduit, atteindre un but devient aisé...

Durant cette préparation à la réalisation, dernière étape du "Moi", l'individu quitte, s'il ne l'a pas encore fait, ses ultimes apparats identitaires, qui lui ont permis de comprendre l'Espace. L'autre étape évolutive de l'être, le "Soi", aspect le plus temporel de l'être, affirme sa place, au-delà de son identité. Cette dernière lui a offert d'affirmer son individualité pour conscientiser le chemin à prendre, qu'il est seul à parcourir. L'individu s'engage maintenant dans ce chemin. *Il devient ce chemin... passant de «faire» ses outils, à «être» ses outils...*

En effet, il a affiné et utilisé ces fameux outils, en a acquis une telle maîtrise qu'ils ont disparu... Ils ne se veulent plus des moyens de se connaître, ils font partie intégrante de l'individu. Le "mode d'emploi" bien enregistré, l'être peut s'abstenir de le lire.

Qu'est ce qu'un outil ?

L'outil se loge la plupart du temps, dans la douleur et dans l'échec. Par exemple, une personne, ayant un handicap physique, une maladie, lorsqu'elle entame un processus d'adaptation ou une recherche de guérison, se forge un outil. Derrière l'apparente douleur se cache la formation d'un savoir, grâce à un processus conscientiel. L'échec, c'est-à-dire, la croyance d'être un raté par une difficulté, par une incapacité, sur un certain niveau (social, familial, scolaire, amoureux…) se veut sur un autre plan, *une construction...*

Citons l'exemple d'un thérapeute : il tombe malade... cela représente, apparemment, un échec dans sa capacité à amener la guérison, alors, qu'en fait, c'est là son moyen de comprendre réellement ce qui se passe dans son cas. Il va ainsi trouver ce que contient cette maladie et comment guérir… autrement dit (re)trouver la paix. La leçon tirée de cette expérience élargit son champ d'action et lui permet d'avancer sur le chemin de sa mission.

Afin qu'un outil révèle son utilité, son sens, il devient nécessaire de l'accepter. Accepter s'avère être une clef précieuse, parfaitement adaptée aux besoins de l'humain. La leçon retenue de cette expérience ouvre la porte à un autre niveau d'humanité.

Les outils, dans un premier temps, construisent l'être, puis servent l'individu dans une dimension plus large : jusque-là, la conscientisation de ses failles lui permettait d'évoluer. Maintenant qu'il n'a plus à s'occuper de ses manques, il a la capacité d'aider la Nation. Son action le dépasse et porte sur un ensemble beaucoup plus vaste...

L'accès au Temps, demande de vivre dans une dimension plus large, au-delà de soi-même. Au Japon, l'homme de soixante et un ans est fêté, il est considéré comme un homme nouveau... Les Japonais reconnaissent l'Homme, à ce stade de réalisation, comme une force qui nourrit la société et l'aide à grandir.

L'homme à cet âge, doit avoir fait le deuil de toutes les références liées à l'Espace. Celui-ci permet de vivre la forge de l'unicité avant l'unité du Temps. Dans ce passage, tout change : les relations sociales ou amoureuses, la sexualité qui a été vécue dans tous ses aspects physiques.
C'est l'époque de la récolte de l'Amour... au-delà du corps.

Pour l'homme, la sexualité est complètement transcendée et se place à un autre niveau vibratoire. Pour la femme, depuis quarante-neuf ans, son vécu sexuel la sort de plus en plus de l'Espace.

Sans limite et sans attente, elle atteint la plénitude qui la porte au quotidien. Elle vit l'état d'Amour permanent au quotidien. L'Homme et la Femme prennent le chemin de l'androgynat. Ce changement vibratoire au niveau du "Cœur-Amour" entraîne souvent des douleurs au niveau du cœur physique.

Les êtres ne se vivent plus dans la relation sexe-cœur mais dans la relation cœur-âme...

Exalté, les spécificités de genre pleinement déployées par l'homme et la femme, le couple vit alors d'autres forces, une relation cœur à cœur, âme à âme. Dépassant les outils sexuels, la sexualité se vit à un autre niveau. L'Homme exhale sa présence et la Femme son rayonnement. Désormais, les deux conjoints vivent leur couple, non plus comme une union de deux individus, mais en fusion totale, ne faisant plus qu'un.

La réalité du monde apparaît d'un point de vue différent. Le sexagénaire ne pense plus sur un plan individu / couple, mais au niveau planétaire et universel. Grâce à cette reliance, il obtient les réponses à ses questions. Sachant à l'avance les conséquences de ses actes, l'être choisit ainsi consciemment la voie juste.

L'Espace est l'épreuve de l'attachement, le Temps, absent de la matière, annule les anciens repères. L'individu fait le deuil du père "familial" et du père intérieur, pour rencontrer le Père céleste... L'individu a élargi son champ de vie au-delà de la Terre, il contacte désormais d'autres espaces temporels. Cet éloignement apparent, au regard de la Terre, est en fait un retour à son origine... la Source de la Vie.

Le passage dans le Temps, demande d'aller au-delà de l'Espace, au-delà de l'individualité, du personnel, ce qui n'enlève rien au chemin unique à vivre.
Cela permet de voir et d'agir à un niveau plus large, l'Espace paraît plus petit, un peu comme lorsque l'individu retourne sur les lieux de son enfance.

Dans cette nouvelle perspective, l'être commence à se réaliser, ne se cherche plus. Il se sent faire partie d'un tout, sait quelle est sa place dans le grand Corps de l'humanité...

Ces sept années amorcent la réalisation de l'être,
un nouveau cycle où l'Homme accomplira l'œuvre de sa vie.

Elles écrivent les premières lignes d'un chapitre,
tel un tremplin pour mieux impulser la suite.

**Il ne s'agit pas de peaufiner les détails,
mais bien de fonder, par rapport à un nouvel objectif,
la nouvelle réalité.**

*C'est une mise en place des différents éléments
qui vont constituer la phase d'épanouissement.*

LA LOI D'EVOLUTION APPLIQUEE
L'ESPACE DE REALISATION

10 - DE L'OM A L'HOMME
De 63 à 70 ans

Dans la période précédente, un bilan a été réalisé. La phase d'objectivation, qui suivait celle de l'abstraction, s'est terminée à cinquante-six ans. Jusqu'à soixante-trois ans, le regard porté sur la conscientisation de ces deux étapes d'expérimentation, vécues principalement dans l'Espace, avec une entrée progressive dans le Temps après quarante-deux ans, a permis à l'être humain d'abandonner totalement ses références.

La vérification s'avère indispensable pour préparer, à partir de cinquante-six ans, l'entrée dans la troisième phase, la réalisation. L'âge de soixante-trois ans en marque le démarrage réel. Après le développement de l'être physique et psychique, voici l'avènement de *l'être spirituel*. Il va se réaliser pleinement dans sa mission et par sa mission, jusqu'à quatre-vingt-quatre ans.

Les termes de spiritualité ou d'être spirituel sont fréquemment employés dans le langage courant et l'ont été dans cet ouvrage.

Un être humain pourrait-il être autre chose que spirituel ?
D'où vient cette idée d'enfermer la spiritualité dans une boite spéciale coupée de la Vie ?...

La spiritualité est Vie,
elle en représente toutes les constituantes...

La séparation s'avère une des principales caractéristiques de notre chemin d'incarnation, particulièrement dans la troisième Dimension. C'est un passage obligé, inhérent à la conscientisation, et non pas une obligation d'enfermement "Ad vitam aeternam".

Ainsi, nous avons parlé d'être physique et psychique dans la phase initiale de la Loi d'évolution. L'objectif était de mettre l'accent sur le développement de ces parties de l'être humain et non de le couper de sa globalité. De la même manière, en employant l'expression "être spirituel", nous évoquons la pleine manifestation de son état, de sa nature essentielle, à partir de ses corps physiques et psychiques. Pour rappeler cette globalité, il sera précisé à certains passages "être spirituel réalisé".

Les temps sont venus de prendre conscience de nos conditionnements. L'observation de nos formulations verbales se révèle un levier puissant pour atteindre cet objectif...

Le terme d'évolution indique un déploiement dans l'Espace. Il se met en place jusqu'à quarante-deux ans. Après avoir forgé des outils, les avoir expérimentés et utilisés, l'individu les intègre à son état d'être. Ils font tellement partie de lui qu'il en oublie même leur mode d'emploi ou leur présence, au point qu'il s'en détache pour se focaliser sur sa mission.

La vie d'un individu est jalonnée de multiples naissances, qui constituent autant de phases clefs. Après la naissance physique, au terme de la gestation, vient la deuxième naissance, à sept ans, qui demande de mourir à l'enfance. A dix ans et demi, le fils et la fille naissent à leur polarité, par la parole et le regard du père. Puis à vingt-neuf ans, avec la mort à ce père, l'individu naît à ses propres repères qu'il devra abandonner quelques années plus tard, en passant par le détachement. Ceci l'amène à découvrir sa dimension spirituelle, qui elle-même l'ouvrira à une réalité encore plus vaste : son essence divine, naissance suprême.

Les nombreuses marches de l'évolution exigent, à chaque fois, des renoncements pour s'abandonner ensuite à l'inconnu en s'ouvrant à un nouvel état d'être, enrichissant l'humain de nouvelles dimensions. Invariablement, les étapes sont reliées par des phases de transition, avec un certain chevauchement, où l'ancien qui se termine côtoie le nouveau qui se dessine déjà. Cela peut d'ailleurs provoquer des sensations d'inconfort ou de flottement.

Suivent ensuite les périodes d'expérimentation, de maturation, de conscientisation, avec pour clôturer, le bilan, pour vérifier si tout a été intégré avant de passer à l'étape suivante. L'image de la spirale illustre bien cette répétition de cycles, identiques dans leur forme, mais qui se retrouvent à chaque boucle à un niveau supérieur. Cela donne parfois l'impression de vivre des choses semblables, alors qu'elles se situent sur un plan différent. Le vécu s'enrichit par des expériences nourries de nuances subtiles et variées avant de s'engager dans des changements radicaux.

La phase entre soixante-trois et soixante-dix ans marque ainsi une rupture, qui se traduit par l'abandon définitif de la référence à l'Espace. Si l'individu évolue toujours dans un cadre spatio-temporel, l'Espace, l'extérieur, ne sont plus l'objet de confrontations. Intégrés à l'intérieur de l'être, ils font partie de lui. Acceptés en pleine conscience comme support, la possibilité qu'ils constituent un obstacle, une limitation ou un frein, disparaît.

Ainsi, après la période d'évolution, jusqu'à quarante-deux ans, commence une phase dite *d'involution*. La manifestation se réalise alors dans le Temps, qui en devient la référence, le maître. Autant l'idée d'évolution imprime la notion de déploiement à l'extérieur, dans les limites d'un espace, autant l'involution porte l'idée de naissance de l'intérieur pour alimenter un épanouissement. Et celui-ci concerne aussi bien l'intérieur que l'extérieur, par une présence envahissante. Cette phase indique une ouverture, avec une palette de possibilités variées… à l'infini, dans la liberté, c'est-à-dire, en liaison avec la Lumière, avec l'esprit universel.

L'espace des possibles, que l'on pressent illimité, correspond parfaitement au stade où la créativité atteint la dimension de son plein potentiel. Elle amène la réalisation de l'être spirituel quand cette créativité s'emploie à la manifestation de la mission, venant elle-même s'imbriquer dans le vaste puzzle du Vivant.

Pour que cet envol puisse avoir lieu, cela nécessite que la piste de décollage soit aplanie, solide et stable. Or cette base, c'est *la construction de l'individu dans son unicité,* d'où l'importance capitale de toutes les étapes de la phase d'évolution.

Rappelons-nous que le Soi se nourrit du Moi. Plus le Moi sera fort, plus il mettra à disposition de matière première, de carburant pour impulser ce nouveau démarrage et le nourrir. Une graine, pour donner naissance à une plante, a besoin de suffisamment de réserves pour que le germe y puise les ressources de son développement. Sinon, il s'étiole, sa croissance et son enracinement dans le sol s'arrêtent, faute de moyens alimentaires.

Mais le plein épanouissement de la plante, c'est-à-dire sa floraison, demande d'autres étapes, en particulier de construction. La structuration de la tige, des feuilles, des rameaux va amener le déploiement d'un bourgeon. Puis, advient la préparation de l'éclosion, moment magique où l'espace se dérobe et le temps semble s'arrêter, pour mieux s'offrir. Un beau jour, la fleur s'ouvre, instant de don suprême, dans l'émerveillement d'une offrande à l'univers. Elle exhale son parfum, diffuse son rayonnement, sans autre objectif que l'émanation de sa présence.

Les phases d'évolution et d'involution se succèdent dans des processus cycliques, à tous les niveaux de la création. L'Espace cède la place au Temps, le développement de la Conscience a préparé l'avènement de l'Amour. Le Temps, contraction absolue de tout ce qui existe, appellera de nouveaux espaces pour que la vie puisse se déployer par de nouvelles manifestations, dans un mouvement d'expansion.

Le mouvement engendrant tout ces mécanismes se nourrit d'une énergie qui le propulse et l'anime : la pulsion de vie. Elle entre en action dès la formation des premières cellules, après la fécondation. Elle porte la vie tout au long du déroulement de ces différentes phases, avec des possibilités de variation, notamment en intensité. Sa déficience indique souvent des troubles ou des blocages pouvant se localiser dans diverses parties de l'être humain. Elle représente un véritable baromètre de son état de vie. La question si souvent répétée machinalement : *"Comment ça va ?"* pourrait devenir encore plus significative si elle se transformait en : *"Comment va ta pulsion de vie ?"*.
Dans notre chère culture judéo-chrétienne, une image se révèle particulièrement tabou : celle d'un membre viril en érection. Cependant, dans d'autres traditions, par exemple en Inde, des

représentations explicites et très détaillées ornent le fronton des temples ou des lieux sacrés. Dans ce pays et chez d'autres peuples, il existe un véritable culte phallique solidement ancré dans les coutumes.

Alors, serait-ce là l'expression d'un machisme envahissant produisant une phallocratie généralisée ? Où bien, pourrait-il y avoir une résonance différente par rapport à l'évolution ?

La pulsion de vie trouve effectivement un terrain d'expression privilégié dans la sexualité. Rappelons-nous que la force sexuelle, portée par le masculin, s'inhibe partiellement et provisoirement chez la femme, pour qu'elle se consacre pleinement à sa fonction de reproduction.

Dès lors, comment s'étonner que cette image hautement symbolique du sexe masculin en action illustre cette force de propulsion qui entraîne le couple dans un élan commun ? Ne montre-t-il pas la voie, la direction, quand il pointe vers le Ciel, invitant l'homme et la femme à s'élever, avec leurs corps comme véhicule, dans un acte le plus magnifiquement sacré ?

Quand l'homme acquiert l'art de la conduite de son véhicule et que la femme s'abandonne à lui en toute confiance, alors tous deux peuvent s'envoler dans l'union de leurs énergies. Ce voyage dans les dimensions du Temps l'amène, elle, à l'extase, dans la beauté d'une symphonie céleste et lui, connaît la plénitude de la conscience de son corps, dans la densité qu'il habite enfin totalement...

Il peut apparaître surprenant, dans notre société, que cette force de vie soit tronquée, cachée au point de devenir honteuse. A moins que cela n'arrange encore une fois ceux qui veulent exercer un pouvoir sur les populations, en les maintenant dans un état de survie et par voie de conséquence, dans la peur…

Les nombreux traumatismes de part et d'autre ont provoqué autant de déviations et d'enfermements, rendant peu accessibles ces états vibratoires. Les outils permettant d'y accéder de nouveau ne demandent qu'à être remis en service, cela passe par la connaissance conscientisée.

Après ces deux formes de pulsion de vie, pulsion de base animant toute forme de vie et sexualité, il en existe d'autres. Il s'agit, par exemple de cette force qui pousse l'individu sur son chemin d'évolution. Ce troisième aspect s'identifie plus facilement dans la partie étudiée ici, quand l'individu s'est allégé des voiles de l'inconscient et qu'il retrouve la mémoire de son origine. Il ressent plus consciemment cet appel, cette aspiration qui le conduit vers son essence divine.

Parfois, on évoque la fonction de reproduction comme étant la pulsion de vie par excellence. En fait, les peuples qui ont le plus fort taux de natalité sont, généralement, ceux qui vivent dans les conditions de vie les plus difficiles. Plus la perpétuation de l'espèce se trouve en danger, plus l'instinct de survie s'active par la reproduction. Ce phénomène universel s'observe dans la nature, aussi bien dans le domaine végétal, qu'animal.

Ainsi, même si une certaine pulsion de vie anime également cette fonction de reproduction, elle constitue avant tout une force de maintien, de stabilité. Le féminin représente le garant de la continuité de la vie, son terrain d'élection. Il lui appartient pleinement de veiller à sa perpétuation. En cela, elle se différencie de la pulsion de vie afférente à la sexualité qui évoque avant tout une force de propulsion, amenée par le masculin. Celle-ci viendra nourrir le désir de procréation de la femme. Elle en a besoin et n'envisage cet acte sacré que dans le cadre d'une relation de couple suffisamment forte. Les complémentarités s'exercent, le chemin continue…

Revenons à la période de soixante-trois à soixante-dix ans, qui se vit comme une apogée. L'apogée concerne précisément l'égo. L'égo, *"égal à l'âme"*, mérite là pleinement son titre. Il retrouve sa signification vibratoire puisque l'âme et l'égo s'alignent parfaitement maintenant. Les épurations et nettoyages successifs aboutissent à une transparence permettant de vivre l'authenticité dans toutes ses dimensions. Les conscientisations successives, que cela a autorisé, gomment toutes distorsions, compensations ou développement de masques. Ces détours s'avèrent désormais inutiles. La voie, libre, s'ouvre directement pour que chaque individu réalise sa mission spécifique.

Dans ce chemin d'ouverture, d'épanouissement, une autre référence de taille s'évanouit avec l'avènement de l'androgynat. Cette voie s'est présentée après la mutation du passage des quarante-deux ans.

La première étape de préparation consiste en une transmutation de la sexualité, qui se libère de l'aspect physique. Ce détachement, transformant la relation dans le couple, amène l'individu à s'ouvrir d'avantage sur les autres.

La focalisation sur sa polarité et sur la mise à jour de sa nature propre, s'estompe au profit d'une perspective plus large de l'humain, réalisant sa mission au service de l'humanité.

Ainsi, les forces qui étaient inhibées au départ, force sexuelle pour la femme et force de reproduction chez l'homme, se réveillent progressivement et s'activent.

Peu à peu, elles arrivent à un stade où elles peuvent s'exprimer à un niveau équivalent des forces correspondant à la polarité physique : l'androgynat se met en place. Leur expression se réalise sur les plans psychiques et spirituels essentiellement. Le véhicule physique garde son intégrité. La femme développe une pulsion de vie potentialisée, qui alliée à sa conscience de la Terre, fait rayonner sa féminité. Elle peut désormais ensemencer, enseigner et porter l'Amour, l'instiller dans le cœur et l'Esprit des peuples. A chaque pas, elle émane de tout son Etre, autant par ses paroles que par son ventre. Porteuse de la mémoire du monde, elle régit également son devenir.

L'homme, en associant son énergie sexuelle transmutée à la conscience de la continuité de la vie, aux exigences des contraintes terrestres, se rend totalement disponible au service de l'œuvre divine. Porteur du Temps et de l'Amour, ses nouvelles forces du féminin, reliées à la Terre, transforment son état d'être en présence agissante. Son besoin de faire se transmute en capacité de manifestation naturelle, en liaison avec les forces célestes.
Il EST, dans le mouvement de la vie.

11 - L'APOGEE
De 70 à 84 ans

Nous nous rappelons que les autres forces de l'esprit se déploient également progressivement. Les sept forces de départ passent à treize entre quatorze et trente ans, pour arriver à trente-neuf vers cinquante ans. Les treize dernières s'activent ensuite et viennent couronner ce nouvelle état d'être, à son apogée, pour atteindre leur plénitude après soixante-dix ans.

A soixante-treize ans advient un nouveau passage clef. Il s'agit de l'Objectivation de ce qui a été mis en place à cinquante-deux ans. Le grand test du Temps questionne sur l'acceptation de la dimension humaine au niveau global de l'humanité.

Cette nouvelle vérification, obligatoire pour obtenir le laisser-passer vers des plans supérieurs, correspond bien aux enjeux qui se dessinaient précédemment. La réalisation de l'être spirituel s'inscrit dans la sphère sociale, dans un cadre collectif, mais pas seulement planétaire. Elle concerne plus globalement toute communication d'Etre à Etre, dans l'acceptation totale de l'autre, par la vision et la révélation de sa véritable origine, d'essence divine. La notion de sagesse s'élève ici à son plus haut degré de manifestation.

Comment en est-il arrivé là ?

A la naissance, le bébé est sage. Il sait et il vit ce qu'il est. Il connaît sa source. Puis, ce savoir s'estompe pour les besoins de l'incarnation, et la sagesse se dissipe sous les voiles de l'inconscient. Elle réapparaît de nouveau au fil des phases de la conscientisation du chemin. Quand l'individu se reconnaît dans son niveau d'évolution, avec ses manques et ses qualités, il les accepte pleinement. Plus il développe sa nature et fait corps avec elle, plus il grandit en sagesse. Son regard juste le mène à l'acte

juste. Le juste applique la sagesse toute sa vie. Il dispose de l'Espace et du Temps pour mettre en œuvre la réalisation de sa voie dans une totale cohérence.
Quand arrive l'âge de grands-parents, la relation avec les petits-enfants donne un terrain d'expression privilégié à cet état d'être. La Terre appartient aux enfants, ils en portent la conscience puisqu'ils en représentent le devenir. Leur difficulté se révèle dans la mise en forme de cette conscience, dans sa manifestation. Les grands-parents, déjà passés par cette étape en suivant leur propre chemin de vie, peuvent les soutenir en les accompagnant dans cette construction.

Au niveau de la Conscience globale, ils jouent la fonction de l'inconscient collectif. Ainsi, loin de vouloir "montrer" ou "se montrer" dans leurs réussites, ils illustrent leurs parcours de vie en insistant sur tous ses méandres, en parlant surtout de leurs phases d'échecs, de difficultés.

Par cette approche, le jeune en construction, loin de se sentir écrasé, se trouve au contraire renforcé dans son envie d'action, dans son besoin de mettre en œuvre sa créativité. *De toutes manières, que risque-t-il ?* Ce ne pourra être que mieux ! *"Et papy sera fier de moi, d'ailleurs, il l'est déjà, je le vois dans son regard".*

Le voilà qui piaffe d'impatience d'entrer dans le jeu de la vie, de faire voir au monde entier ce qu'il sait faire, parce que vraiment il y a de quoi faire !!! L'image de cet ancien, passé par toutes ces confrontations, ayant atteint, malgré tout, cet âge avancé, pouvant regarder son passé avec la force de la sérénité, représente pour l'individu en devenir, une énorme source de confiance en lui et en la vie.

L'âge de grands parents, après tout les détachements réalisés, s'avère l'avènement de la disponibilité, du service à l'univers. Le contact avec les jeunes générations constitue un lieu privilégié de cet exercice.

Dans l'avènement de l'être spirituel, la sagesse s'extériorise en s'appliquant dans la transmission.

Le sage sait qui il est, il n'a plus rien à prouver et il est reconnu naturellement pour son état de sagesse. Il écoute, conseille et enseigne, transmet la vie et non plus la connaissance, aussi bien par ses paroles, par ses actes que par son regard et son silence.

Il en résulte, à soixante-treize ans, *une repolarisation*.

12 - LE CIEL SUR LA TERRE

84 ans et après...

Une autre naissance se prépare, la vie de l'être humain prend une toute autre envergure, elle verra l'éclosion de l'être divin. Il s'agit désormais de mettre le Ciel sur Terre, c'est une polarisation spirituelle par opposition à une polarisation sexuée. L'incarnation avait pour premier objectif de connaître et expérimenter la densité, par la conscientisation de la matière, les pieds sur Terre. Le jeu de la bipolarité s'est exprimé en particulier à travers les genres féminin et masculin.

La dimension du Temps fait entrer l'être humain dans une perspective différente. Entre soixante-dix-sept et quatre-vingt-quatre ans, c'est la préparation du futur : réaliser l'Homme-Dieu sur Terre. Toute séparation s'abolit. Un contact direct s'établit entre les forces célestes et la Conscience terrestre. Du partenariat masculin-féminin, l'individu passe au partenariat Etre Humain-Force Divine.

La Femme et l'Homme, dans leur dimension androgyne, en génèrent le mouvement. La notion de couple change de signification. Deux Etres agissent de concert, en complémentarité et harmonie totale. L'idée d'évolution dans et par le couple disparaît. La Femme, dans sa plénitude cosmique, Conscience et Amour à la fois, s'allie à l'Homme qui a transcendé ses forces dans une abnégation totale au service du Divin. Il peuvent vivre les plus belles épousailles qui soient : s'abandonner totalement au présent, c'est-à-dire épouser la vie, avec le plus majestueux témoin permanent qui soit, le Créateur lui-même, sous le regard bienveillant et complice de l'Univers entier...

Cet objectif peut paraître bien déconnecté de notre réalité quotidienne avec ses contraintes et ses vicissitudes. Pourtant, il existe actuellement sur notre planète Terre des Etres Humains dits d'exception possédant des capacités hors du commun.

Les uns matérialisent ce qu'ils souhaitent, les autres peuvent se dédoubler, se téléporter ou voyager dans le Temps. Ces capacités dites "extraordinaires", que l'on nomme souvent "pouvoirs", se manifestent dans des domaines variés allant du don de médiumnité ou de guérison, à un contrôle total du corps physique.

Ces possibilités seraient-elles réservées
à quelques élus, à une élite ?
Jésus n'a-t-il pas dit : "Ce que je fait,
vous pouvez le faire aussi... et bien plus encore".

L'élitisme s'avère totalement incompatible avec les Lois divines, par contre ces Lois respectent totalement le sens de la hiérarchie, sur tous les plans. Chaque être se trouve à sa juste place, en correspondance précise avec sa fonction et en adéquation parfaite avec son niveau d'évolution. Les mondes visible et invisibles s'accordent sur cette notion de base.

La manifestation de l'Homme-Dieu sur Terre s'offre à chaque humain comme voie de réalisation, même si elle s'inscrit dans un premier temps comme une ligne d'horizon. Dans le grand jeu de la transformation, le plus grand pouvoir que l'Homme puisse exercer, consiste à retrouver le pouvoir sur lui-même, par la réappropriation de sa capacité d'évolution. Il s'agit d'abord d'accepter le chemin qui y mène. C'est avant tout un chemin d'apprentissage dont le souffle initiateur se nomme HUMILITE.

L'humilité commence par la reconnaissance sereine de l'endroit où l'individu se situe avec ses forces et ses manques. Alors, les capacités que l'être humain développe, s'inscrivent dans un courant le dépassant largement. Et à partir de là, tout devient possible, y compris d'amener le Ciel sur la Terre.

***D'individu,* il mute *en parcelle du Divin* manifestée,**
marchant sur la Terre d'un pas léger et souriant,
à peine soutenu par un Espace accueillant
devenu complice de son mouvement...

En résumé, pour en arriver au Ciel sur la Terre, l'être en quête d'évolution va devoir passer par un chemin de recherche, quelque soit son âge calendaire. Il ne faudrait pas croire qu'une personne d'un certain âge se voit condamner à passer à coté de son évolution. Elle a tous les moyens, si elle le veut véritablement, de redémarrer le système évolutif là où il en est... et elle brûlera les étapes pour s'aligner vibratoirement sur son âge calendaire. Rien n'est jamais irrémédiable, sinon cela serait douter de sa déïté et des puissances de la nature...

Le premier travail sur soi est de supprimer toutes les chaînes du passé existentiel et essentiel. Rien ne peut avancer si cet acte de déblayage est laissé pour compte.
Puis, il sera nécessaire de "désapprendre" ses fonctionnements devenus des habitudes, conséquences des chaînes du passé et qui se traduisent comme des systèmes de défense.
Ensuite, la nature étant libérée des enfermements, se réactive sans effort. Dès lors, s'attendre à vivre des transformations du corps, puisque certaines zones sans vie, voire déstructurées, en la recouvrant, pourraient s'avérer douloureuses. Accepter ces manifestations comme l'arbre qui souffre quand la sève remonte pour "élargir" ses limites corporelles et repartir pour une année...
Du moment où l'individu décide de faire fonctionner sa vieille machine rouillée sans aucune restriction, la voie lui est ouverte... les aides lui sont fournies par synchronicité.

Qui ose gagne !... formule moderne synonyme de celle d'un autre temps dite par St Jean de la Croix :

"j'ai cru tout perdre... et j'ai tout gagné !"

L'idée qu'on se fait d'une chose est à tourner dans les six directions pour permettre de contrôler sa véracité et sa justesse dans l'instant.

Voir déjà son contraire puis les autres possibles...
Le discernement vient alors tout naturellement...

LE REEL MANIFESTE

Le Réel se cache dans les plis de la Vie...

Qui craint de déployer la trame de vie pour en connaître l'Essence ?

L'apparence a soif de brillance... Le Réel se nourrit d'authenticité...

La Loi d'Evolution, maintenant révélée dans sa logique implacable, demande a être observée afin de devenir une certitude pour chacun. Le constat de réalité effectué, l'humain pour devenir Homme, pour naître de son enfermement volontaire à sa dimension divine manifestée, se doit de mettre en application cette Loi de vie essentielle.

Là où elle en est de son âge calendaire, la personne va tout d'abord, faire le bilan de son existence sans complaisance... Un regard scrupuleux sur le passé, en se questionnant justement par rapport aux nécessités de mutation, donne la confirmation que celle-ci est bien effectuée ou non.

En cas de constat négatif, une "initiation de rééquilibrage" devient nécessaire, afin que l'âge vibratoire s'harmonise à l'âge calendaire dans les trois années qui suivent l'initiation. Ensuite, la personne prépare les mutations à venir...
Comme il a été dit, le choix de chacun entre une vie de combat permanent et une vie d'harmonie au-dessus des contingences matérielles, reste la décision majeure. On ne peut obliger quiconque à faire ce qu'il ne comprend pas ou qu'il ne veut pas comprendre... La démarche demeure libre, au choix de l'individu.

Quand un homme se trouve seul sur "son île", dans son monde, même si ses côtes, sa nature, sont battues par les vents, les tempêtes... il préfère parfois rester accroché à ses souffrances, rêvant à un autre monde...

Quand un navire approche de la plage et que le commandant l'invite à venir à bord pour le déposer sur une île plus clémente au-delà de l'horizon, la plupart du temps, il refuse de changer d'état... attendant d'autres ouragans, en se lamentant sur ses regrets de n'avoir su saisir sa chance...

Qui craint de déployer la trame de vie pour en connaître l'essence ? Qui craint de quitter sa misère pour connaître la vie ?

LA LOI D'EVOLUTION

se veut être un outil, un guide pour mener sa vie d'une manière *authentique* par rapport à sa nature et à sa mission...

L'humain a tendance à croire qu'un ordre établi est un ordre restrictif de liberté. Il a pour référence l'ordre établi par les nations politiques et les dictats du pouvoir...

L'ordre naturel est sans commune mesure avec ce point de référence, et la Loi d'Evolution est une ligne directrice pour l'épanouissement de chacun.

L'humain voudrait, généralement, se trouver à la place de l'autre en oubliant qu'il n'a pas les capacités de nature à l'être...

La société mercantile a créé un ordre artificiel avec des codes conventionnels de valorisation sans rapport avec sa propre nature. Il doit avoir un diplôme pour être... C'est par la reconnaissance de l'apprentissage que l'on fait l'homme...
Absurde et contre nature !

L'humain se doit de recouvrer sa véritable nature et sa fonction au sein de l'humanité. Les nouvelles générations d'âmes qui viennent pour aider à la mutation de la Planète feront fi de toutes ces fausses valorisations et de ces dressages conditionnants.

L'authenticité et l'assurance de soi sont leurs outils d'affirmation...

Le chemin de l'authentique est bordé par deux questions :

- *Authentique par rapport à quoi ?*
- *Comment se manifeste cet état ?*

Quand l'humain veut emprunter un chemin pour se rencontrer lui-même, il à bien du mal à définir ces deux bords... un peu comme s'il marchait dans un désert où se croisent en tous sens, des milliers de pistes... les limites sont mal définies et rien ne signale la direction à prendre... Ce n'est que, petit à petit, qu'il arrive à découvrir que le chemin se forme avec plus de précision, puis avec certitude... La démarche consiste donc à découvrir les bords du chemin...

A la première question, la réponse est :
par rapport à la nature de l'individu. Peu importe les autres, ce qui importe c'est l*a vraie nature* de chacun...

A la seconde question, la réponse est :
par *un rayonnement* en rapport avec la Loi d'Evolution,
rien d'autre...

Mais... suis-je prêt(e) **à vivre** le chemin de l'authentique ?
suis-je prêt(e) **à être** le chemin de l'authentique ?

La réponse est en chacun...
en sachant que le chemin de l'authentique
emprunte la voie de la certitude.

Dans l'espoir que dans

UN CHEMIN POUR CHACUN...
vous trouviez le votre...

Atenas de Costa Rica
Février 2006

LA LOI
D'EVOLUTION
42
35
28
21
14
7

LES SEPT CHAKRAS
et LE CHAKRA OCCULTÉ

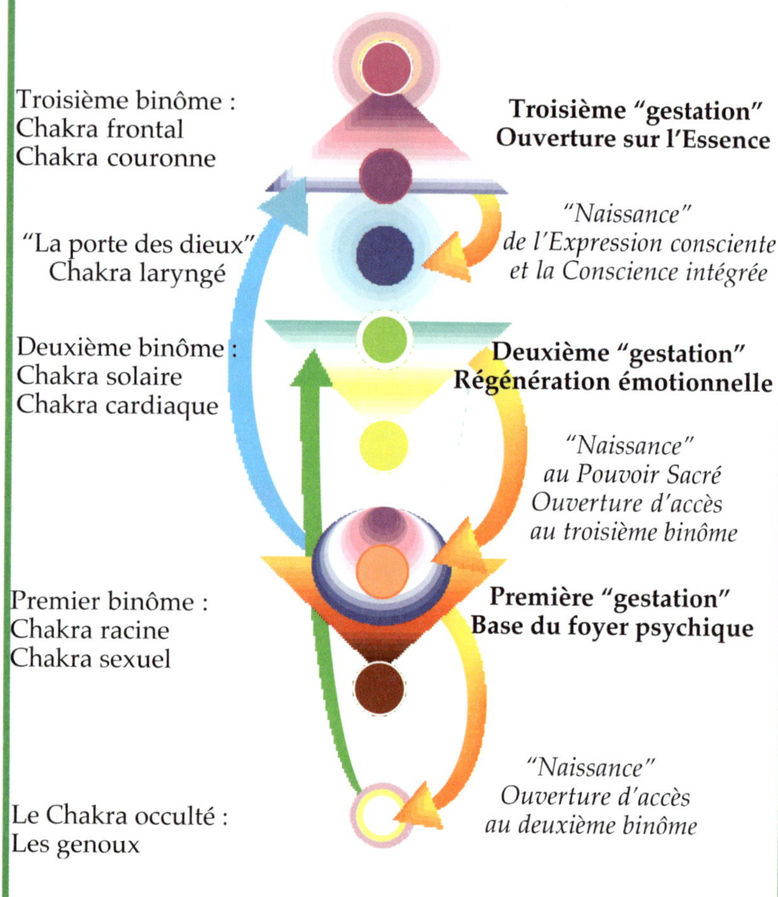

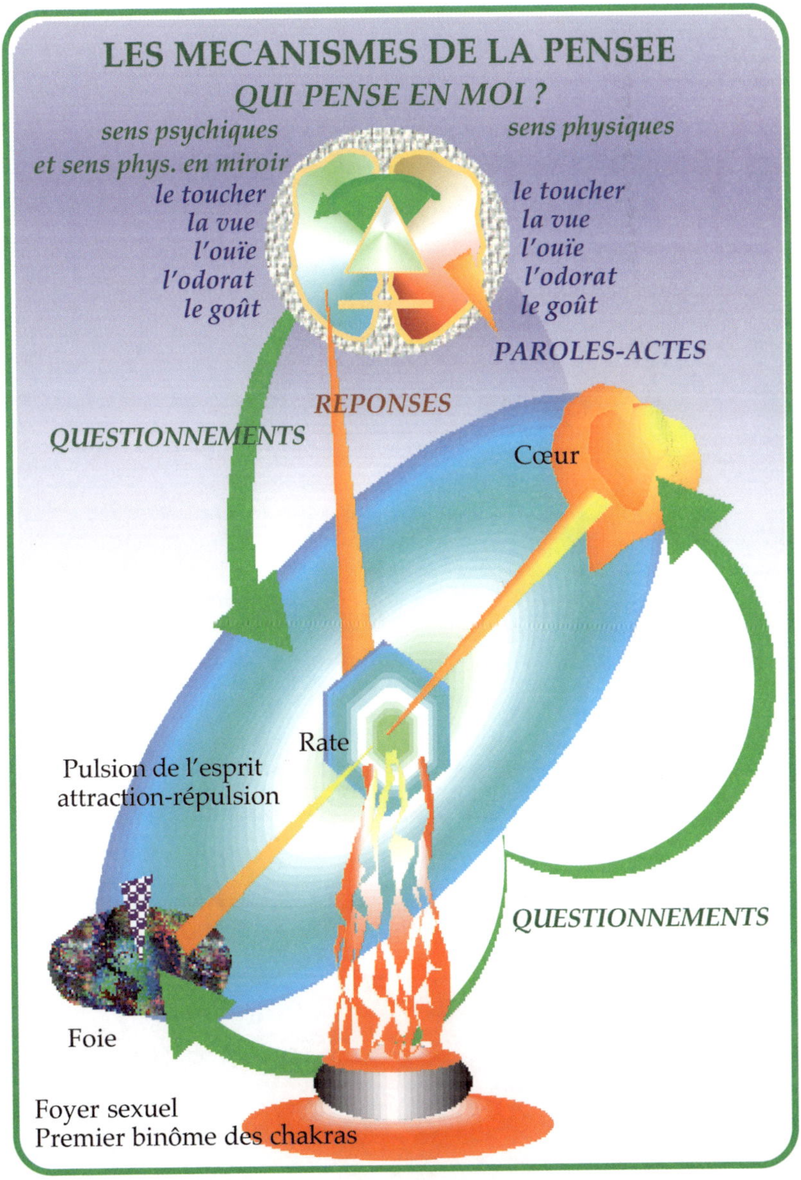
LES MECANISMES DE LA PENSEE
QUI PENSE EN MOI ?
sens psychiques
et sens phys. en miroir
le toucher
la vue
l'ouïe
l'odorat
le goût
sens physiques
le toucher
la vue
l'ouïe
l'odorat
le goût
PAROLES-ACTES
REPONSES
QUESTIONNEMENTS
Cœur
Rate
Pulsion de l'esprit
attraction-répulsion
QUESTIONNEMENTS
Foie
Foyer sexuel
Premier binôme des chakras

DES MOTS POUR LE DIRE

LEXIQUE

Les mots sont les véhicules des idées...
La plupart du temps ils sont altérés à leur base et les idées transmises révèlent des formes parcellaires des réalités pensées...
Aussi, il est nécessaire de rappeler ici le signifiant des mots.

Adolescent :
Ado de *Adonis* signifie "beauté" *et escent* "essence"... La "beauté qui reste essence" ou "celui qui ne sera jamais beau". Cela sous-entend qu'il est un être en devenir et qu'il le restera. L'être, entre 14 et 21 ans, construit son identité et cherche à s'affirmer. Son corps se transforme, les doutes et les interrogations secouent alors l'adolescent. C'est une période de confusion et de confrontation. Mot à supprimer du vocabulaire afin que les jeunes s'incarnent, et à remplacer par "jeune femme" et "jeune homme".

Adulte :
Adulte est un adjectif déformé par l'usage et transformé en nom, s'appliquant à l'origine à "l'enfant qui a terminé sa croissance". On disait : *un enfant adulte*. Dans l'ouvrage, le mot adulte signifie l'enfant qui a terminé sa croissance, c'est-à-dire 7 ans, donc qui n'est plus enfant.

Ame :
(asme) L´âme signifie "souffle" qui appartient lui-même à un Souffle plus grand. L'âme est porteuse de mémoire. Elle a besoin de se vivre en incarnation. Elle décide de faire un chemin sur Terre...

Amour :
L'Amour signifie "Lumière de l'âme". L'Amour est le cadeau au bout du chemin... C'est un changement, une évolution vibratoire, la relation au Temps. Cela devient un état "je n'ai pas d'amour mais je suis Amour".

Aimer :
Je t'aime : signifie attachement, enfermement. "Je t'aimante, je t'attire...". En anglais : I love you... je te love, je t'encercle...

Attente :
L´attente est *une action* dont se sert souvent l'inconscient. J'agis... ce qui fait que les résultats émergent lentement ou jamais puisqu'une action empêche une autre de se mettre en place.

Aura :
Emanations du corps physique par couches vibratoires successives, et reliées à différentes parties du physique : du corps éthérique jusqu'aux cinq Corps de Lumière. L'aura est visible par des personnes ayant ouvert leur sensibilité sur la cinquième Dimension.

Authenticité :
L´authenticité, c'est être en conscience, dans sa nature, à l'âge vibratoire correspondant avec son âge réel. L'authenticité signifie "être juste". Je m'exprime sur ce que je suis. J'exprime mes qualités, mes manques et mes limitations...

Autorité :
L'autorité est un "rite", une loi de nature, une relation à l'expression. L'autorité naturelle est synonyme d'écoute et de respect.

Autoritaire :
Aire signifie "en surface, dans l'apparence". "Etre autoritaire" est différent de "faire autorité".

Bébé :
Bébé signifie "développement de la base". Période : du 9ème jour après la naissance à 9 mois.

Boîte noire :
"La boîte noire" se développe dans le cerveau gauche. Elle bloque le système de pensées en le limitant au seul intellect.

Caractère :
Le caractère découle de la confrontation du tempérament au milieu. L'observation du comportement montre le caractère.

Cerveau :
Il sert à décodifier et recodifier. Nous pensons avec notre corps et non avec la tête qui est avant tout un "membre" dont la fonction est de "tester" (teste = tête) les mondes extérieurs et intérieurs.

Chakras :
Les Chakras sont aussi appelés plexus. Il existe huit chakras liés au physique et cinq au Corps de Lumière. Les huit Chakras : racine, sexuel ou hara, solaire, cardiaque, gorge, frontal, couronne et pour finir, *genoux*... Les Chakras fonctionnent par couple.

Conscience :
Partie de l'âme qui représente sa concentration active dispensant la vie dans la forme. C'est une pulsion qui porte en permanence l'idée d'évolution. *Etat de conscience :* conscience des pensées, des paroles et des actes dans leurs conséquences. Présence à soi-même.

Connaissance :
La connaissance signifie "naître ensemble", par la rencontre ou l'action que j'effectue...

Dieu :
Dieu signifie "Lumière divisée". Le mot ne nomme pas "l'êtreté" de Dieu mais sa constitution : Ombre et Lumière.

Don :
Le don est un outil engrammé d'une mémoire antérieure, lié à une expérience pour le chemin de vie. C'est une clef de passage, non une finalité.

Education :
Eduquer signifie "conduire", guider l'enfant vers sa nature.

égo :
égo signifie "égal à l'âme". Le Moi représente l'expression de l'être dont l'état est "égal à l'âme" quand les charges karmiques sont nettoyées.

Emotion :
Les émotions font parties du mental. Elles ont pour conséquence un mouvement à l'intérieur du corps, sans obligation d'extériorisation.

Enfant :
L'enfant signifie "celui qui se fait". Période : de 10 mois à 7 ans. Ses sens physiques se développent jusqu'à 4 ans. Après le passage des 7 ans, il n'est plus approprié d'employer le terme "enfant" mais celui de jeune femme ou de jeune homme.

Etat "Je Suis" :
C'est l'état où l'individu a acquis la Conscience et se situe au stade d'altaconscience.

Eternité :
L'infini, l'universel... Et si l'immortalité physique était la clef de l'éternité ?

Etre :
(Estre) *Etre* sous-entend "sexualité, équilibre et relation". Il s'agit d'un déploiement permanent…

Femme :
La Femme est identifiée à l'énergie de la Terre. Elle est gestionnaire de la Terre. *Etat de femme :* Etre en Conscience et être Espace. Elle est mouvement et rigueur…

Féminin :
Le principe Féminin est au-delà de l'aspect, de l'apparence corporelle. *L'Etat de féminin* passe par le véhicule "femme" qui sert de support au rayonnement de son sexe. Sorte d'émanation, de force…

Féminité :
Expression après réalisation de l'Etat de Femme et du rayonnement du principe Féminin. Emanation par radiation de sa déïté.

Fête :
Fête, feste, signifie "les deux voies de l'être". La fête permet une rupture de la vie quotidienne, une initiation à un palier supérieur de vie. Le mot fête représente un partage, un échange et une communion.

Fœtus :
Le fœtus se vit dans la dimension du Temps.
Période : dans le ventre de la mère jusqu'au *huitième jour après la naissance.*

Foi :
La foi est la manifestation de l'être authentique. Elle ne s'énonce pas, elle se vit, elle se voit, elle rayonne.
La dimension de l'être révèle sa foi.

Forme :
Famille de la forme : Elle se réalise en créant des structures et des cadres. Dotée de facultés d'analyse et de séparation, elle apporte la compréhension de la matière, notamment par la science.

Garçon :
Féminin de "garce". Le mot adéquat à utiliser est "fils".

Graines d'événements :
Les graines d'événements sont des émotions liées à des expériences d'antériorités. Elles participent à la découverte des qualités et des distorsions que rencontre la nature de l'individu dans son expression.

Harmonie :
Harmonie sous-entend équilibre pour un nouveau départ, car si l'équilibre se fige, il y a mort.

Homme :
Homme est le "Om" qui s'incarne. L'Homme est identifié à l'énergie du Ciel et de l'éther. Il est Amour et Temps, mais l'humain doit cheminer longuement pour manifester l'Homme en lui…

Humain :
Humain signifie né de la Terre, de l'humus.

Identité :
Identité signifie "l'être dans le déploiement".

Incarnation :
L'incarnation est un ancrage sur la Terre en troisième Dimension, une manifestation dans la chair.

Inconscient :
L'inconscient se structure dans le corps, il met la "forme " pour la Conscience, ce qui permet de conscientiser ce que l'âme vient dépasser.
Etat d'inconscience : aucune préoccupation d'une démarche évolutive.

Individu :
Individu signifie "être unique".

Informe :
L'informe est le monde de l'invisible.
Famille de l'informe : Elle repousse les limites, recherche la liberté et évite l'encadrement. Elle unifie et relie les choses entre elles en recherchant l'ouverture permanente.

Intellect :
L'intellect gère le système des sens physiques en relation avec le cerveau gauche. Il est l'outil privilégié de l'inconscient qui utilise ce moyen pour confronter l'individu dans son "confortable"…

Instruire :
Instruire signifie "tirer à soi"... afin de permettre un choix.

Liberté :
Liberté signifie "lié à la brillance" (bert), à la Lumière, lié à la mission selon sa nature. Le libre arbitre et le déterminisme sont les deux facettes de la liberté. Ils ne vont pas l'un sans l'autre. La liberté nous donne le choix dans le comment. La liberté ne consiste pas à être libéré des contraintes car nous les rencontrons toujours sur le chemin…
Etre libre : signifie être capable de changer notre genre d'attachement à une personne, à un idéal, au matériel…

Limites :
Les limites sont inscrites pour l'évolution de chacun. Elles créent et dynamisent le mouvement. Lorsqu'elles sont conscientisées, elles permettent à l'individu d'affirmer son authenticité, sa nature.

Lois naturelles :
Les Lois naturelles sont les mêmes pour tous. Elles ont un effet dans la durée. Notion de répétition.
Lois de société : ce sont "des règles" politiques et économiques conventionnées qui s'arrêtent aux frontières donc pas des lois...

Maman :
Maman signifie "au secours" en lecture vibratoire des lettres.

Masque :
Le masque est un moyen de défense. Il nous permet de nous identifier à la personne que *nous pensons devoir être* pour être reconnu et aimé…

Mental :
Le mental comprend l'intellect, l'émotionnel, la gestuelle... autrement dit tout ce qui se manifeste intérieurement et extérieurement, sans se limiter au seul intellect.

Mémoire :
Elle se situe dans le foie en ce qui concerne *la mémoire essentielle*. Pour *la mémoire existentielle,* ce sont les cellules du sang qui la véhiculent. Pour *la mémoire intellectuelle,* elle a son siège dans "la boîte noire" dans le cerveau gauche.

Métier :
Métier signifie "mettre en forme, en place, poser, faire dans la relation, lier". Le métier est au service de l'être. Il sert à se révéler, se dépasser, permettre l'expression de sa créativité. Il est différent de la profession...

Moi :
Moi, signifie "mouvement de l'être dans le cycle du Temps". Il s'affiche par les attitudes et par la parole...

Mur d'évolution :
Le mur d'évolution est un réactif engendré avant quatre ans, une nécessité pour l'évolution. Le blocage du mur évolutif est dépassé naturellement entre sept et quatorze ans quand les parents conscientisent leur obligation d'éducateurs de vie.

Nation :
Nation signifie "action de naissance permanente, la nativité". Chaque peuple constitue une Nation humaine, différente d'un état politique.

Nature :
Nature signifie "naître à la Lumière".
La Nature : elle nous montre comment la vie se fait, s'organise.
Nature de l'un et de l'autre en rapport à l'expression de chacun.
Exprimer sa nature : La nature permet de découvrir sa mission et vice versa. La différenciation des genres, des races, des milieux de vie, les tempéraments, la relation des uns avec les autres, l'interaction entre tous les règnes sont des dénominateurs communs de la nature.

Organes :
Plusieurs lectures de l'organe sont possibles : celles de l'anatomie et de la fonction, mais également celles de puissance psychique et énergétique nidifiées dans les organes…

Osmose :
Osmose signifie "déplacement pour effet de fusion".

Outils :
Les outils sont façonnés à travers l'expérience par la conscientisation des qualités et le dépassement des manques. Ils sont affinés dans la confrontation aux autres (cassures – heurts) et avec soi-même lors des passages de la Loi d'Evolution.

Paix :
La paix est le résultat de la transformation, des déchets et des rejets. Ces mouvements vont produire "une guerre" intérieure (phénomène de défense, de guérison) qui va scinder et fermenter pour nourrir à nouveau, comme un processus de régénérescence.

Parole :
La parole naît de l'idéation par le dynamisateur des atomes (la rate). Lumière inclinée par l'état de sexualité de l'individu...

Pensée :
La pensée logique est opposée à la pensée orthologique.
La pensée logique est d'avoir une suite d'idées qui s'enchainent sans fin.
La pensée orthologique est une capacité à gérer un foisonnement d'idées simultanées, ensuite le cerveau s'arrête d'émettre ...

Personne :
Personne veut dire "sonne au père", autrement dit, à la résonance au père. *Une personne* est dans la manifestation du père... Là où *il n'y a personne* veut dire "sans résonance au père".

Profession :
Profession signifie "en vue d'acquérir", "faire des réserves" et traduit une notion de possessivité sans partage qui incline l'individu vers "l'avoir" et non dans l'être.

Règle :
Le « gle » signifie un phénomène d'enracinement et le « re », la répétition, la permanence. La règle est toujours matérielle, différente des Lois de vie gérant l'individu. La règle est en fait une convention...

Rigueur :
Rigueur signifie "lié à l'authentique". La nature est rigueur. Est-ce que je vis ou est-ce que j'existe ? La rigueur de mon état va le démontrer.

Rigidité :
Rigidité est la manifestation "de mal être, de douleur". Un individu rigide se sent mal car il ne se sent pas reconnu dans ses principes.

Sagesse :
Cela correspond au Temps et à la Conscience. Un enfant est dans la sagesse ; une grande personne est dans la sagesse si elle est dans sa nature jusqu'à la justesse.

Santé :
"Shanti" en Hindi, signifie "paix intérieure". Petits souffles énergétiques qui circulent dans les organes, entre les organes et dans toutes les cellules.

Savoir :
Savoir vient de "sève". Différent de "connaissance" qui est plus de l'ordre de l'intellect.

Sexualité :
Sexualité veut dire "pulsion de vie". Sexus représente "l'usage du six, la direction". La sexualité porte l'être dans sa Nature, dans son évolution…

Sémites :
Sémites : Hébreux et Arabes nés en Terre de Sem...

Signature :
Affirmation de l'individu, expression d'une énergie.

Souffle :
Souffle correspond à une "pulsion vibratoire", à une aspiration attirant le statique afin de créer un mouvement. Cinq souffles organisent les Corps de Lumière.

Spiritualité :
Spir signifie "mouvement sous forme de spirale". *Rite* veut dire "répétition en conscience". La spiritualité se vit partout, dans tout mouvement. Elle signifie la vie. C'est le temple de la santé.

Surmoi :
Le *surmoi* est un masque. L'individu compense son manque d´affirmation de sa nature par des moyens de défense. C´est une protection du Moi...

Tempérament :
(Temperamentum) Le tempérament est acquis à la naissance et veut dire "juste proportion".

Triade :
Triade signifie "mouvement surmultiplié". La bipolarité crée le mouvement et a pour effet la création du troisième qui engendre une puissance surmultipliée.

Verbe :
Verbe signifie " vibration authentique de nature". C'est un état d'être qui permet à l'individu de se vivre comme l'émanation du Divin. Pour le masculin, quand il a intégré le "OM", il manifeste le Verbe par sa parole.

L'UNIVERSITE de l'écologie et de la nature de la RELATION

*Cet organisme entend recouvrer le véritable sens d'*Université *qui avait à l'origine, au quinzième siècle, c'est-à-dire permettre la rencontre de personnes désireuses de partager leurs connaissances pour les regrouper et les diffuser...*

L'Université de la Relation a pour vocation d'apporter une vision réaliste et naturelle, dans tous les domaines nécessitant une qualité relationnelle spécifique. Par la diffusion de connaissances liées aux dernières découvertes et de leurs applications en sciences humaines, l'Université détient, grâce à son collectif de recherche, des programmes d'enseignement spécialisés. Ainsi elle propose de par le monde, des cours sur les différentes lois de la vie régissant l'individu et ses rapports aux autres, à la famille et à la société, les rapports à soi-même et à sa propre créativité. Elle enseigne également, en plusieurs langues, les types de relations entre les nations, en considérant les limites des forces politiques et financières qui les composent. Elle a aussi pour objectif, de répondre aux institutions pour conseiller et exprimer un point de vue juste et pacifiste en matière de relation.

ur.somaroo@yahoo.com
www.universite-de-la-relation.org
Finca Huetares Los Angeles de Atenas
Costa Rica.

LE PARTAGE COMME BASE D'UNIVERSALITE

L'Université de la Relation, comme acteur d'une réémergence d'une unicité de conscience, par la mise en valeur de la richesse des différences, propose d'élargir sa *"tribune du partage"* au plus grand nombre.

En effet, bon nombre de lecteurs aimeraient commenter avec d'autres le contenu des thèmes de l'UR, afin de spécifier et d'approfondir certains sujets. L'UR entend donc aider les initiatives d'ouverture de **"Cercles de lecteurs UR"**...

Un Cercle se crée à l'initiative d'une personne ayant suivi une formation sur un des thèmes développés par l'UR. Cette personne se propose d'organiser aux jours et aux heures à sa convenance, une animation de ce mouvement de partage.

En partenariat avec l'Université, cette dernière met en relation les lecteurs qui s'adressent à elle et le Cercle de leur localité.

Sur sollicitation du club, les auteurs pourront venir échanger avec ses membres...

Du fait de l'intérêt porté à la connaissance partagée, l'UR favorise matériellement la mise en œuvre de ces Cercles (voir modalités sur demande).

Ainsi en va de la relation par l'échange d'expériences,
par l'ouverture a des connaissances nouvelles,
par l'acceptation de multiplicités de nations humaines...

*Bienvenue au **Cercle des lecteurs UR**.*

Dès 2007...
L'Université ouvre ses portes à tous...

Des formations variant d'une à trois semaines sont proposées à des professionnels de la Santé, de l'Education, des Arts de la Vie, et... à tous ceux qui désirent, à titre personnel, évoluer en conscience. Les lieux de formation prévus sont au Costa Rica au siège de l'Université et au Maroc, premier centre de diffusion de cette connaissance. Les formations sont données en Espagnol et en Français suivant les modules.

Se renseigner pour les programmes et les conditions de participation.

Ouvrages en préparation

*Collection : **les Carnets de l'U.R.***

Les 13 ors du Temps
Les dimensions de l'Esprit
Regard sur les formes de la Conscience

Les sceaux de la Conscience
Le chakra oublié
Révélations sur la clef de l'évolution

Les familles de la Terre
La réalité des origines
Les enjeux au-delà de la Planète

Naissance de l'Humanité
La construction d'un monde humain
L'émergence des Nations Humaines

*Collection : **En marge...***

L'Alphabet retrouvé...
L'esprit de la lettre...
Le Monde expliqué par l'alphabet

Achevé d'imprimer sur les presses
de l'Imprimerie Graphique de l'Ouest
Chemin des Amours - 85170 Le Poiré-sur-Vie

Dépôt légal : Avril 2006
N° d'impression : 4540